大方
sight

我应该有一颗属于自己的头脑，我可以有一颗属于自己的头脑。

朱继铮

朱维铮

著

壶里春秋

二集

中信出版集团 | 北京

图书在版编目（CIP）数据

壶里春秋二集 / 朱维铮著 . -- 北京：中信出版社，
2020.7

ISBN 978-7-5217-1691-7

Ⅰ.①壶… Ⅱ.①朱… Ⅲ.①文化史-研究-中国
Ⅳ.①K203

中国版本图书馆 CIP 数据核字（2020）第 041907 号

壶里春秋二集

著　　者：朱维铮
出版发行：中信出版集团股份有限公司
　　　　　（北京市朝阳区惠新东街甲 4 号富盛大厦 2 座　邮编　100029）
　　　　　（CITIC Publishing Group）
承 印 者：河北鹏润印刷有限公司

开　　本：880mm×1230mm　1/32　　印　张：11.875　　字　数：254 千字
版　　次：2020 年 7 月第 1 版　　　　印　次：2020 年 7 月第 1 次印刷
书　　号：ISBN 978-7-5217-1691-7　广告经营许可证：京朝工商广字第 8087 号
定　　价：68.00 元

目录

代前言　中国人与中国史

谁是中国人

三重认同尺度：国籍、种族、文化。

现代世界，国籍以疆域为限，却已不以原住民为限。人口流动频率愈来愈高，迫使众多国家承认，取得本国公民权，即为本国人。而公民权仅赋予连续在本国居住满若干年者；有的还与资产挂钩，所谓投资移民；还有承认双重国籍者。

同样，现代世界已罕有单一种族或民族的国家。中国便居住着五十六个或以上的民族（尚有未经民族识别的族群，如苦聪人等）。种族已不限于同一基因群的族类，而民族的组成因素更复杂，很少有符合斯大林定义的（共同语言、共同地域、共同经济生活、表现于共同文化上的共同心理素质）。否则，"中华民族"的界定将成问题。

因而，谁是中国人，如同谁是美国人、法国人、俄国人等一样，在现代世界，主要表征是文化问题。文化认同涵泳着复杂的因素。

中国人的文化认同

中国的主体民族是汉族，占中国人口的百分之九十以上。但汉族本身就是历史形成的。它已不是上古的华夏族。早在距今约三千年的春秋初，居住在江汉流域的楚人，已否认自己是当时"中国"的华夏族。但黄土高原的华夏族，早先也非同族。

清末章太炎著《序种姓》，上篇主要考察古华夏族的形成史，下篇主要考察中世纪胡汉姓氏的同化史。他在上篇就提出了（1）华夏的族源，（2）华夏的族群结构，（3）华夏族早期的姓氏分化和重组等。他利用中外文献研究，认为华夏族与世界其他古老民族一样，是经过几千乃至上万年形成的"历史民族"。论证未必正确，思路值得参照。

20世纪30年代初，傅斯年著《夷夏东西说》，应用德国兰克史学的实证方法，从中国古文献的矛盾陈述中间，清理出一种说法，以为古华夏族实为东夷和西夏两大族类不断冲突、征服而同化的结果。黄土高原诸族依仗武力征服东方诸夷族，又不断吸收改造齐鲁等先进文化，形成在北方占主导地位的文化，而与孙吴以后成型的南方文化，形成南北二元对立。由此可知，只有尊重历史，才能说明中华民族的由来和演化过程。

中华民族是多民族的复合体。汉族也如此。古华夏族不断与"四裔"同化。统一六国的秦朝王室，原出西戎。楚汉统治者皆非周秦苗裔。汉魏间塞外诸族大量南迁，所谓"五胡乱华"的匈奴、鲜卑、羯、氐、羌诸族，历北朝隋唐，多无踪迹可寻。但知在1世纪被东汉窦宪等逐出北国的北匈奴，远遁西方，于5世纪突然现身于欧洲，由阿提拉王率领，横扫西欧，后退入东欧。而南匈奴曾建立汉，后改前赵，旋即在大乱中式微，其中赫连勃勃一支在甘、青建过夏国。羯、氐、羌均强大又缩小。鲜卑全盛时称霸东北亚至中亚，它所建立的北朝，因分胡汉，促使汉族形成，至隋唐而定型。

这时汉族实为北南诸族同化的产物。其后历经契丹、女真、蒙古、满洲诸王朝，北方汉族不断与这些民族混血，而南国汉族也不断吸纳百越诸族，终成明清的汉族。如今中国各少数族，唯有西南、中南的彝、苗、瑶等族，历史可追溯到中世纪前，其他大部分都是唐朝至元朝才区别为不同族类的。

因而，民族区别，更多体现于文化的多元性。

多元文化的一统民族

辛亥革命宣称五族共和，建立中华民国，获得原清帝国疆域内各民族的广泛认同。中华民族为世所公认。

民族既是历史形成的，近代世界各民族当然也是近代才有严格意义的界定。全球不少区域都拥有古老文明，也许除了中国，没有一种古老文明不曾中断，或者说不曾改易面目。有的现代文明，如美澳诸洲，完全是近代世界的产物。即如中华文明，也是连续中有间断，一统中有差异。

综合既往学者研究，以下见解可供文化认同参照：（1）凡民国以来，中国版图内的一切民族，都属于中华民族。（2）多民族的中华文化，是多元文化的复合体。（3）一切文化，都涵泳着物质的和精神的两重结构，二者交叉映现的是心理结构。（4）因而文化既是精神的物化，也是物化的精神，例如宗教的庙宇是物，僧道等人也是有形的，但都属于特定信仰的精神物化的表征，艺术形式及其映现的精神也一样，二者都涵泳特定的民族心态。例如佛教的禅宗道场，可谓传统士大夫对佛学认同的物化形态。而喇嘛教寺院，则是藏、蒙诸族改造过的佛教密宗的物化形态。（5）组成中华民族的五十六个民族，各有文化特色，但都属于统一整体的分别反映（周谷城尤强调此点）。即如汉族，也同样有文化的多元色彩。集结的纽带唯有政体和文字，其他如方言、民俗、信仰以及衣食住行（行已例外，可说吃喝住穿），不同地区不同层次乃至不同职业，都有大小明晦的差异，难以强求一律。（6）因而，只能承认所有区域、族群的文化多样性，都是中华文化的异彩，所谓"摩尼（珠宝）见光，随见异色"。不可说文化认同只能认同于单一的、人为的观念形态。（7）文化差异体现文化的相对性。所有中国疆域内的文化形态，既然早已同法度、同文字，相对于其他国族，当然是自成系统的统一整体。以往所谓中西文化或东西文化比较，不仅否认中华文化是多元一体，宣扬所谓汉族中心论（在内部是大汉族主义），而且否认汉文化也存在着东西南北中的时空差异，乃至将都城文化代替中国文化，殊不知多元性正是汉族和整个中华文化的固有传统特色。（8）中华文化从来不是封闭体系，内部求同存异，外部吐故纳新，是中华文化历久不衰的奥义。新儒学反其道而行之，"以我为中心"，并欲以朱熹式理学为中心，决非文化认同导向。

历史的中国

假如以近代民族国家的疆域形成为准绳，那就只能同意谭其骧的界定，中国的版图当以康熙晚期为范畴。因为到清康熙中叶（1700 年前后），帝国的有效统治，已经北至满蒙，西包准部西藏，南东有海南、台湾诸岛。且不说四境各旧国，那时帝国疆域，在一千二百万平方公里左右。

时至晚清，清朝还相继在新疆、台湾设行省。然而列强侵略引发的边疆危机同时加剧，日本强割台澎，沙俄蚕食蒙疆，英法德意等也竞相强占中国领土。于是到抗日战争胜利后台湾光复，中国领土也似被蚕食后的秋海棠叶，仅有九百六十万平方公里。

回眸历史的中国，可知（1）中国史的空间范围，不限于民国的疆域。（2）历史的中国，应该包括到清康熙为止的中国各族的共同历史，包括非华夏非汉族各族的国别史和王朝史。（3）即说秦始皇统一六国后的中国史，大半时间也由非汉族的边疆民族主导，例如北京成为首都近千年，其中除明永乐后二百来年外，主人都属契丹、女真、蒙古、满洲诸族。被史家认作正统的两宋，除战俘、使臣和商人以外，没有人往返其地。中华文化不等于首都文化，于此可见一斑。

中国的历史

由前所述，可知中国史，就是历史的中国的全部历史。所谓全部，指外国侵略者强迫中国历届政府订立种种不平等条约以前，生活在中国领土上的各地区各民族的一切历史，也包括中国历代与域外诸国诸族交往的过程。

王朝史不能代替中国史。清以前，每个王朝都更改国号，例如大唐、大宋、大元、大明、大清等。但王朝各有版图，而且同一时代常有几个王朝并存。与两宋同时并存的，就有辽、金、西夏、大理和蒙古诸王朝。它们的历史，当然也属于中国史。

中国史也不能简称"国史"。中国境内，即使在"大一统"时代，也常有其他国家。何况分裂时代，列国并存，你说哪国表征"中国"？即如民国，也没有真正统一过。如今共和国建立五十六年了，非但统一大业尚未完成，而且还被迫承认晚清边疆被分割的现状，那么辽、金、元、清列朝都纳入版图的漠北疆土，能排除在历史的中国之外么？

倒是16、17世纪相继入华的欧洲传教士，他们向西方世界介绍国号由明改清的东亚这个帝国的历史和现状，都采用了"中国"或"中华帝国"的概念，就是说更切合历史实相。所以，还是用"中国史"概括我们古往今来的历史为好。不消说，我赞同谭其骧教授的说法，"中国"的空间界定，应以18世纪清朝版图为准。

中国的历史编纂传统

谁都知道我们的民族最重视历史。甲骨卜辞和钟鼎彝器铭文不断出土，表明殷周时代，记录和保存历史，已是国家大事。从公元前841年（西周共和元年）起，我们就有连续性的编年史记录。公元前2世纪末，司马迁写了《史记》，一部陈述上下三千年的中国和已知世界的通史。

那以后，中国的历史著作，便层出不穷。自公元1世纪到20世纪初，每个王朝，无论大小，都有专门史官撰写前代史和本朝史。到18世纪，由清朝政府准行的"正史"，就有廿二部。民国又增至廿四史。都是以人物传记和制度记述为主的大历史。

同时，相传由孔子晚年著成的编年史《春秋》，在中世纪也被许多公私史家仿效。其中最著名的一部巨著，就是11世纪司马光主编的《资治通鉴》。

当然，中世纪还形成了其他的历史著作形式。被18世纪清代

《四库全书总目》史部列举的，就有十七种。其实，中国传统的所谓经书，无不是叙史式历史文献汇编。春秋战国以来的学者文士，都好叙史、说史、论史，后来还发展到考史、证史，留下许多零散的笔记，或私著的"野史"，往往比官修正史等著作，更多保存历史真相。

这样的传统，必定引起权力者的警觉。秦始皇焚书，重点摧毁的就是除《秦记》以外的列国历史记载。汉武帝迫害司马迁，起因便是他竟敢如实记载皇帝父子的阴谋和迷信。东汉皇帝改变策略，命令史官到宫廷中著史，从此成为传统。当然更不放松对史官的迫害。东汉末一个宰相，坚持要杀愿像司马迁受刑著汉史的蔡邕，理由就是汉武帝没杀司马迁，让他留下"谤书"。

三国到南北朝，中国大乱了四百年。那时有兵就有权，但不论何族当权，只要稍微稳定，就控制修史，并严防史官出格。北齐高欢父子就是显例。也就在这期间，南北朝都形成了史馆制度，把编纂现代史变成由君主监视的政府行为。虽然纸的普及，使书写历史更容易，而权力争斗造成的言论空间，也使控制私人著史更困难。

不过隋唐统一，官方控制历史编纂更有力了。唐太宗极重视按照他的意向重新解释历史，亲自主编《晋书》，替他夺得帝位的政变辩护。同时通过大规模编写五代史，完善了史馆制度，使民间史家想撰写现代史，尤其是当朝史，变得几乎不可能。

关于中国的历史编纂传统，它的多彩形式和矛盾过程，可参看周予同教授主编的《中国历史文选》。那中间的书目解题和作者小传，当初我的写作意向，就是串起来看，便是普及性的中国史学小史。

中国人要知中国史

历史属于人文学科。一切学科都有自己的历史。历史学科虽不可能包罗万象，却是一切涉及人类过去的学科的共同基础，范围远较人文的、社会的、自然的或工艺的各类学科为广。因此，如今历史学内部的学科分工，虽然越来越专，越来越细，但任何史家都同意，通是专的前提，见树先见林，博大和精深应该相辅相成。

有段时间，历史的范围，受权力干预，变得越来越窄。全部人类史，特别是中国历史，被化约成若干干巴巴的教条，成为贯穿历史教科书的"红线"，谁有兴趣学它？有很长时间，中国史不受中学生欢迎。大学里连文学、哲学、新闻、艺术等人文学科各系，也都不愿专设中外通史课程，也许由于重复那些教条没有意思。

效应呢？休说别人，就是所谓受过高等教育的知识精英，也大多不知中国的过去是怎么回事，甚至不知"清末民初"并非"明末清初"。我们的媒体涉及中外历史事件和人物，频频出错，已属司空见惯浑闲事。当然这不意味着中国人对往古来今的历史不感兴趣，以所谓历史题材胡编乱造的影视作品，常放不衰，就是反证。然而，历史论著虽多，却极少吸引人阅读，于是以假乱真的"戏说"式的所谓讲古作品大行其道。以前官民常把《三国演义》当作三国真史。如今人们则信甚么皇帝太后之类的伪史是事实。秦始皇成为爱惜刺客人材的"英雄"，司马迁被汉武帝阉割后继续长胡子，康熙祖母没死便自称"我孝庄"，残忍的独夫暴君雍正成了英明的君主，吃喝玩乐又导致举国腐化的乾隆则成为深入民间微服私访的楷模，有的高官甚至对和珅敬佩得五体投地。类似例证，不胜枚举。中国历史被糟蹋到这种程度，"以史为鉴"从何说起。

列宁曾说，"忘记过去，就意味着背叛"。我不以为历史有那么大的作用。但历史不能变成哈哈镜，不可借助现代科技手段恣意扭曲，拿来辩护现状，或者当作骗钱的伪劣商品。日本右派"颇知历史"，首相议员不顾谴责参拜供奉甲级战犯的靖国神社，以致当今日本青年学生，很少有人知道他们的父祖对亚洲各国人民制造了那么可怕的灾难。美国所有大学生都必修美国史，人人都知道"五月花"号装载几百清教徒到达美洲，经历了怎样的过程，成就了今日美国的富有、强大。我们有些人羡慕美国人爱国至诚，却不知那是片面强调美国精神的历史教育积累的效应。

我常说学历史没甚么用，因为这不合马克思主义的唯物史观。但我也不赞同笛卡尔式的观念，将现代和传统断作两撅。现代新儒家幻想用孔孟之道拯救世界的道德沦丧，是反历史的。而"河殇"一派断言蓝色文明优于黄色文明，宣扬彻底反传统，同样是反历史的。

中国历史表明，中国所以拥有全球传承最悠久的古老文明，中国所以在中世纪一直居于世界文明前列，中国所以在近代世界成为域外列强争欲吞噬的"肥肉"，根本原因在于中国文化从未丧失过历史活力。古典的百家争鸣，儒家早已分崩离析，但它终于熬过秦汉"安宁术"的打击，因为它自居弱势，既迎合权力取向，又吸取道、法、墨诸派学术补充自身。结果汉代经学虽已脱胎换骨，但外表还奉荀况改造的孔子形象作为偶像，正如圣保罗新创的上帝教义还要用耶稣基督命名一样。以后中世纪经学不断迎合改变了的权力取向，毫不在乎地将佛道等教新说，纳入自身的经史表述，以致代代宗师都是假孔子。

"五四"后周予同先生曾综合清末民初章太炎、梁启超的见解，指出中国经学史就是假孔子的发育史。20世纪80年代，我重考"圣名史"，指出没有一以贯之的孔孟之道。由西汉的孔子之术，到汉晋的周孔之道，再到唐宋的孔颜之道，直到朱熹死后百年才由科举制度肯定的孔孟之道，是个观念形态接连畸变的长过程。况且从明初二祖到清雍乾二世，连朱熹也非复生前原貌，更不消说孔孟都早成仅为帝王术掩饰的文化符号。

符号史不等于真历史。我们自幼至壮，乃至老年，非但面貌大变，行为、思维和心态也无不更改。老照片常引起我们对过去的回忆，不论回忆是否五味俱全，却谁都知道不可能回到那些消失了的岁月。但通过回忆，深思人生历程，可以发现我们怎样从幼稚变得成熟，或由天真变成世故，甚至依然愚蠢，屡屡在类似的坑洼处跌倒。因此，历史不会重演，但回顾历史，却可能使我们变得聪明。假定有一门学问，可使个人、民族和世人，都变得比较聪明，那就是历史。

向大学生建议习史

中国还没有普及高等教育。十三亿人口中得入大学的，不过千分之一。因而中国大学生既属罕有，往往自视甚高，乃至自视天之骄子，不知天高地厚。

其实学术分工愈来愈细，学历愈高，识见愈窄。上海市民谚谓，"穷得像教授，傻得像博士"，但不可不承认这是对学界分工专化窄化之现状的一种讽刺。陈景润便是显例。

比较地说，人文学者的眼界较开阔，而历史学家特别是"通人"的眼界更开阔。中国史学史表明，从秦皇汉武以来，历史学家就经常被历代统治者憎恶，尤其当他们重历史胜过重政术的时候。韩愈说"为史者不有人祸，必受天刑"，尽管遭到柳宗元批判，但那以后千年了，到"文革"还是将"资产阶级"史学当作由头，可知历史学家的命运，总在负面。

我曾怀疑"八亿人都是政治家"的判断，当然也认定历史研究是少数人的事业。但我以为，中国人特别是大学学历以上的精英阶层，非学点历史不可，那第一步便是学点中国史。

理由很简单：你是人，当然应知人兽乃至动植物区别的由来；你是现代人，当然应知地球村史，所谓全球化的来龙去脉；你是现代中国人，当然应知道今日中国的先民，怎样历尽艰辛，给今日中国各族居民，开创改变了当前生存环境的社会体制。

从民国以来，数典忘祖和认贼作父两种相反文化取向，已成常态。然而近十五年来，所谓民族主义，受到权力鼓励，借助舆论一律，似成历史传统的聚焦点。

难道清末慈禧太后利用义和团排外的蠢举，可称民族主义吗？从满洲入关，以文化落后的征服者，统治文化先进的汉族等被征服民族，的确曾以辽金元的失败史，当作历史的镜子。以满驭汉，禁止满汉通婚，宣称满文为国语，中央政权实行满汉双轨制，不容非八旗汉人染指兵权，乃至重新审定全部传统经史典籍，用权力强迫删改统治者发迹乃至其先民的历史，这都似在民国官修清史中再现。

满清属于历史已九十四年，民国在大陆成为过去也已五十六年。按照《汉书》以来两千年的"隔代修史"传统，蒋介石退出大陆前，没有完成《清史稿》的改定，已证明这个政权非继清的

"正统"。时逾半个世纪，胜朝史止于残篇，居然由权力干预，耗用亿万民脂民膏，集合万千专家浅人，不顾《清史列传》《清史稿》和众多实录野史早将满清近三百年基本史实厘清，用所谓新编清史，冲击对近现代历史的研究，乃至转移人们对于共和国史的视线。这现象岂非值得深思。

一　何谓"中国"?

说来也怪，首先从政治地理角度，给"中国"一词下定义的，不是中国人，而是来自泰西的欧洲人。据《利玛窦中文著译集》，早在 1600 年（明万历二十八年）利玛窦赴北京前，入华耶稣会士已将欧洲通行称谓 China（利氏说是葡萄牙人起的），通译为"中国"。但正如利玛窦所说，"中国人自己过去曾以许多不同的名称称呼他们的国家，将来或许还另起别的称号"。他指的是每个新王朝都取一个新国号。他也注意到不同时代经常沿用的"中国"或"中华"二词，意于强调本朝"位于中央"。[1]

直到 1912 年中华民国成立，"中国"才专指五族共和政体所包括的全部疆域。1949 年中华人民共和国成立，同样以"中国"涵盖全部领土。"中国人"就包括五十六个民族，以及尚未完成民族识别的所有居民。

了解这一点，是重要的。第一，可知"中国"在清亡前并非正式国名，但此前几百年西方人都把元明清"中央帝国"的版图以内的区域称作"中国"。第二，王朝史不等于全部中国史，同样，现代地缘政治意义的"中国"，也不等同于历史的"中国"。第三，"中国"一词，初见于公元前一千纪或更早的殷周之际，最早指

1　以后至 17 世纪末入华的欧洲传教士所撰的中国史志，几乎每部开篇都要给"中国"正名，因为那时中国国号已由"大明"改成"大清"。见《利玛窦中国札记》一卷二章。

1

"国中"即城邦之中，继指自命华夏的周王及其同盟国的统治区域，至秦汉便指一统帝国直接统属的郡国，而在分裂时期又常用作标榜"正统"所在的政治概念，并且相互排斥或否定。第四，中唐以后，"中国"越来越成为一种文化符号，成为不同族类统治者自居"道统"与"正统"相结合的表征，所谓"夷狄而中国则中国之，中国而夷狄则夷狄之"（一般认为起于韩愈的《原道》，宋明道学家最好争辩此点，但用得最起劲的是清前期的满洲君主及其奴才）。第五，18世纪末欧洲英荷俄诸国开始觊觎中国的领土和市场，满清帝国以"中华上国"自居，予以排拒，直到发生清英鸦片战争。令人意外的是，通过几次战争，包括用拜上帝会作纽带聚众造反的太平天国战争，所谓"中国"反而实现了术语转型，由辨夷夏到辨中外，而在晚清七十年结束前夜，它作为表征中华帝国各族政治文明的共同理念，已获得当时大清王朝上下的普遍认同。那以后由民国至共和国，无论西方东方北方列强，怎样利用或制造中国内部的朝野、地区或民族的矛盾冲突，但每到中国面临生死存亡关头，所有中国人总能团结御侮。尽管这种超越朝野、地区或民族的"中国"情结，也每被打着种种招牌的民贼国蠹当作权力争斗的资源。

因而，讨论中国的传统文化与文化传统，首先必须厘清"中国"一词的时空连续性的演化过程。假如不了解"中国"在古典时代怎样由城邦代词转化为"用夏变夷"的理念，在中世纪又由争"正统"而争"道统"的矛盾标签，转化为泯灭族群复杂对立而由盲目排外到共同外御其侮的"文化中国"共识，那就不可能对中国的传统和历史，有真正合乎历史实相的认知。

2006 年

二 "国学"的前提是什么？

我赞成讲国学，但现在讲的"国学"有很多矛盾。首先，"国学"怎样界定？在辛亥革命以前，"中国"从来是非正式的历史概念，它不是一个国名。清末学者，如黄遵宪、梁启超等，就已在质疑了，说以前中国只有朝名没有国名，所以提出来要确定一个正式的国名。

"中国"的概念起于何时？学界有争论。比如同样用"二重证据法"，为这个词寻源，胡厚宣以为殷代必已有"中国"意义的称谓，于省吾认为起源于周武王时期。然而相信古文献必有依据的人，如柳诒徵著《中国文化史》，还是坚持"中国"称名更早，始于夏朝。

人所共知，征服殷朝的周人，自称"华夏"。"华"就是花的意思，周朝占领了相传是夏朝中心的河洛地区，凡是经周分封的诸侯国都自称是华夏。不过东周尚未灭亡，好辩的孟子已说相对于夏朝，殷是东夷之人，周是西夷之人，他们都是夷。1931 年傅斯年作过一篇《夷夏东西说》，就显然根据孟子的说法，推论西夷周是如何自居为"中夏"，而把商朝贬为东夷的。这是篇很有名的文章，到现在还没有被推翻。台湾学者王尔敏也有篇文章讲晚清时候知识分子如何看"中国"这一概念。其实他们是引申 1907 年章太炎《中华民国解》。章太炎这篇文章提出"中国"并非只是相对于"四裔"的族名，而且也是"汉土"疆域的名称。

但涉及这一点，章太炎就陷入了一个非常狼狈的境地，虽然《中华民国解》提出了"中华民国"的国名，可是"中国"本来是一个变动不居的历史概念，你把他固定下来，就是指秦汉以后"汉土"的疆域，说这就是中国，其他地方你都不算了？那些边疆民族建立的大小王朝的领土，你都不算了？作为同盟会鼓吹"排满革命"的号手，章太炎为了反清，把鲜卑、契丹、女真、蒙古统统都算作外夷，有时代意义，却是反历史的。

这也就是我们讲"国学"时必须要考虑的另一个重要问题，即必须确定我们"国"的空间范围。当年谭其骧先生做《中国历史地图集》时就面临这个问题，以哪个"大一统"时代的疆域作为基准？他认为应当以康熙时清朝版图当作历史中国的基准，因为康熙时代中央行政的力量一直伸到了比现在广得多的疆域，国土面积较诸沙俄等借军事侵略强占以后的晚清领土大得多，属于真正的统一帝国。但谭其骧先生的提议遭到反对。反对的一个理由，据说是中国自古以来就是大一统，如果说是这样就缩短了中国历史，那是站不住脚的。你去看欧洲，它的近代民族国家分化、组合的自然政治地图，直到19世纪还在改绘。德国统一在晚清的同治末年，美国立国也不过始于清乾隆四十一年（1776），直到清亡以前才最终建构完成现在的联邦。比较起来，倘说中国大一统定型于康熙时代，时在17世纪末18世纪初，岂能说晚？其实康熙时代的版图和元代中国相比已经缩小了。蒙元统治全国九十年，以后它和它的后裔鞑靼、瓦剌等，又在北中国与明朝长期周旋。明代中国史，可说是由明人、蒙古、回回和满洲等共同缔造的，他们对中国传统文化巨大而悠远的影响，迄今缺乏整合式研究。如果讲国学，要不要考虑到这段历史？

再有，现在不少人将国学解释为孔子和儒学，认为这就是国学的核心。如果你要去跟他理论，他就说，是啊，我和你观点不一样。观点么，人人都可以发表，你可以坚持自己的观点，但我仍然要坚持一条，你既然讲历史，既然讲古文献，你就该守点规矩，没有根据的话不要乱说。我们国家现在五十六个民族，虽然少数民族人口没有汉族多，但他们分布的区域，用周恩来的话，就是占中国领土的60%。很多民族或族群是不相信孔夫子的，比如回族、维吾尔族信伊斯兰教，西藏、蒙古信喇嘛教，还有信萨满教或万物有灵的。即便是汉族中间也有一部分保存自己的风俗，对孔子的一套并不真佩服，如闽、台、粤民众信妈祖就远过于信孔子。况且汉族本身就是一个混合体，有它自身形成的历史过程。

大致说来，现在的汉族不是汉朝人。"文革"以前史学界曾有五种课题的争论，叫作"五朵金花"，其中一朵就是"汉民族形成问题"。当然分歧非常之大，但有一点通过讨论变得比较清楚，就是形成时间，在公元4世纪至6世纪之间。南北朝时，特别是北朝的鲜卑人，分别胡汉，胡人一等，汉人二等，这样慢慢形成一个"汉人"的概念。

但是有的汉族中心论者，好说汉族与古华夏各族类一脉相承，那是非历史的谬说。秦人原是西戎，汉朝统治者是楚蛮，隋唐是我们中世纪中最辉煌的时代，特别是唐朝前期，可称是当时世界的大帝国，但是追究一下王室的血统就知道，虽然杨坚、李世民都声称自己是汉人，可他们的母亲和皇后分明都是鲜卑人的后裔，他们是胡汉混血儿，很多所谓汉晋儒学鼓吹的价值观，在唐人那里都没得到贯彻。在后来的孔孟之徒看来，唐朝宫廷相当混乱，儿子可以把父亲的妾立为皇后，还可以娶自己近亲的姐妹，这些在《礼记》里都规定是不允许的，所以朱熹说"唐人大有胡气"。也就是说，在汉宋经学家看来是非礼的，在不讲夷夏之辨的统治者的认识中则未必。但你能说它不是国学么？直到现在人们还在大讲炎汉盛唐，以它为荣。

而且在中世纪几度民族大迁徙以后，哪还有什么纯种的汉人。说孔子和儒教是国学核心的人，不妨看看山东孔家。山东是个大平原，便于北国骑马的民族驰骋，哪一个边疆族入侵后都在那里待下来，正如欧洲中世纪蛮族入侵罗马帝国造成的情形一样，血统混合，已非齐鲁族类旧貌。据说孔子后裔是中国最古老的家族，但多年前我仔细研究过孔家的系谱，发现自孔融被曹操灭门以后，所谓孔子嫡系的血统传承疑点极多，即如金宋二朝，南北二孔的血统真假，便混淆不清，以占地利的北孔来说，血统不是屡经中断么？不是已掺入满清皇族的基因么？这很值得如今起劲地续家族系谱的倡导者给出科学论证。

所以现在讲的"国学"，没有一个衡量尺度。后现代史学认为历史是历史学家造出来的，在这种情况下你没法和那些人讨论"观点"。但是你可以不承认有客观真理，却不能不面对由现状昭示的客观事实。如果讲"国学"，就必须先确定两个前提：第一，我们现在中华人民共和国的疆域，包括台湾在内，这是我们"国"的空间范围；第二，要承认中华民族是个复合体，"国学"一定要包括各个民族群体。怎么找一个共识统起来？最好就是尊重民族、信仰、居住空间、生活方式等的多元性，就必须承认我们都是中国人。要讲"国学"，就非得讲这一条，而不能说国学的核心就是孔子和儒教。

三 现代"国学"的起源

所谓国学，非如《礼记》定义的"国有学"，而指不同于外来学问的本国固有的学术，那概念初见于 20 世纪开端。我已指出，这个非传统涵义的"国学"，其实是"日货"，是清末章炳麟、梁启超引进的日本近代术语。它与章、梁等同样袭自明治维新以后的日本新术语"国粹"是同义语。

术语无国界。即如当代中国通行的政治、社会、科技、财经等等术语，借自东邻以汉字创造的，何止成千累百！有人矢口否认普世价值，但使用频率最高的"社会主义"一词，连同其最早诠释，就是日本人首先用汉字创制的普世概念。

辛亥革命前夜，中国曾出现"国学热"。表征就是 1904 年在上海酝酿，至次年以创刊《国粹学报》宣告自己诞生的国学保存会。

说来将令当前"国学"论者恼怒，因为 1905 年宣布本团体宗旨为"研究国学，保存国粹"的那班南国青年学者，他们首先要保存的，是自称"上天以国粹付余"的章炳麟。这位别号太炎的学识渊博、性格刚强的大思想家，由于发表《驳康有为论革命书》直斥满清光绪皇帝是不辨菽麦的"小丑"，又给年轻革命家邹容的《革命军》作序，支持他反清并呼吁政治社会革命，而被满清政府控告，与邹容一起关在上海租界监狱里。因此，《国粹学报》的核心人物，特别在意"国学"概念的界定。它的主编邓实，一再发表《国学今论》《国学真论》，申斥伪国学。不妨再引其言：

近人于政治之界说，既知国家与朝廷之分矣，而言学术则不知有国学、君学之辨，以故混国学于君学之内，以事君即为爱国，以功令利禄之学，即为国学。

这再次表明，百年前的反清革命拥护者，从日本借用"国粹""国学"等术语，旨在对付满清政府极力维护的君主专制体制。他们与同世纪末召唤孔孟幽灵的"吾儒"的根本区别，就在于后者很难说不是"以功令利禄之学，即为国学"。

百年前的《国粹学报》，把章太炎看作活着的国学大师，论世论人论政论学也与章太炎同调。当然涉及纯学术问题，比如说经叙史的认知或判断，包括刘师培在内的主要作者，还是各抒己见，并非章太炎的应声虫。可是问题涉及"国粹"的净化、"国学"的取向，就是说事关他们吁求"保种、爱国、存学"的宗旨，邓实、黄节、刘师培、陈去病等作者，便显得同正在坐牢的章太炎惊人的一致。

还在入狱前，时任上海爱国学社教员的章太炎，曾给在作文中控诉受康有为"妄语"欺骗的学生柳亚子等二人写信，说是中国青年要进化，必须冲破"纪孔保皇二关"。1904年他在狱中将重订本《訄书》交人拿到日本出版。这个重订本，给当时幼小的反清革命，首次提供了一个可称完整的理论体系。其中"原学"中心是《订孔》篇申述的孔子真历史，以为孔子的道德学问均不如孟轲、荀况，无非以从政博得虚荣，犹如王守仁、曾国藩立军功至高位而博得明清末世的士大夫崇拜一样。此书的"原人""原变"，又从进化论的角度，同意东西文明同源说，以为中国的汉满都属于"历史民族"，但满洲统治者拒绝由野蛮进入文明，还迫使汉人由文明返归野蛮。这就给正在兴起的"排满"民族革命、反君主专制的民权革命，予以合理合法的依据。

所以，《国粹学报》创刊以后，反对把"国学"讲成"君学"，赞成"中国文明西来说"，甚至说黄帝的"祖国"原在两河流域，与欧洲古典文明同一起源，更在章太炎"订孔"之后，鼓动"群言"抨击孔子和儒家的毛病，"在以富贵利禄为心"等等，都在呼应章太炎对康有为保皇论的批判。

激烈的论战不可能没有片面性。章太炎出狱后（1906年7月）随即赴东京主编同盟会机关刊物《民报》，与梁启超的《新民丛报》论战。《国粹学报》便成为章太炎们抨击康有为、梁启超所谓"开明专制论"的重要阵地。然而他本身的主张也颇淆乱，说不清"文学复古"即文艺复兴和实现欧洲式"西化"的相关度，便曾被著名学者宋恕讥刺为宣扬"国糠"。待满清慈禧集团改变策略，以戊戌变法遗嘱执行人的面目出现，梁启超也改变对策，借拥护慈禧假立宪为保皇会争取合法地位，将《新民丛报》停刊。同盟会顿时因失去外敌而内讧加剧。孙中山对《民报》断炊，激使章太炎、陶成章指名抨击孙中山，而孙中山则指使大有内奸嫌疑的吴稚晖，公开申斥章太炎是叛徒。

如此内讧数年，章太炎被迫退而讲学，却有可能对"国学"即"国粹"作系统说明。这就是1910年在东京首刊的《国故论衡》，内半数以上曾发表于《国粹学报》。对此，我已有专门讨论。

可见，现代意义的"国学"，或称"国粹""国故"，概念始于20世纪初，对它的界定、申说及价值判断，主要来自章太炎。章太炎在民国时期对于传统文化，包括对于孔子和经学的历史，见解趋于保守，不过直到晚年，他认为的"国学"，始终涵盖战国时代争鸣的诸子，包括道、儒、墨、法、名诸家，同时也坚持汉唐以来输入中国的佛学，与传统的庄子、荀子的学说，理念多有相通，应该互补。而且，他至死都认定提倡国学，保存国故，必须揭露批判伪三民主义，特别是蒋介石的个人独裁。这一点，倒是后起的什么"国学"论的试金石，而章太炎也可称名副其实的"国学大师"。

2011 年

四 "国学""国粹"怎样变成国货？

1900年以前中国没有"国学"一说，只有跟西学相对的中学，跟新学相对的旧学。"国学"和"国粹"的概念来自日本。

1902年吴汝纶被清廷内定为京师大学堂总教习，赴任前到日本考察教育。他在日本三个月，把听过的演说、把会见的人物和许多"笔谈"记录，整理成《东游丛录》。书中记有日本教育家古城贞吉的赠言，劝告中国人不要放弃经史百家学问，因为欧西诸国学堂都非常重视自己的"国学"。这是我看到的在中国人公开出版物中最早提到"国学"一词，指各国的本国之学，是个泛称，不是专指中国的。

"国学"一词为中国人所用也是在1902年，出现在黄遵宪给梁启超的一封信中。当时梁启超与章太炎想办《国学报》，将筹划纲目寄给在梅州的黄遵宪，希望他一起编辑。章、梁在日本策划此事的经过与纲目内容，均不详，仅见于黄遵宪这封反对办《国学报》、反对在中国提倡国粹的长信。

他反对的理由之一，就是中日情况不一样。日本人自己的旧东西太少，没有"日本学"，开始是崇拜隋唐，"举国趋而东"，后来又膜拜欧美，"举国趋而西"，东奔西逐，如醉如梦，等到明治维新强大了，才发现自己身居"亡何有之乡"，所以要讲"国粹"。它的国粹就是日本传统的神道教，加上从隋唐吸取的汉文化。黄遵宪说中国不是没有旧东西，"病在尊大，病在固蔽，非病在不能保守也"。他和梁启超不一样，梁启超要学明治维新，先破后立，先把旧东西赶光，然后接受新东西。黄遵宪恰好相反，他认为日本明治维新是先立后破，不管旧的东西，先全部接受西学，等自己强大了再去清理旧的东西。

中国人开始讲"国粹"是在1903年，章太炎在上海西牢里写的《癸卯狱中自记》，第一句话就是"上天以国粹付余"，意为自己担负了弘扬汉族文化精粹的使命。然后，他的一批同情者在上海组成了国学保存会，1905年初出版《国粹学报》，一直到辛亥革命才停刊。这群人奉章太炎为精神领袖，论调基本和他一致：第一，始终坚持排满。第二，宣传"文学复古"，就是欧洲文艺复兴的早期译名。这也是章太炎提出来的，他说意大利的中兴就在于文学复古，我们中国也要走这条路。第三，看来很荒唐，但还没有在科学上被推翻的中国人种西来说。刘师培、邓实他们都曾在《国粹学报》发表文章"思祖国"，说我的祖国在哪里，就在古巴比伦那个地方。因为章太炎等人不承认满洲君主解释的孔孟道统，所以追溯华夏的来源，将神农、黄帝都说成来自西方的文明表征，而暗喻满人也属于土著的野蛮人。

1906年7月，章太炎出狱到东京，在留学生欢迎大会上说，现在是排满革命的实行阶段，有两件事最重要：第一，"用宗教发起信心，增进国民的道德"；第二，"用国粹激动种性，增进爱国的热肠"。他自己解释说，建立宗教，孔教、基督教是不能用的，因为"孔教最大的污点，是使人不脱富贵利禄的思想"，"我们今日想要实行革命，提倡民权，若夹杂一点富贵利禄的心，就像微虫霉菌，可以残害全身，所以孔教是断不可用的"。这一点应得今日儒教论者正面回应，躲闪是不行的。基督教呢？它不是叫你崇拜上帝，而是"崇拜西帝"。但一个民族也不能没有信仰，否则它的道德、伦理就没有尺度，他认为最能为大众接受的是佛教，因为"佛教最重平等，所以妨碍平等的东西，必要除去"，很合废君权、复民权的要求，但佛教中也有许多的"微虫霉菌"，所以一定要好好改造。章太炎特别热心跟印度等东亚南亚积弱民族联合，于1907年4月在日本组织"亚洲和亲会"，约章提出："本会宗旨，在反抗帝国主义，期使亚洲已失主权之民族，各得独立。"可知反帝口号，早在民国前五年便由章太炎等提出了。章太炎还主张亚洲各个被压迫民族，各自发扬其国粹，搞成一个信仰体系，在其中和谐共处。当然，这至今仍属空想。

于是，他要"保存国粹"，解释也很分明，宣称保存国粹不是要人"尊信孔教"，而是要"爱惜我们汉种的历史"。什么是汉种的历史？也不是"二十四史"。他说第一是语言文字，第二是典章制度，第三是表征民族精神的人物事宜。可知当年章太炎他们把"国学""国粹"这些概念从日本引进到中国来、改造成中国化的东西，目的是要"激动种性"，种性用现在的话来说就是遗传性，他们说中国有好的传统，就是被满清压制了。当然，他所谓的排满只是在当时形势下的一个对策，所以辛亥革命刚起来，章太炎和孙中山就不约而同声明排满是要倒掉满清腐败专制，决不排斥满人。新建的中华民国，提倡"五族共和"，而中华民国最早的国旗就是五色旗，代表五个民族：汉、满、蒙、回、藏。民主共和的先驱者，眼界总比他们的不肖子孙开阔，由《民报》《国粹学报》及同时代数不清的革命刊物宣扬的"国粹"论的实际内容和整体取向，已有历史的明证。

2008 年

五　真有"儒教中国"么？

我已指出，中国没有一以贯之的传统。不是说儒学是中国传统文化的主体么？可是，连18世纪编撰《钦定四库全书》的汉学家们，也知道历史上从不存在大而化之、亘古如斯的"儒学"。他们很清楚清廷对于争辩所谓孔子原教旨毫无兴趣，所以在《四库全书总目》的经部总叙中，略提"经秉圣裁"，根本不提孔、孟、荀的说儒区别，便一跳而从孔子死后三百年的西汉"诂经之说"讲起，强调自汉至当时，经说已六变，而且仍然存在汉宋对立。正是为了迎合乾隆皇帝要消灭异己，而用他的"尊君亲上"大义一统满汉纲纪的虚伪心态，于是强调读书讲学不该有门户之见，应该服从皇帝指出的"公理"，"盖经者非他，即天下之公理而已"。

可见，从汉武帝"独尊儒术"历近二千年的几十个王朝，到乾隆"盛世"，仍然没有闹清据说由孔子手定的儒家经典，算不算"天下之公理"。当然，那以后乾隆的孝子贤孙，越尊祖训，越招来内乱外祸，更足证直到晚清，"公理"还是未明。倘说"四书"（宋学经典）、"五经"（有今古、唐宋、真伪多种体系），"在中国历史上有至高无上的权威"，真令人怀疑持此说者缺乏起码的中国史常识。

这是从时间的历史来看。那末从空间的历史来看，又如何呢？

如前所说，王朝史不等于中国史。秦汉以后屡次出现的"大一统"王朝，如果用18世纪清朝的疆域作为"中国"涵盖的空间基准，那末此前除了元朝，没有一个王朝是在中国实现了整体性"大一统"的。就是说，"中国"在空间上也有历史性，却不可因此否认常被所谓一统王朝视作化外的众多民族或政权不属于中国的历史范畴。近代某些史著，常常混淆王朝史、民族史和中国史的区别，完全错误。

令人诧异的是，热衷宣扬"儒教中国"或者"儒学就是中国传统文化表征"的论者，似乎没有意识到正在犯同样的错误。他们忘记 1912 年中华民国临时政府成立之日，便宣布"五族共和"，也忘记了 1949 年中华人民共和国成立之日，便宣布中国各民族一律平等。因而他们起劲地宣扬所谓儒学即"国学"，孔子即中国文化乃至东方文化的"圣人"，等于将在空间上拥有巨大影响的众多不信儒学和孔子的中国非汉族居民置诸度外。我从来反对"国学"和"儒教中国"以及类似说法，这是一个重要理由，尽管不是全部理由。

有必要提及海峡彼岸的历史教科书，正在"去中国化"，甚至数典忘祖，荒唐地将中国史列入"世界史"，而以台湾史混同于"国史"。这在彼岸已激起主流史学的激烈抨击。据我所知，彼岸的主流史学，基本取向仍保持胡适、傅斯年等提倡"充分世界化"的传统，对所谓"新儒学"不表认同。因而仍在彼岸人文社会诸学科执牛耳的"中研院"，依据学术自由的理念，给予传统经学和新儒学的研究以保障。但至今它的院士名单，仍然没有海内外的新儒学领军人物在内。这一矛盾，怎样解释，是另一问题。但揆诸大陆的现状，认早由五四新文化运动声讨的孔子朱熹之道为"国粹"，认早被清末民初反专制反道统的思想家们批判的宋明理学为"国学"，乃至不顾组成中华民族复合体的多个重要民族的历史信仰，强说挂在孔子名下而早已面目全非的所谓儒学，就是中国过去、现在和未来的文化传统的整体表征，并且将此写入官方的大中小学历史教科书，难道不是另一种形式的"去中国化"吗？

2006 年

六 历史能"经世致用"吗？

所谓鉴往知来，已经成为中国现代史学的作者、读者的共同情结。它的现代起源，也可理解。

难以理解的，是半个世纪以来的中国史学史论著，提及"经世致用"，便众口一词地称道那是中国史学的优秀传统。

难道忠于鉴往的《史记》，不曾被后来统治者斥作"谤书"么？难道志在"资治"的《通鉴》，不曾长期遭受冷遇而被朱熹看作背叛孔子作《春秋》之微言大义的反面典型么？指斥者受指斥，因为从《汉书》《汉纪》以后，没有一部纪传史或编年史，真正起过预测未来的历史走向的所谓社会作用。

于是又要回到黑格尔的《历史哲学》。这部讲义，关于观察历史的三种方法的见解，至今仍是欧美史学界讨论历史研究本质的出发点。既然我们的史学史，讨论的出发点和归宿，无不在于历史的经验，或者历史的教训，那末黑格尔也许仍可作为他山之石。

以下引自《历史哲学》王造时译本，关于实验的历史即今称实用的历史的表述：

> 这里必须特别注意那种道德的反省——人们常从历史中希望求得的道德的教训，因为历史家治史常常要给人以道德的教训。不消说得，贤良方正的实例足以提高人类的心灵，又可以做儿童的道德教材，来灌输善良的品质。但是各民族和国家的

命运，它们的利益、情况和纠纷复杂，却又当别论了。人们惯以历史上经验的教训，特别介绍给各君主、各政治家、各民族国家。但是经验和历史所昭示我们的，却是各民族和各政府没有从历史方面学到什么，也没有依据历史上演绎出来的法则行事。每个时代都有它特殊的环境，都具有一种个别的情况，使它的举动行事，不得不全由自己来考虑、自己来决定。当重大事变纷乘交迫的时候，一般的笼统的法则，毫无裨益。回忆过去的同样情形，也是徒劳无功。一个灰色的回忆不能抗衡"现在"的生动和自由。从这一点看起来，法国大革命期间，人们时常称道希腊罗马的前例，真是浅薄无聊极了。

列宁《哲学笔记》曾摘抄黑格尔的这段论述，且在旁注赞赏"聪明极了"。不消说，假如同意列宁这个赞语，那就对任何自称马列主义而又力倡史学"资治"者，扇了一记耳光。我不以为黑格尔论史学符合中国史学的历史进程，却以为反思近代中国史学是否以"经世致用"为主流取向，前引黑格尔的这段话足资参照。"一个灰色的回忆不能抗衡'现在'的生动和自由"，谁若反其道而论之，岂非恰好证明缺乏列宁肯定的"聪明"？

我赞成黑格尔对于实验的或实用的反思历史学的批判。因为对照清末民初以来中国史学史的研究，几乎没有一种的出发点和归宿，超出"经世致用"的陈腐说教之外。

2004 年

七 何谓"经学史"？

经学的历史，上起汉武帝建元六年（前135）宣布"独尊儒术"，下迄清光绪三十一年（1905）废除科举制度，凡历二千零四十年。

"经"的界定，晚清以来聚讼纷纭。参照周予同师自民国十四年（1925）以后多次申述的主张，我认为特指汉建元五年（前136）始立"五经博士"起，得到在位君主认可的、所谓由孔子亲授的五类或六类儒家著作。每类著作都有不同的传本和诠释，"立于学官"的常有一经数传，久之传记也化为经，因而经的名目不断扩充，详见周著《群经概论》。

所谓经学，我称作中世纪中国列朝的统治学说。请参拙著《壶里春秋》所摘旧说第八五、八六、八八诸则。

任何传统学说，都属于特定时代的意识形态的外化，体现马克思、恩格斯所说的"政治对历史进程的真正历史的干预"。这类干预总表现为欲达目的，不择手段，后者在古典中习称"君人南面之术"，或称帝王术。早在秦始皇统一六国那年（前221），李斯便直率地指出："天下无异意，则安宁之术也"。经过秦始皇肯定的这一准则，正是贯穿中国中世纪意识形态史的不变准则。

2009 年

八 孔子研究的方法论问题

孔子研究从来属于争论不决的领域。单看清末民初到"文革"前后的百年争论史，涉及的领域，就遍及人文的、社会的、政治的一切方面。而且，除了日韩等近邻学者，欧美诸国的汉学家，也愈来愈多地参与争论。

争论的动因极其复杂。可惜迄今中国还没有一部像样的孔子研究史，供中外学者参考。但有一点很清楚，即百年来中国国内的争论，集中于孔子及其思想政治学说的"评价"。

"评价"即价值判断，在半世纪来中国大陆的历史人物研究中尤其盛行，不仅表现于孔子研究，却在孔子研究中表现更突出。一个原因就是政治干预，所谓历史为政治服务。

谁都知道"文革"期间将这种服务论发挥到极致，给中国的思想文化界带来怎样的混乱。拨乱反正，不等于以非为是，否则取向似与"文革"批孔相反，在方法论上恰与后者两极相通。

孔子属于历史。孔子的历史和历史的孔子，在史学上不能混为一谈。孔子的"评价"，已争论了二千多年。作为"文革"的否定性争论产物，如今要替孔子争地位，甚至说孔子开创的儒学将征服未来世纪，可以理解，但在方法论上没有疑问了吗？不然。"真理是通过争论确立的"，用权势、金钱或意识形态压力，强行将权力认可的所谓儒学当作孔子原教旨向海内外推销，效应呢？"殷鉴不远，在夏后之世。"

于是，孔子研究的方法论问题，就有必要再次提出，以供讨论。

2006 年

九　暧昧难名的"孔子"面貌

　　孔子开创的儒家学派，到战国已称作"显学"，分门别户至少已有八家。但孔子生前没有留下自传。结集于孔子身后的《论语》，所记孔子与门徒、与时人的对话，时空背景多半如清末章太炎《订孔》所说，"晻昧"即昏乱不明，甚至没有记载孔子的父母家族和婚宦简历。他死后四百多年才流传于人间的《史记》，首次公布了司马迁据传世文献（献，即口传历史）写作的孔子和他的门徒们的传记，却涵泳了太多的历史疑问。即如说孔子乃其老父少母"野合"而生，便如基督教《圣经》说耶稣乃其母未婚先孕的产儿，引发后人无穷的想象和争论——多年前我据司马迁《孔子世家》和郑玄《礼记注》，考证孔子原是私生子，在海内孔子论者中间引起轩然大波，便是一例。

　　然而孔子的生平，终究越说越糊涂。关键就在司马迁以后，层出不穷的所谓解经的纬书，假名孔子预言未来的谶记，制造了无数个假孔子怪影，使孔子越来越成为以妖妄欺世的神巫，文雅点说便是超人。于是，要研究毕生拒绝讨论"怪力乱神"的真孔子，就必须首先剥去他死后被人们套上的重重可饰的假面。

　　剥掉假孔子的面具，或说自东汉王充著《论衡》开始。但王充"问孔"，直到汉魏之际蔡文姬被曹操由匈奴赎回，上书朝廷说亡父蔡邕赞赏《论衡》，才被世人注意。论直接影响，要数稍晚嵇康一通公开信，宣称"非汤武而薄周孔"。从此周孔之道，不断受到玄学佛学的批判，乃至招架无力，到南北朝已退居西来佛教和土产道教之后。只因隋唐行科举，将明经列为取士一科，而隋炀帝、唐太宗，又相继指示统一南北经说，于是由《五经正义》划一的所谓孔子儒学的原教旨，也使孔子假面有了同一画像。

2007 年

一〇　孔子的政治理想

虽说读书不妨别有用心，但将孔子的"均无贫，和无寡"二语，说成中国固有的社会主义的最早表达，未免离文本的原意太远。

通过孔子与冉求的对话，只能说明，在孔子看来，无论治国还是治家，关键都在内不在外。首先要使被治者感到施政公平，雨露同沾，虽"贫"也能安之若素。其次，被治者既能认同治者的施政措施，便可与治者和衷共济，而治者也不怕以少敌多了。三是内部安宁，当然不怕权力被颠覆。

因此，在孔子看来，内政既已修明，便可使"远人"仰慕宗主的"文德"，主动前来臣服。于是宗主便可如法炮制，"既来之，则安之"。

这就是孔子怀柔远人的策略，前提无疑是执政者由家及国，实现政通人和。因此，孔子借指责冉求、子路没有尽到导盲的职守，抨击鲁国执政季康子，"远人不服而不能来也，邦分崩离析而不能守也"，内外政策都与理想政治适得其反，却想借发动对"远人"的战争，达到消解三桓"四分公室"而引发的政局长期紧张状态的目的，那效果也只能适得其反。

2006 年

一一　孔子声价暴涨

　　孔子怎么生前到处碰壁，死后却声价暴涨？据司马迁说，那秘密就在孔子七十二名高足之中，出了大名端木赐而以字著称的卫国商人子贡。此人似乎早知孔子可以奇货可居，在孔子生前便吹捧他好比无法攀登的太阳、月亮。在孔子死后，又在老师墓前搭草房居留六年，超过孔子倡导的为君主、生父服丧三年之倍。在韩非描述的孔子死后"儒分为八"的历史陈述中，找不出子贡学派的踪迹。但由司马迁的《仲尼弟子列传》《货殖列传》和战国间有关传记的描述，可知子贡不仅认可孔子的"学"，更认可孔子的"术"。我曾指出中世纪中国的儒家史，特色是"学随术变"，而以术导学，也就是标榜承袭师说，但在现实生活中与时俱变，为个人和宗派谋取名誉、权力和财富，那先驱应称子贡。

　　据《论语》《史记》，子贡入孔门，位列言语科即外交学科的次席学长，排名宰予之后。但在孔子晚年，他的学问才具，越来越受孔子赏识，而且不仅供养老师，还给老师送终。司马迁的《孔子世家》《仲尼弟子列传》都不忘描述子贡是孔子生前的高足。而在《货殖列传》中，称道曾助越王勾践复仇的谋士范蠡，功成身退，隐名经商，十九年中"三致千金"。这位陶朱公，便是子贡的前辈。区别是范蠡先从政后经商，子贡则先是商学两栖，继而通过抬高孔子以抬高自己，因而在孔子死后，游说诸侯，"所至国君无不分庭与之抗礼"。但他无论从政经商乃至治国，都归功于孔子教导。"夫使孔子名布扬于天下者，子贡先后之也。"这是历史事实，没有子贡在孔子生前死后，坚持宣传乃师为"天纵之圣"，那么孔子有没有可能如其师老子、其先辈左丘明一样，成为五四时代钱玄同、顾颉刚者流"疑古"的否定对象，便很难说。但历史表明，终究由于子贡因财得势，顽强地宣传孔子继周公而优入圣域，孔子也因而"得势而益彰"，终于成为效法子贡游说诸侯而暴得大名的孟轲所颂扬的"圣之时者"。由子贡到孟轲，百余年间孔子由无名到有名，由"将圣"到成"圣"，即与伯夷、柳下惠并称古圣，然后到汉武帝"罢黜百家"，在文教领域内成为"独圣"。那奥秘直到清末，无论鼓吹孔子"改制"的康有为，还是宣称孔子作为史学家堪与西汉末刘歆比肩的章炳麟，仍属未发之覆，迄今还是没有论定的问题。

2009 年

26

一二 中世纪新式官僚的先驱——冉求

冉求早已被孔子判决叛"道"，其实在返鲁任季氏宰以后，既要忠于"君道"，服从所事之君即季康子的意向，又要忠于"师道"，凡事都向孔子请示。夹在二者之间，他不能不移孝作忠，经常背离如父之师的孔子训诫，服从所事之君的季康子的决策。在后人看来，他背师从君，被孔子宣布革出教门，似乎咎由自取。其实按照孔子关于君臣父子孰先孰后的伦理，他视师为鲁国之臣子，而视季氏为所事之君父，正表明他忠于孔子的教训，为所事之主尽力，这正是春秋战国之交新式官僚的信念。从这一点来看，冉求可谓春秋末战国初新式官僚的先驱。

最早说出这一点的，其实正是孔子。

孔子估量学生，总是先德行，后才艺。所谓仁，便是他强调的德行的第一尺度。什么是"仁"？《论语》中提及一百多次，界定五花八门，看来孔子对这个尺度也没有找到一个准星。只有一点是肯定的，那就是孔子决不轻许弟子以"仁"。比如颜回，曾得孔子传授"克己复礼为仁"，还说"一日克己复礼，天下归仁焉"，于是被中世纪经学家们，说他掌握了"仁"的最高秘诀。但就是这位颜回，照孔子的评价，也只能做到"其心三月不违仁"，那么别的弟子呢？"其余则日月至焉而已矣！"

至于冉求，艺虽高，才虽捷，连"仁"的边缘也捱不上。因为在孔子看来，他在"观过**知仁**"这一点上，还不如政事才干不如他的子路。所以孔子同样批评子路、冉求离"仁"尚远，却说子路可以治理兵车千乘的诸侯国，冉求便次一等了："求也千室之邑，百乘之家，可使为宰也，不知其仁也。"

于是，《论语》以下对话，便可视作孔子对冉求的定评："季子然问：'仲由、冉求，可谓大臣与？'子曰：'吾以子为异之问，曾由与求之问！所谓大臣者，以道事君，不可则止。今由与求，可谓具臣矣。'曰：'然则从之者与？'子曰：'弑父与君，亦不从也。'"

孔子关于"大臣""具臣"的界定，很有趣。按照他心目中的"大臣"标准，那么孔子在鲁从政，在齐、卫干君，都"因"执政的世卿乃至国君的嬖臣宠后，获得高官厚禄，尽管都曾见机而止，但算不算"以道事君"，都已留下疑问。假定他还勉强可算"大臣"吧，那么这段对话，也可说他有自知之明，没有要求冉求、子路像他一样，"干禄"得遂，便摆出大夫的架子，似乎追求"良禽择木而栖"。

所谓具臣，"言备臣数而已"。就是说，既然事君，那就不管所事之君是什么人，都对他矢忠不移。季子然对这一准则提出怀疑，假设孔子之徒所事之君犯上作乱，他们也盲从吗？孔子不得不画出底线，说是"弑父与君"，冉求、子路必不附和。那么，除了谋杀国君或亲父，冉求、子路都会追随主子吗？孔子显然默许，因为这是"具臣"的本分。

"学成文武艺，货与帝王家"，这是中世纪末叶士君子的俗语。但作为古典时代知识分子的信念，在孔子评论冉求、子路的言论中，已可见其端倪。

冉求是中世纪中国新式官僚的前驱，似无疑义。

2006 年

一三　何为中世纪经学？

在我看来，经学既不等于战国以来的民间儒学，更不等于孔子祖述周公的原始儒学。它是秦汉间出现的统治学说新形态。它的先驱叔孙通，在秦末汉初"所事者且十主，皆面谀以得亲贵"，从而在汉帝国成为首出"儒宗"，正开创了中世纪经学所谓古为今用的传统。从董仲舒、公孙弘，到郑玄、王肃，到刘炫、孔颖达，到韩愈、王安石，到程颐、朱熹，乃至王守仁、李光地，经学的理论形态各异乃至非常不同，本质无不为权力统治现状的辩护论。表征权力现状的"君人南面之术"，因族类、地域、阶层及传统宗教等等因素，而彰显时空形态的不同。于是中世纪经学，形态表征为"学随术变"，而所崇儒家经典及其官方诠释与时俱变，也毫不奇怪。

2007 年

一四　官方钦定"经典"的变化

"经"字专指相传由孔子晚年删定的两周古典，始于西汉武帝建元六年（前135），"罢黜百家，独尊儒术"。

尽管迄今的考古发现，还没能证实司马迁《史记》关于孔子生前最后五年（前484—前479）回鲁国终老期间，删定《诗》《书》《礼》《乐》《易》《春秋》六种两周古典的陈述。但自20世纪初王国维等通过出土的商周甲骨卜辞和钟鼎铭文研究，证明司马迁的古史陈述决非杜撰。因而现代学者，也愈来愈倾向于否定晚清康有为在《孔子改制考》等书的武断说法，即西汉武帝以来世传"五经"（《乐》本无书），都是孔子为了改革政治体制，而假托上古圣王的本人著作。

不过建元六年西汉王朝规定，职掌宫廷顾问的博士官，非通晓孔子晚年删定的某种古典诠解的儒家大师不得担任，那决策显然不是时年弱冠的武帝作出的。拙撰《儒术独尊的转折过程》，已详考。

问题是汉武帝设置"五经博士"，上距孔子去世已有三百四十四年。这期间，当时中国的经济文化发达地区，通过战国、楚汉与吴楚七国不断的战争，政治态势走向"大一统"。而在汉初以来七十多年，由叔孙通到董仲舒、公孙弘，不断"曲学阿世"，汲取秦法和黄老道论，改变自身传统而成"以儒术缘饰吏治"的官方经学，距离孔子自称梦中与周公对话而发明原始儒学，那形态差异，早由司马谈《论六家要旨》，可窥斑见豹。

也如所周知，秦始皇和他的丞相李斯，还在秦灭六国当年，便定下意识形态准则："天下无异意，则安宁之术也。"很不幸，时过八年（秦始皇三十四年，前213），这对君相发现朝廷容忍来自战国诸子学派的博士官，"人善其所私学，以非上之所建立"，言论自由已超出帝国舆论一律可以容许的限度。于是决定"焚书"，将表征古典文明、政治与法律的书付诸一炬，要求复古，回到孔子以前"学在王官"的状态，限定教育必用当代法令为教科书，"以吏为师"。更不幸的是，始皇帝活在人间想成仙，却发现屡受方士欺骗，又在追究诽谤今上运动中，发现诵法孔子的儒生与方士共谋，于是将那班儒生集体活埋。没想到这使孔子八世孙孔鲋也参加陈胜的造反派，开了叔孙通之流"有奶便是娘"的先例。

当然孔子后裔也出过大学问家。做过司马迁老师的孔安国，便对汉武帝时代独尊孔子留下的、用秦代"书同文"以前的古文抄写的遗著，列入官方认可的"经"的通行本，有过重要贡献。

按照《史记》，汉武帝时代立"五经博士"，仅有朝廷认可的孔子删定的、用今文写成的五种古籍，才可称"经"。但孔子和他的门徒，当然不识秦汉官方通行的"今文"，即小篆和隶书。而汉武帝设置的"五经博士"，诠释所据经典文本，无不用"今文"写成。于是由孔安国开始的五经古文今读，文本是否具有历史合法性，便引发争论。

争论自隐而显，到汉武帝的曾孙汉宣帝时代，趋于激化。汉宣帝的祖父曾是汉武帝钦定的太子，因母后失宠而遭父忌，成为汉武帝纵容佞臣炮制的"巫蛊案"的牺牲。这个宣帝生于狱中，长于民间，侥幸做了皇帝，便致力于为祖父戾太子翻案。他的策略是改变《春秋》的经典诠释，将被汉武帝否定的《春秋榖梁传》列于学官。

西汉中叶已盛行孔子的语录，所谓"志在《春秋》，行在《孝经》"。董仲舒已与汉武帝重用的司法长官张汤合作，将《春秋公羊传》作为法律的经典依据，所谓"《春秋》决狱"。据他们说，孔子作《春秋》，指示判断乱臣贼子的基本准则，就是"诛心"：你没有犯罪，但只要君主权臣看你竟敢不服他们推定你有罪，即使嘴唇微动，便犯了新的态度罪；那么你从容镇定面对诬陷呢？也有罪，唤作"腹诽"。何况戾太子竟敢否认"巫蛊"，愤而率侍卫要诛杀佞臣江充，更属公然犯上作乱。戾太子本人及母家族灭，累及襁褓中的宣帝，也打入天牢。因而汉宣帝即位后，不满公羊派经学家的《春秋》诛心论，指望通过表彰祖父从学的《春秋穀梁传》，特别是《传》中贯彻的"信以传信，疑以传疑"的准则，是不难理解的。

只是从后来史家眼里，这个汉宣帝迂得可以。他为了改变曾祖父的解经取向，历时十五年，才召开石渠阁会议（前51），自任终审裁判，如愿将《穀梁传》立于学官，代价却是被迫承认每种儒经都可有不同的"传"。于是到他卒时（前49），改元黄龙，"五经博士"已达十二名，即每经都有两三种官方诠释。

从此钦定的"经"，不限于孔子本人删定的古典，还扩充到他的真假门徒所著的"传"。例如黄龙十二博士，自称以《诗》当谏书的博士有三家，以《春秋》当法典的博士有二家。他们的政治取向，非常不同，怎能不导致意识形态领域的混乱？

2007 年

一五 "六经"都有负面效应

想方设法促使"天下无异意",可说是中世纪列朝的君主或僭主的共同追求。据说,汉武帝比秦始皇高明,他选择了定儒学为国教,用利禄引诱人民只读孔子儒家的经书,于是实现了思想统一。

这说法不合历史实相。"儒学"早在孔子死后便出现分裂,战国的孟轲、荀况,谁是孔门正宗?叔孙通、董仲舒在汉代都称"儒宗",都自命"知当世要务",谁的一套可称"国教"?汉武帝是否"独尊儒术",古往今来有争论,但他感兴趣的是儒术或称经术,而非儒学或称经学,他更把儒术或经术当作文饰自己措施的手段,好比给衣襟缝上花边,这岂非汉代学者已揭露的史实?

不宁唯是。说到汉代经学,20世纪初叶的皮锡瑞、周予同,早由经典传授和诠释的角度,系统揭示它内部有今文学和古文学两大派,即使同一种经典,在同一学派内部的文本依据和意义理解也很不相同,并且争立博士。那当然意味着经学家的利益纷争,竞相挤占"禄利之路"的优先权。利益纷争也有调适。五经博士大多只守住一种经典及其师传的解说,在与时俱变的政治要求的某个侧面表现"致用"的专长,形成经术实践的分工,如皮锡瑞描述的:"以《禹贡》治河,以《洪范》察变,以《春秋》决狱,以三百五篇当谏书,治一经得一经之益也。"

不过"通经致用",前提是经书的文本确定,而秦始皇制定的"挟书律",到汉惠帝初才明令废除,三十年里图书受到巨大损失。

号称孔子晚年编定的"五经"，除了《周易》，无不仅存断简残篇，在解禁后流传的文本，主要是用秦朝统一文字后的"今文"抄本。这些抄本由不同地区的经师传授，文字和解读有差异是不奇怪的，况且民间还不断发现周秦以前不同古文书写的篇章。汉武帝政府的策略是，今文经传内容大同小异的都立博士，如《诗》博士就并立三家；同一经典而"传"大异的，如《春秋》的今文传有公羊、穀梁二家，便由皇帝裁决《公羊春秋》更合"儒术"。因而汉武帝时代的官方经学，已形成"学随术变"的传统。再历二帝，到汉宣帝时代，一种经由不同的博士官解说成为常态。当时五经博士有十二家，连同未立博士而成皇家和权贵子弟必修的《论语》《孝经》，情形更混杂。这时结集的《礼记》，内有《经解》篇，也不得不在讴歌"六经"精华的同时，承认过度诠释，都有必至之弊："故《诗》之失，愚；《书》之失，诬；《乐》之失，奢；《易》之失，贼；《礼》之失，烦；《春秋》之失，乱。"

2009 年

一六 《春秋》三传的浮现

任何经典都有文本问题。公元前135年，汉武帝宣布"罢黜百家，独尊儒术"，将非儒家的博士官即皇帝的文化顾问一概免职，只留"五经博士"，表示尊崇孔子的儒家经典，作为君主统治国家的意识形态手段的唯一资源。那以后关于儒家经典的文本争论，随即揭幕。

关于《春秋》的文本争论最激烈。因为秦始皇烧书，特别毁灭诸侯史记，所以在汉朝建立以后出现的《春秋》文本，都依附民间口传的解说，才得保存和传播。

在汉武帝以前，所谓孔子晚年修订的《春秋》，已有三种"传"，即对孔子《春秋》的三种诠释。两种来自世代口传，分别称作《春秋公羊传》《春秋穀梁传》。一种早有写在竹简上的文本，作者相传是孔子同时代的鲁国史官左丘明，称作《春秋左传》。

《春秋公羊传》最早浮现。因为董仲舒还在汉武帝之父汉景帝时代，就靠善说此《传》而位居博士。当汉武帝因为虔信《老子》的祖母窦太后死去，初尝独裁权力的滋味，野心勃勃地要实现各种愿望——从征服"天下"到长生不老——并决定用孔子的"仁义"来包装自己的贪欲，这时董仲舒又及时献上一道圣餐。

这道圣餐，名叫"春秋公羊学"。

据董仲舒说，《春秋》原是孔子晚年接受天启，给三百年后刘邦建立的汉朝预制的一部宪章，指示刘氏"天子"，如何建构"大一统"，实现从政治秩序到思想学说，都服从君主权威的古典理念。所以，《春秋》不是普通的编年史，而是字里行间隐藏着几千条教旨的密码体系。

又据董仲舒说，孔子生前，曾把书中用历史形式掩盖的真实"大义"（君臣父子都应该遵照实行的根本法则），悄悄地告知几个门徒。这种"微言"，后来在公羊氏家族内部，世代口头传授，直到汉景帝时代，才由公羊氏五世孙及其门徒胡毋生，写成经传合一的文本《春秋公羊传》。传即经义的诠释。

当然，董仲舒自居为《公羊春秋》密码系统的全能破译者。他不仅能根据经传预测天意、警示灾难、祈雨禳旱，还能从经文中找到判决疑难刑事案件的依据，充当皇家司法顾问，并且把他发现的"微言大义"，写成一部充满神秘主义气息的《春秋繁露》。

于是，汉武帝和他的丞相公孙弘——后者自称窃听过胡毋生讲授《公羊春秋》，早有"曲学阿世"（歪曲学说以诂媚君主）的名声——都认定《公羊春秋》是孔子遗经的唯一正确诠释的文本。

说唯一，是因为同时还有一部《春秋穀梁传》，也称《穀梁春秋》。相传是孔子另一个再传弟子穀梁氏家族内部口传的"微言大义"。但可能在荀子（约卒于前230）生前已形成文本。它的经文与《公羊春秋》基本一致，但"传"的内容，较诸"公羊传"更简要，文字很朴实，很少神秘气息。汉武帝的太子喜欢它的诠释。迫于董仲舒、公孙弘联手排斥，这部《春秋穀梁传》，没能被汉武帝批准立于学官，即没能作为官方经典诠释，设置博士官传授。过了一个世纪，汉武帝的曾孙汉宣帝，召集御前会议，要公羊、穀梁两家学者进行辩论，最后由他裁决，才增设《穀梁春秋》博士。

然而，关于《春秋》经传文本的争论，意见分歧又持续至今的一大课题，还在于《春秋左传》。

《左传》叙史，也始于鲁隐公元年（前722），但每年前附的《春秋》经文，却比公羊、穀梁二传的经文多两年，止于鲁哀公十六年（前479），而传文记事，更延续到鲁悼公十四年（前454），比二传多二十七年，共计二百六十九。内容远比《春秋》详尽，涉及那时代各主要诸侯国的战争、会盟、祭祀、灾变及君位更迭、贵族内讧、家国兴亡等大事，还常引时人的评论。全书篇幅超过《春秋》十倍，达十八万余字。

如果说，《春秋》是古代中国编年史的雏形，那就可说《左传》是这类编纂形式的第一部完型著作，而且直到18世纪，它都是中国编年史著作的真正楷模。迄今为止，没有一个史学家，研究春秋时代或更早的历史，不把《左传》当作主要的文献资源之一。

正因为如此，从公元前1世纪末，《左传》的早期文本在汉成帝时代（前32—前7）被主持整理宫廷藏书的刘歆（前50—23）发现并公布那时起，在中国学术史上的回应，便出现奇特的悖论。

一方面，谁都承认没有《左传》提供的历史事例，就无法了解《春秋》的经义或者孔子的政治哲学，因而将它和《公羊》《穀梁》二书合称《春秋》三传，并将它看作三传中最重要的一种；即使主张"舍传求经"（不理睬三传而直接从《春秋经》求索孔子的理念）的儒学原教旨主义者，也不例外。

另一方面，有一派经学家，特别是两汉官方的今文经学家，以及19世纪以来力求复活《公羊春秋》的原教旨的各类学者，都一致否认《左传》是解说《春秋经》的"传"。最极端的若干学者，例如梦想成为"孔教"的马丁·路德的康有为（1857—1927），活跃于 20 世纪二三十年代、并得高本汉（Bernhard Karlgren）等欧洲汉学家声援的疑古学派的钱玄同、顾颉刚等，其至宣称《左传》是刘歆割裂《国语》而炮制的一部伪书。

一七 《左传》是经是传？

20 世纪中国有很多惊人的考古发现，尤其是发现了成百种埋藏在公元前一千纪或者更早的古墓中的简帛古书。例如曾被中外学者断定成书时代晚于孔子的《老子》，古本便出土了三种，初步的研究已可证明，老子做过孔子的老师，并非臆造的传说。只有《春秋》和《左传》的原始文本，至今考古学家一无所获。这使上述相信或者怀疑《左传》是孔子《春秋》之"传"的学者，都很失望。于是仅仅依据《史记》《汉书》等传世文献，判断《左传》性质和真伪的争论，至今仍在继续。

这场争论，二千年来积累的论著，难以胜数，单是近百年出现的论文和专著，总数已不止千种。表面看来，争论的问题依旧，即《左传》是不是《春秋》的一种"传"？答案似乎也还是老一套的"二律背反"，非是即否。

实际的过程当然十分复杂，必须看中世纪意识形态化的经学变异史，才能了然。这里只说一点，就是到 1 世纪初，《左传》已成为半官方经典，再过二百年，它已化作《春秋》三传的首要一种。诡异的是，《春秋左传》升格为"经"，正是在所谓"《春秋》大一统"的观念，被 2 世纪末叶中国陷入长期的内战与分裂打破之后。相反，《春秋公羊传》《春秋谷梁传》，虽然也列为"经"，却在"大一统"重现的唐朝，已经渐成"绝学"，快断种了。

8 世纪末 9 世纪初，中国出现了经学更新运动。有的在野经学家，提倡撇开《春秋》三传，直接考察孔子"遗经"的原教旨，这一派的追随者，曾在805年发动过历时仅数月的政治改革。其中有个在改革失败后流放在边疆的青年学者柳宗元，忽然著书批判号称《春秋》外传的《国语》，说它背离"圣人之道"，不可能是"近经"的《春秋》诠释。

高潮又出现在"大一统"再分裂时期的宋朝（960—1279）。中国北方的契丹、党项、女真等民族，相继建立独立王朝，将宋朝的生存空间愈挤愈小，传统的经学的价值，也受到愈来愈大的怀疑。《春秋》经传当然又成焦点。

首先是《春秋》本经。一派学者继续撇开《左传》，宣称孔子赋予《春秋》的原教旨，只是"尊王攘夷"，并且给它另作新"传"。另一派由北宋改革家王安石开始，干脆说这部经典，不过是残缺不全的政府公报（"断烂朝报"），孔子的圣明，前不及周公，后不如孟子，还一度取消了《春秋》的经典地位。

其次是《左传》，它的遭遇更奇特。上述新经学家对它置诸不理，重作多种新"传"。其中《春秋胡氏传》，在14世纪中叶的明朝初期，终于取代《左传》，成为候补文官考试的经学教科书。可是，宋朝的史学家，特别是司马光（1019—1086），却以《左传》为楷模，编成巨著《资治通鉴》，引导编年史的复兴。

一八　秦汉经学三变

据《史记》，秦汉间统治者尊奉的经典凡三变，《韩子》《老子》和《诗》《书》等儒书，却都共同着眼于其中合乎"当世要务"的帝王术，即被陈胜造反搞臭了的法术，被曹参、陈平所力行的黄老术，由叔孙通使汉高祖尝到做皇帝尊贵滋味的儒术。在度过吴楚七国叛乱造成的帝国统治危机之后，随着景、武易代执政的外戚田蚡集团，要实行事后董仲舒称道的"更化"，改变以"无为"掩饰墨守成规的黄老术，将"孔子之术"作为缘饰吏治的手段，便不难理解。

西汉晚期，元、成、哀三帝相继在位连续半个世纪，统治集团的整体腐化，令人人都预感大厦将倾。忽然在专权的外戚家族内出了个寒士王莽，效法周公，谦恭下士，还许诺土地国有、管制工商、普及教育等等，如胡适所谓搞社会主义。于是举国若狂，有数十万民众上书劝进，拥护这位当代周公作真天子。无论王莽改革是否真诚，他本人就是权势集团一员，新政陈义再高，仍属与虎谋皮。他的王田、五均六筦政策，反而激发农民大暴动。而他至死不悟，在被赤眉攻杀前，还在模拟孔子，说是"天生德于予，汉兵其如予何"。

王莽的失败，没有阻止同样贫寒出身的东汉光武帝，继续利用经术，缘饰他的统治。还在西汉晚期，穿凿经书或伪造圣谕，以神秘主义解经的纬书，假托孔子得天启预示帝国君臣命运的谶语，不胫而走。尤其是黄巾造反，盗用朝廷借以愚民的儒家天命说，当作犯上作乱的手段，当然迫使新旧权贵思考怎样利用经典。

从公元前 2 世纪末到公元 3 世纪初，黄河、长江两大水系滋养了三个帝国。然而权力的转移与内战的纷扰，似乎没有影响经学作为所谓安宁术的文饰，它反而如皮锡瑞所述，由昌明到极盛。这个悖论使在延安就被毛泽东授予"用马克思主义批判经学"任务的范文澜颇感为难，由《中国通史简编》的矛盾陈述可见。实则清末章太炎的《学变》等篇已点出那三百多年学凡五变，"各从其世"。据我考察，有以下政治的干预起作用。一是汉武帝听从丞相公孙弘献策，让五经博士执掌候补文官的教育选拔权，从而经学传承获得体制保障。二是汉武帝临终命霍光"行周公之事"，开了外戚以大将军控制政权的先例，从此僭主无不自命周公而支持圣化本人的"经术"。三是王莽和刘秀都为重演"汤、武革命"，而将孔子说成纬谶的制作者，赋予孔子以上继周公、下启今圣的通天教主式的特异功能。四是从新朝到东汉，列帝都通过判教，不计经传真伪，但问经学是否利于促使"天下无异意"。由此导致效应五，经学的今古文各派都趋向求"通"。郑玄破坏经今古文的传统"家法"，成为引导经学新潮流的著名大师。同样通经的王肃，假造《圣证论》等攻击郑学，也博得伪经伪传领头羊之名。

不过秦皇汉武的帝国体制已由瓦解而土崩，号称两汉"儒宗"的叔孙通、董仲舒、萧望之、刘向、刘歆、贾逵、马融等，接连添砖加瓦的"学随术变"为特色的经学庙堂，也黯然失色。魏晋间嵇康"非汤武而薄周孔"，王弼撇开汉《易》经说另据古文直接解经，除了鲁迅、周予同破译的悖时意义，也意味着对汉代"儒术"主流进行挑战。

2009 年

一九　叔孙通给布衣将相定礼仪

人们都知道秦始皇"焚书坑儒"。还在清末，著名学者章炳麟（太炎）便已考证，秦统一前很久，便推行反智论的文化政策，禁毁私人图书就是表征。而秦始皇晚年在咸阳坑杀反对他的诸生四百六十余人，主要是术士，因为古称术士为儒，所以也称"坑儒"。事实上秦朝设置的博士即皇帝的顾问官，涵泳各派学者，其中包括孔子以后的儒家，例如在秦二世即位后仍为博士的叔孙通。

或许受到秦朝反智论的熏陶，出身布衣的汉高祖刘邦，"革命"尚未成功，便憎恶儒生，留下一串行为艺术式的故事。最出名的一则，就是"溺儒冠"，见了儒生，就摘下其人帽子往里撒尿。

他在楚汉战争中渐居上风，也使"良禽择木而栖"的各派文士投奔汉营。善于投机的秦博士叔孙通，即在换了将近十个主人之后，向汉王投降。

据《史记》，叔孙通带了"儒生弟子百余人"跑到汉营，一见刘邦对他的儒服表示厌恶，再见就换上楚国平民常穿的短衣，赢得新主喜欢。他又专向汉王推荐"故群盗壮士"，使刘邦更赏识，于是官拜博士，成为汉开国初的首位文化顾问。但他最大的成就，要属替大汉帝国"起朝仪"。

原来，汉高祖五年（前202），一贯坚持"斗智不斗力"的刘邦，利用韩信指挥的大军攻杀西楚霸王项羽，转身又乘韩信不备而夺其军权，于是成为秦楚之际群雄逐鹿的最后赢家，迫不及待地在军中登极称大汉皇帝。

史称汉高祖的这位沛县布衣，没有想到同为无赖出身的昔日兄弟，那样不懂规矩。"群臣饮酒争功，醉或妄呼，拔剑击柱，高祖患之。"最使新任皇帝怵然的，或许还是他的主要谋臣张良评论群臣争功的一句话："此谋反耳。"就是说皇帝起自布衣，却对追随造反的群臣封赏不公，当然会让他们相聚再度谋反。这使皇帝吓得不轻，赶紧当众将平生最憎恨的一名同乡封侯，总算压服口声。

不过朝廷的秩序混乱如故。早在揣摩君心的叔孙通，以为机不可失，向皇帝进说："夫儒者难与进取，可与守成。臣愿征鲁诸生，与臣弟子共起朝仪。"针对皇帝憎恶儒家之礼繁琐的心态，他保证决不复古，"臣愿颇采古礼与秦仪杂就之"。于是皇帝指示"令易知，度吾所能行，为之"。

难为了叔孙通。他用一年多时间，东赴鲁国物色礼乐专家，遭鲁两生奚落也不顾，西返长安又以儒生弟子不断实习。最后汇聚诸侯群臣作首场朝仪表演，效果甚佳，"竟朝置酒，无敢欢哗失礼者"。不待说皇帝龙心大悦："吾乃今日知皇帝之贵也！"又不待说叔孙通的儒生弟子都加官蒙赏，歌颂说："叔孙生诚圣人也，知当世之要务！"

这是秦亡后儒家在汉朝宫廷政治中首次崭露头角。近百年后，司马迁回顾汉高祖七年（前200）这段制礼作乐史，叹曰："叔孙通希世度务，制礼进退，与时变化，卒为汉家儒宗；'大直若诎，道固委蛇'，盖谓是乎？"结语引用《老子》学说，是否表明司马迁认为叔孙通在汉武帝时代被称作"汉家儒宗"，大有儒表道里的嫌疑呢？

有一点可以肯定，即汉高祖死，汉惠帝立，接着相国萧何死

（前 193），他的政敌曹参继位，却意外地体现了"萧规曹随"。当然表现形式乃曹参位居相国，却标榜恪守《老子》的"无为"学说，所谓"治大国若烹小鲜"，越多搅动则小鱼越烂。因而上上策是相信人事必定合乎天道，应该听其自然。比如"民不畏死，奈何以死惧之"，最好的办法就是消除民众因饥寒而难治以致轻死的根源。中世纪中国列朝的政论，每说楷模为"萧规曹随"，毛病就出在以"曹随"掩饰维持腐朽政治的现状，而不闻"萧规"即政体创始的由来。就是历代的萧何们此后设计的政军财文体制，合理与否可不论，合理与否可不问，只要属于开创，便墨守其规，"遵而勿失"。

2009 年

二〇　怎样使"天下无异意"？

由汉高祖赞赏叔孙通制礼而使他尝到了做皇帝的尊贵滋味，已泄露这个帝国需要怎样的文化体制的"天机"，那就是这个体制必须保障"天子"以君主兼教主的权威，需要学习秦始皇的"君人南面之术"。

秦始皇的思想很混杂，凡是司马谈《论六家要旨》所概括的秦汉间的流行思潮，在这位始皇帝的言行中都可找到踪影。惟有一统之后应用的"帝王之术"，他接受李斯的一句话，却终身力行。这句话见于司马迁的《秦始皇本纪》："天下无异意，则安宁之术也。"

所谓安宁，原是古人给冬天起的别号，形容严冬呈现的万物宁静氛围。这很合乎秦始皇自命水德而代天司杀的期望。李斯将他欲达目的的实践手段，所谓"申、韩之术"，即法家申不害、韩非所论统治术的精髓，归结成使"天下无异意"一语，也就是不许臣民有个人意志，一切想法都与皇帝保持一致，犹如寒冬出现的万物和谐不争的氛围一样。始皇帝于是不仅"急法"，而且烧书愚民、神道设教，想方设法禁绝"异意"的萌芽。他失败了，正如民间假托神谕所说，"始皇帝死而地分"。按照逻辑，汉初布衣将相造反起家，应该以史为鉴，或者说"历史的经验值得注意"。但汉高祖才登极，便为没有得到他曾仰慕的秦始皇那种"大丈夫"的半神待遇而苦恼。他曾通过吕后散布神话，说他是他妈与黑龙交配所生的龙种，又说他未发迹时避罪逃亡所至之处便有祥云护顶云云。怎奈他的从龙功臣不信，为权力分配起哄，如张良警告的想"谋反"。到底叔孙通有见识，懂得造神必先造圣，及时给无赖皇帝设计彰显"天子"的威仪。当然，新权威得以树立，还是由于在先皇帝已通过擒韩信、囚萧何，对那班布衣将相示威，暗示谁反对今上谁就没有好下场。不过那是东西方都将独裁君主奉为神之子的时代，刘邦出身卑微，竟在秦末群雄逐鹿得掎鹿角，而且在窝里斗中不断以弱胜强，令他的政敌盟友都以为他得天助。他是否得知秦亡由于变生肘腋，始皇帝幼子竟与赵高、李斯内外勾结，矫诏杀害太子和元帅而篡夺帝位，尚不清楚。但他死前要更换太子，目光盯住吕后，表明他已知帝国继统最大威胁来自家族内部，来自他的皇后吕雉的外戚集团。他死了，结果如他所料，政权落入吕后之手。但吕后继承他的先例，排斥异己，反而导致随刘邦造反而致身汉相的周勃、陈平等，乘吕后老死即发动军事政变，实现"安刘"。

类似故事在中世纪中国多次重演。我曾这样描述："从秦帝国建立到清帝国灭亡，朝代更迭虽多，政权分合虽频，共同的统治形式都是君主专制，因而在意识形态领域内共同的关注焦点，便是如何保证这个专制体制稳固与扩展的'君人南面之术'，在西汉中叶后即司马迁首先揭示的'以经术缘饰吏治'。"

2009 年

二一 "安宁之术"也消灭了法家

以往有一种说法，认为先秦法家著作没有受到秦帝国焚书令的打击。是这样吗？想当然耳。《史记·秦始皇本纪》及同书《李斯列传》等，已详载这对君相确定帝国意识形态的原则与措施的过程。证明公元前213年，秦始皇准行的李斯焚书议，并没有将既往六国所传法家著作，摒诸必须收缴焚毁的"百家语"之外。

理由呢？李斯没有明说。但八年前即秦王灭齐而得意地自封始皇帝那年，此人已代今上设计出足以传诸万世的文化专制总方针："天下无异意，则安宁之术也"。不消说，即使三皇五帝、列祖列宗，其嘉言懿行可能被认作有"非当世"的嫌疑，也必须禁绝。因而，八十多年前首在秦国实行变法的商鞅，以及商君的老师李悝及同辈申不害留下的法术理论，非但过时，还可能被异意者利用，"语皆道古以害今"。按照始皇帝及其丞相言必称引的《韩子》对申、商的抨击，怎可因其为法家而赦免？

"竹帛烟消帝业虚"，焚书没有给秦始皇、李斯带来期待的稳定，反而辗转激起不读书的陈胜、项羽等造反，所谓"秦失其鹿"。最后鹿角被乡村警察出身的刘邦抓住了。然而这名自称无赖的皇帝与他那帮布衣将相，掌权后甚至比前朝君臣更易接受反文化方针。不是吗？韩非曾说"明主之国，无书简之文，以法为教，无先王之语，以吏为师"，将消灭一切学问、一切传统作为社会稳定的前提，在秦统一后化作国策，曾受朝野猛烈抗拒。但"汉承秦制"，继续实施"挟书律"，却不闻朝臣群起反对。后来相国曹参将它废除，而继任相国的元老重臣，仍斥贾谊劝汉文帝兴文教为"生事"。可见秦亡三十多年了，反文化的氛围仍弥漫于意识形态领域。于是，从秦帝国到汉帝国，战国法家梦寐以求的君主集权的政治体制终于出现，并自始便显露它以"臣罪当诛兮天皇圣明"为特色，而原初意义的法家便在中世纪中国销声匿迹，那有什么奇怪呢？由李斯化作治国准则的"安宁之术"，从此使"法治"变为"术治"，变为在位君主或僭主借法律名义实施独夫专制的手段集合，即所谓刑名术，并迅即被董仲舒、公孙弘等改造"孔子之术"当作资源，而既往所有流派的法家都被称作刑名家。他们的学说也需接受以"儒术"或"经术"，也就是中世纪的"君人南面之术"的整合形式，从实用角度不断重新"评价"。于是古典时代参与诸子争鸣的法家及其思想主张，在中世纪不是被曲解、被矮化或被诅咒，便是被篡改乃至被遗忘，那也都是必然的。

2001 年

二二　董仲舒"以《春秋》决狱"

董仲舒不是所谓儒术独尊的始作俑者，而他的学术由来也疑未能明。《史记》作者司马迁做过他的学生，却只在《儒林列传》中给他写一短传，仅说他是广川（今河北枣强东）人，"以治《春秋》，孝景时为博士"，"其传公羊氏也"。百年后《汉书》给他立传，除全录"举贤良对策"，于他的生平和师承等没有提供更多资料，仅在同书《刘向传》内，提及他于汉元帝初被某些儒者说成"为世儒宗"。时隔千年，北宋出现署名董仲舒的《春秋繁露》，当时已有人疑为伪作；今本乃清四库馆臣由明初《永乐大典》辑出，也未能断定是否董著。

有一点似无疑义，即董仲舒首开了"以《春秋》决狱"的先例。狱指重大的刑事案件，特别是所谓犯上作乱的罪案。汉初萧何依秦法制定汉律。到汉武帝时代罢黜黄老刑名学派，便意味着判决刑狱，也不能公然引用商鞅、韩非的法术理论，辩护定罪的道德与法的合理性。董仲舒率先从"儒术"的角度作出解困的诠释。他说"孔子之术"体现于《春秋》，而孔子晚年创作的这部编年史，文字形式虽讲"三世"，即孔子所见所闻所传闻的鲁国三个时代，内容却蕴含着无数"大义"，也就是处理天地人一切关系应该遵行的根本道理，但孔子以为不便说明，于是将那些大义私下口授给晚年的心腹弟子。这样的悄悄话称作"微言"，它起先在孔子再传弟子公羊高的家族内部代代相传。辗转口授至汉景帝时代的公羊寿，便与齐人弟子胡毋生著于竹帛，就是《公羊春秋》。董仲舒自称"传公羊氏"，深知《传》中"微言大义"如何体现法典意义并古为今用。

例如《春秋》记"弑君"三十六起，有的非事实，像昭公十九年先记"许世子止弑其君买"，继记"葬许悼公"。既说"弑"，则肯定许君为臣所杀；又说"葬"，则明白否定许君死因在吃了其子所进的药。《春秋》三传都注意到孔子的措辞矛盾。唯有董仲舒，坚称一个"弑"字，表明孔子作《春秋》的最高原则在于"诛心"，由此引申出只要追究臣子对君父有二心，哪怕没有明言，仅仅在聆听君主指示时嗫嚅不表态，也可原心定罪。这给汉武帝重要的酷吏张汤很大启示，重用董仲舒一派儒生，在汉律中增入"诛意""反唇"的可怕条例。继起的酷吏杜周，更露骨地宣称皇帝的旨意便是法律："前主所是著为律，后主所是疏为令，当时为是，何古之法乎！"

这表明当时标榜"独尊儒术"，其实是自称"明于《春秋》"的董仲舒一派儒生，假借伸张孔子作《春秋》的"微言大义"，迎合君主一体化的取向，与权力运作相配合，也就是"通经致用"。

2009 年

二三 董仲舒开启汉代"通经致用" 的新传统

"通经致用"并非董仲舒的发明。至迟在战国，道、儒、墨、法各学派，都借用纺织工艺称贯串织物的纵线为"经"的术语，将体现本派宗旨的言论著作唤作"经"，而将利用经说指导政教实践，比作城邑的通衢大道，称为"术"（術）。各派都标榜自己的经术具有普世价值，只要因时制宜，赢得寻求安宁术的君主付诸施行，便可实现"天下无异意"，也就是"通经致用"。

所以，秦汉间统治术凡三变，由法术、黄老术到儒术，共同取向都在肯定与时俱变的君主统治意识形态的合法性，但论证的重心却由秦始皇的"急法"，"汉承秦制"的"无为"，而到汉武帝构建"内多欲而外施仁义"的逻辑变异，都具有合理性。就是说，"通经致用"本来是秦汉间相继占领统治思想舞台中心位置的法、道、儒三家所唱的同一基调。

可疑的是董仲舒。虽说司马迁称道董仲舒"明于《春秋》，其传公羊氏也"，但迄今的经学史家，仍未证实董仲舒师承汉武帝时《公羊春秋》的大师。董仲舒是否与胡毋生同习《春秋公羊传》？天知道。但汉武帝建元六年（前135）宣布"独尊儒术"，董仲舒却拔得贤良对策的魁首，留下汉武帝此举与董仲舒天人三策相关度的不解之谜。

同样，今本《春秋繁露》是否董仲舒遗著？《四库全书》编者已不敢肯定，二百年历朝主流学者，据此书对董仲舒的经学大赞或大批，同一荒谬。只有清末章太炎谓"董仲舒以阴阳定法令，垂则博士，教皇也"，于史有征。史称董仲舒晚年解答酷吏首领张汤的司法疑难，"作《春秋决狱》二百三十二事"，通过程树德辑佚，可见大概。最令人吃惊的是，他穿凿历史，找出孔子作《春秋》恐吓乱臣贼子的"微言大义"，核心在于"诛心"，就是说对于汉武帝的独断，非但公开谏诤属于"犯上"，连内心有话不敢明说，只是嘴唇动一动，所谓"反唇"，也判死罪，称之为"诛意"。据董仲舒提供的"《春秋决事比》"，说是孔子作《春秋》，写到许国世子向病重的许君进药，没有亲尝，而后许君死了，于是大书"许世子止弑其君买"，列为《春秋》所记"弑君"三十六起的一例，定罪依据即"诛心"。单凭推论居心，便可以判处死罪，犹今人所谓"罪行不在大小，关键在于态度"。就是说将你抓进监牢，你辩称无罪，也就犯了态度罪。不信领袖永远正确，岂非表明你内心早有"犯上作乱"的潜意识么？难怪董仲舒死后身价日增，"为汉儒宗"。

　　可惜董仲舒学孔子不到家。据《论语》，孔子不谈"性与天道"，"敬鬼神而远之"。但晚年作《春秋》，对于天变，大如日蚀，小如蝗灾，都逐一详记，似乎又表明他笃信天人交感，却不明说，真是"圣之时者"，于当代人事无所不通。董仲舒就有点傻，迷信孔圣句句是真理，总在穿凿经文的"微言大义"。比如《春秋》记日蚀三十六次，弑君也三十六起。两个数字重合，是偶然吗？但董仲舒猜测必为孔子的隐喻，示知天人感应原理，凡人事出现偏差，天文就出现反常现象，所谓灾异，表示"谴告"。由于孔子本人没有留下天人交感的说教，秦汉法、儒共同尊崇的宗师荀况更明言天人相分，因而董仲舒只能乞灵于秦始皇提倡的阴阳五行学说。倘若相信《春秋繁露》真是董仲舒论著汇编，那就不能不同意清末章太炎斥其为"神人大巫"的酷评。我不信《春秋繁露》是董仲舒的作品结集，却以为程树德《九朝律考》内辑录的董仲舒《春秋决事比》佚文，表明此人死后身价日涨，"为汉儒宗"，绝非偶然。因为他在汉代开启了"通经致用"的新传统。

2009 年

二四　汉武帝和公孙弘

自秦汉到明清的帝制中国，皇帝身兼君主和教主，权力可能被僭夺，却缺乏有效的制衡，因而总带着强烈的个人色彩，所谓人治。

汉武帝就是显例。他在位五十四年（前141—前87），专权四十八年，这两项纪录，过了一千七百三十五年，才被清朝的康熙皇帝打破。他由亲政到去世，专制权威受到的最大挑战，来自他本人嗜欲多变的品格。有人说他爱好儒学，那是混淆"学"与"术"的概念。他同意博士官变成五经家的专利，儒学也改称经学。可是在以后四十多年里，表明他对经学有兴趣的事件，只有两则，一是向"以古法义决疑狱"知名的经学家兒宽，"问《尚书》一篇"。一是他主持了一场辩论，《公羊春秋》《穀梁春秋》两家，谁对孔子《春秋》的微言大义解释更有精义。他真感兴趣的是儒术，即经术。这由他对董仲舒和公孙弘的区别对待，可见一斑。

由《史记》的太史公自序，详述上大夫壶遂的对话，可知《公羊春秋》已成汉武帝推尊"儒术"的首要经典，有"宪法"效力。依靠它致位公侯的一个名人，就是公孙弘。

这个淄川国（今山东昌乐东）的牧猪贫民，四十多岁才学了点"《春秋》杂说"，却获得"曲学阿世"的名声。汉武帝元光五年（前130）年过七十再次"举贤良文学"，对策吁请皇帝重"术"，被武帝从最末名拔置第一名，拜为博士。他更表示生活节俭，事母尽孝，却宣扬"人主病不广大"，穷奢极欲才算君主，而且每逢朝廷会议，只提不同的可行性意见供皇帝选择。"于是天子察其行敦厚，辩论有余，习文法吏事，而又缘饰以儒术。"这越来越讨皇帝欢心，不顾大臣说他"多诈"，将他由御史大夫（副丞相）提升丞相，封平津侯。

除了善于揣摩皇帝心思，公孙弘又很会利用皇帝信任来给依附他的儒者谋取权力。他建议"为博士官置弟子五十人"，并设计一套选拔、受教、考试和按成绩授予官职的方案，得武帝认可，"著为功令"。那时五经博士已成儒家禁脔，但职能仍为待诏金马门以备咨询的文化顾问。自从公孙弘新定法令，增设博士弟子员，作为候补文官，从授业、考试、分等乃至罢黜的权力都由五经博士控制，这就意味着博士的职能扩展到文官教育。公孙弘死于元狩二年（前121），那以后至汉武帝末，不过三十年，司马迁就记载："自此以来，则公卿大夫士吏，斌斌多文学之士矣。"

公孙弘是著名的伪君子，媚主固宠，不学有术，搞阴谋诡计陷害学问才干都胜过他的董仲舒、主父偃、汲黯等大臣，因而生前死后都很少有人说他好话。他迎合汉武帝好大喜功的心态，设计用"禄利之路"招诱全国优秀青年趋向"儒术"，乘机将五经博士由顾问官变成教育官，导致"儒术独尊"体制化，出现所谓明经术便"取青紫如俯拾芥耳"的悠远效应，或许是他没有料到的。但汉武帝一时冲动，宣布自己也不真的信由六经体现的孔子儒术，应该作为衡量意识形态是非的准绳，随即又不断以尚武、封禅和重用方士求长生等行为自我否定。因而他是否如秦始皇独尊法术、汉文景二帝标榜黄老术一样，使所谓独尊儒术也重蹈人亡政息的覆辙，便很难说。他批准公孙弘的建议，把候补文官的教育权和选拔权交给五经博士，可能也没有预想到它对文官体制带来怎样的"更化"效应。但历史表明，这效应不限于两汉，一直到清末才被迫废止的科举取士体制，都以它为滥觞。

恰在废科举的光绪三十一年（1905），曾因拥护戊戌维新而被清廷交地方官管制的经学史家皮锡瑞，却为公孙弘辩护，说是在汉武帝时代，既不尊师，也不重儒家之道，"欲兴经学，非导以利禄不可"。这无疑认定欲达目的，可以不择手段。百年来此说犹如幽灵，时时闪现，岂不值得反思？

2009 年

二五 离奇的周公崇拜

伴随汉武帝"独尊儒术"出现的独特人文现象，便是周公崇拜。

据《论语》，孔子生前想在东方复兴周礼，期待"得君行道"，理想的政治楷模，即为周公。相传由孔子删订，而在汉初由曾任秦博士的伏胜传授的《今文尚书》，二十八篇内据说出自周公的作品，有三分之一以上。另外也相传由孔子编定的《诗经》，歌颂周公的篇章同样不少。司马迁在汉武帝时代给周公及其子孙写的《鲁周公世家》，就据《诗》《书》的传说描绘过姓姬名旦的这位第一代周公的功业，说他是其兄周武王灭殷的主要辅佐，在武王死后担任年幼的周成王的保护人，曾背负成王以天子名义处理国政七年，中间讨平了他的三个弟弟伙同殷朝遗民发动的武装叛乱，然后还政成王，甘居臣位，却遭听信流言的成王误会他有篡位野心，迫使他逃亡。幸好他在武王病重请求祖先允于代死的誓辞《金縢》，被成王发现，迎他回朝，再立新功。他是鲁国诸侯的鼻祖，被孔子钦仰到梦魂萦绕的程度，以致孔子晚年竟将自己很久没有梦见周公，当作将死的朕兆。

时至战国，除了自称儒家又互相对立的孟轲、荀况两派仍然提及周公并称作先圣以外，道、墨、名、法、阴阳诸家，或不提或偶然说及周公。因此在汉武帝实行意识形态为我所用而表彰六经之后，周公的身价陡涨，便引人注目。

汉武帝对挂在孔子名下的经学不感兴趣，仅欣赏公孙弘、董仲舒们"以经术缘饰吏治"。他接受公孙弘为五经博士设弟子员的建议，没有料到此举意味着秩仅六百石的博士官，竟成培训未来的二千石乃至位列三公九卿的文官的温床。

不过18世纪以来，经史考证学者在注意汉武帝阳儒阴法或者儒道互补的文治策略的同时，很少有人重视他是首倡周公乃至圣的作俑者。

汉武帝尊周公与他备受立储问题困扰有直接联系。汉朝沿袭周秦旧制，实行嫡长子继承制。皇后无子固然是被废的理由，有子而失宠也存在被皇帝宠妾"夺嫡"的危险，即《公羊春秋》所概括的"子以母贵，母以子贵"。汉武帝与太子闹到兵戎相见，一个重要原因就是太子生母卫皇后年老色衰爱弛，才使皇帝宠臣江充敢于诬陷他们母子用巫术谋害皇帝。而汉武帝决定立幼子，又唯恐"母以子贵"，导致他的曾祖母吕后、祖母窦太后专制国柄的先例再现，于是迫使钩弋夫人自杀，却又立刻面临将年方七岁的幼子托付给谁保护的难题。

这时汉武帝记起了孔子仰慕的周公。在处死钩弋夫人之前，他就命内侍画了一幅"周公负成王"的图像，赐给紧跟他二十多年的侍卫长霍光，同时任命一名原匈奴王子和一名掌书记的文学侍从，组成顾命大臣班子，临终嘱咐霍光："立少子，君行周公之事。"

在汉武帝的本意，霍光位卑又忠心，必能守护刘家天下。岂知霍光不是周公，一做大司马大将军，就接连清洗汉武帝晚年执法理财的重臣，成为以军权控制政权的僭主，又放纵妻儿女婿弄权聚财，使霍氏家族变成最大的暴发户。汉昭帝早逝无子，使这位大将军于公元前74年夏秋间两个月中连创废一帝又立一帝的记录。他新立的汉宣帝，是自幼受巫蛊案株连而沦落民间的汉武帝曾孙，没有本家宗室外戚作后援，而霍光夫妇谋杀宣帝原配妻子，将自己女儿立为皇后，又创汉代外戚专权的先例。直到宣帝即位第七年（前68），霍光专政已近二十年，远超过《尚书》所说的周公代理天子的七年。

2009 年

二六　汉代周公"幽灵"挥之不去

　　显然吃了当代周公之苦，汉宣帝对儒术也生反感，说是"汉家自有制度，本以霸王道杂之"。然而他的统治表明，所谓霸道加王道，无非"儒表法里"，还是汉武帝"用经术缘饰吏治"的帝王术。事实上，他的圣君楷模，正是汉武帝，包括车服仪仗都要学曾祖父。他企图抑制外戚，却重用宦官，以致宫廷的中书令权力膨胀，几乎压倒执政的丞相和御史大夫。到他的无能又多疑的继君汉元帝时期，宦官和外朝大臣的恶斗，反而又给外戚专权提供了可乘之机。

　　由于汉宣帝在民间所受教育，主要是汉武帝时代作为郎官（禁卫军官）和低级官吏的文化教材的《论语》《孝经》，因而他规定皇子皇孙都要读这两种儒书。效应之一，便是《论语》所记孔子仰慕周公，而《孝经》所谓"孝莫大于严父，严父莫大于配天，则周公其人也"，在汉元帝以后，又都成为文臣常引的经典。就是说，汉宣帝想遏阻霍光故事重演，而他选用的皇室和官员的必读教材，恰又盛称周公是敬天法祖的至圣。所以，不过两代，他的皇长孙汉成帝即位，尊其母王政君为皇太后，因示孝而顺母，任命舅父王凤为大将军，自己则沉湎酒色，更好微服外出冶游。于是霍光故事不仅重演，还因为太后兄弟众多，闹成大将军变成王氏兄弟的世袭专职。连同王政君欣赏的亲侄王莽，于成帝在位二十六年里，王氏家族共有五人任大将军，也就是连出了五个"周公"。

这个过程，因汉成帝死（前7），他生前奉母名所立其侄为皇太子即汉哀帝即位，王莽奉姑母即已晋太皇太后的王政君命，避嫌辞位而中断。但因汉哀帝在位仅六年就病死，王政君再度临朝听政，立即召回王莽复任大将军。这回王莽索性自称当代周公，比照《尚书》所述周公辅成王而代理天子的程序，亦步亦趋。当然也有两点改进，一是伪造天帝下降的符命（刻在金石上的文字），指示王莽应该代汉为新帝；二是发动臣民联名上书劝进，请求已封安汉公的大将军上升一步，由摄皇帝而做真皇帝，据说签名群众有数十百万之多。孔子创制的"五经"不是说天意即民意？传遍朝野的孔子得天启所作预言，不是说汉运将终、新朝当兴吗？安汉公岂能拘泥周公先例，不顺应天心民心，不使皇帝名义由假而真呢？这样，王莽就由"居摄"而"始建国"了。国名由汉改新，表征"一元复始，万象更新"。

不过王莽自称周公，做皇帝由假即真，比周公走得更远，那历史影响不容小觑。因为王莽创建的新朝，政经文教体制大幅度变革，尽管王莽爱好"正名"，他的众多改革限于形式，似乎只重名而不责实。

王莽借周公名义实现改朝换代，影响长达六百年。直到唐太宗改造国子学体制，为了杜绝太学生把周公当作合法改朝换代的圣王典范，将周公逐出国子监的圣堂。那以后孔子梦萦魂绕的周公，便由汉晋间"周孔之道"的主角，被取消支配意识形态的表征地位。接替它的，是作为唐宋间经学更新运动表征的"孔颜之道"，伴随王安石变法登场并迄今尚未退场的"孔孟之道"。

2009 年

二七　经汉学中的《孝经》与《春秋》

在汉武帝批准"独尊儒术"以后，相传由孔子删定的上古典籍称作"经"，由孔子私传给门徒并辗转相传的经解或别的儒家道理，统称为"传"。所以，《论语》虽是孔子生前的语录，《孝经》虽说是孔子与晚年门徒曾参的对话录，都因非孔子手定，在汉代都列于"传"。其实，汉武帝及其子孙相继设置博士官传播的"五经"，没有一种不是"经"的特定诠释，例如《春秋》在西汉有五种"传"，只有《公羊》《穀梁》二传，相继立于学官。不过从汉武帝起，西汉君相就标榜"通经致用"，所谓用的焦点，落脚于经传解说能否为现实政治服务，即当时官方肯定的"以经术缘饰吏治"。董仲舒、公孙弘从神学和教育两方面，使《春秋公羊传》成功地实现儒学与统治术的结合，而《孝经》又似乎提供了君臣与父子的伦理秩序不可逆反的道理。于是假托孔子自述"志在《春秋》，行在《孝经》"的说法，便成为纬书所说孔子接受天启而"为汉制法"的两大圣训。

2007 年

64

二八　从分裂走向统一的经学

以往论者多好谴责"五胡乱华",却多半忘记十六国和北魏、北齐、北周以及西域、北庭、青藏诸国的君民都是中国人。他们既非中原混战的乱源,也在内迁过程中加剧民族大迁徙,并在南北对立的长时间里促进族群同化,效应就是汉族于此时形成,中华文化趋同而包容不同色彩的各族文化,并更能吸收外来文明。举世惊叹的敦煌文化,正是北朝的胡汉与中外的宗教文化结合的麟儿。应该指出,晚清以来很多史著力求证明南北"国学"都在传授"五经"。那并不错,缺点在于都淡化南北经学无不式微的历史实相,休说在北朝它总在佛道二教的夹缝中求存,在南朝国子四学中屈居老三,帝王贵族大都佞佛而不信孔,因而双方经学均在抱残守缺,无非作为文治的点缀。

当历时四百年的分裂和内战终于以隋灭陈(589)暂告段落,继而重演秦楚而楚汉争斗的悲喜剧。不同的是鲜卑与汉人混血的李唐皇室,先向北疆的突厥称臣,待战胜海内群雄,调头向突厥复仇。由杀兄屠弟逼父而称帝的唐太宗,因而得到备受突厥欺凌的周边"四夷"君长拥为"天可汗"。年号贞观的这位皇帝,立志超过汉武帝,在恢复隋炀帝设计的科举制以网罗"天下英雄"的同时,还利用前朝遗臣修史注经。功业的确卓著,今存二十四部正史,有八部是贞观间史官编撰。而《五经正义》,包括《周易》《尚书》《毛诗》《礼记》《春秋左传》五部经传的新疏,连同后来增补的

《周礼》《仪礼》《春秋公羊传》《春秋榖梁传》四种新疏或旧注，合称九经义疏，被列为明经科的钦定教材，一直沿用到千年后的清朝。

唐太宗开创了"经学统一时代"。但统一也是经学再度低迷的开端。也如汉武帝，唐太宗唯重帝王统治术，但他更重视"以史为鉴"，甚至亲任重写《晋书》的主编，通过史论表达他为玄武门政变辩护，并赞赏陆机兄弟的庙堂文学，而对重解"五经"，从未置评。不过他显然对汉武帝晚年推崇周公一事很注意，决意变革已传承近八百年的"周孔之道"，办法是改变圣名。他下诏取消国子监供奉的先圣周公神主，而将孔子神主由先师升作先圣，并晋孔门十哲之首的颜回充当先师。因而谁都明白唐太宗此举递送的信息，即皇帝决不愿身后出现周公，却期望身后的权贵，都像孔子的最高理想不过"得君行道"，尤盼未来官僚能如颜回盲目服从上级指示。假如这一心愿实现，还会有"异意"吗？于是孔颜代替周孔成为顶尖的圣贤。

2009 年

二九　唐代的经学统一

唐太宗命孔颖达等编纂的《五经正义》，其实包括汉晋列朝官方认可的九经。而且每部经典，均非汉武帝时代立于学官的原经，而是其后传世的诠释所据文本。

例如《周易》用魏王弼本；《尚书》用东晋今文与伪古文的混编本；《诗经》用两汉在野流传的"毛诗"本。三礼首重来历不明的《周礼》，次列两汉分明为"传"的《小戴礼记》，而西汉尊为"礼经"的《仪礼》，反而被列为"中经"。汉武帝及其子孙认可的孔子"为汉制法"的《春秋》呢？两汉官方都拒不认可的《左传》，至唐初却被列为《春秋》的标准诠释，而《公》《穀》二传，却日趋式微，以致到中唐已被在野学者列为拯救对象。

两汉五经诠释无不宣称儒学鼻祖乃周公。然而历经霍光、王莽、曹操、司马懿父子，乃到南北列朝的僭主，无不自居为当代周公，终于促使唐太宗为防患于未然，取消了周公在国子监诸学享有的"先圣"地位，将孔子由"先师"晋升先圣，同时提拔以听话又安贫乐道出名的颜回，充当青年学子效法的先师。

于是，汉晋以来分裂达四个半世纪的经学，有了统一的经典即"九经"，有了统一的文本诠释即《五经正义》，有了统一的圣道即取代周孔之道的孔颜之道，似乎如清末皮锡瑞所谓实现了"经学统一"。

然而统一仅限于官方经学。唐朝是个开放的帝国，容许道佛儒

"三教"并存，容许域外异教入华传播，容许外来诸族移民经商入学并担任文官武将，决非"独尊儒术"。因此所谓儒学主要限于教育领域。即使它与科举取士制度相结合，也主要限于"明经"科。以致当不拘出身门第而向平民开放的进士科，愈来愈成为候补文官的最大资源，所谓明经就变质为"帖经"。因为官方按照经文字数多少，分九经为大中小三等，允许应试者自选二种（或大小经各一，或中经二部），试卷即取某经白文一叶，用纸贴没，仅露中行，由考生默写上下文，依正误字数判断"通经"与否。如此考试，只要善选易读的经书，反复背诵，用不着读什么《正义》，便可轻易中式。比较命题赛诗、对策赛文的进士科，岂非登仕捷径？所以唐玄宗时已有"三十老明经，五十少进士"的说法，甚至经学世家的子弟，也以名列进士榜为荣。

可见经学的一统，正是经学没落的开端。玄宗末"渔阳鼙鼓动地来"，打断了帝国盛世，也导致了经学在民间酝酿更新。8、9世纪之交，韩愈著《原道》，便宣布周孔"道统"，唯孟轲得其真传，此后中国便进入千年黑暗王国，到他韩愈才通过《大学》治国必先治心的古训，重新发现孔子辨夷夏取决于礼教的真谛。于是，传统的召唤化作对现状的否定，预示 11 世纪中叶王安石首倡"尊孟"而正式启动经学更新日程的端倪。

2007 年

三〇　唐宋间的经学更新运动

正如欣然接受"天可汗"的称号那样，唐太宗的帝国体制，取向可称多元一统。帝国各族只要效忠皇帝，他就容忍各族固有的宗教信仰和社会风俗。他认老子为皇室鼻祖，定道教为国教，固然牵强附会，却又标榜尊佛重儒，并准予初入华的回教、景教等立寺传播，表明他确有世界帝国君主的识见。

这样对外来文化和外来宗教相对宽容的帝国内部，传统经学必定面临竞争的压力。最大的挑战来自"西方"。由玄奘等高僧从印度取回并译出的佛典，教义学理的精博使《五经正义》相形见绌。由本土僧侣开创的禅宗特别是出自民间的南禅，思辨的智巧令大群士人靡然从风。而明经科的应试教育的形式僵化，让"九经"有半数接近断种。于是，传统经学要生存，唯有自我更新一途。

唐代经学更新，当以武周末以魏知古、徐坚等结合的史官群体为滥觞。他们支持四门博士王玄感对《尚书》《春秋》《礼记》的孔颖达"正义"的批判，支持左史刘知幾"疑古""惑经"，以后又赞成用魏徵新编的《类礼》代替《礼记》，作为帝国礼记的实践准则。但随着中宗复辟，号称章句家而行若狗彘的无耻儒者祝钦明等，反而取媚韦后，把持文教权柄。于是《五经正义》保住了经学权威。

不幸安史乱后，从肃宗下及其子孙，愈来愈沉湎于西域传入的佛教密宗，指望大日如来降下奇迹以拯救风雨飘摇的李唐统治。那效应适得其反，首先促使匿居民间的士大夫，撇开朝廷仍在当作科举取士的教科书的《五经正义》，直追儒经文本的原教旨。显例见于啖助、赵匡、陆淳师徒的《春秋》经传重释。

时历半个世纪，儒经的原教旨主义运动，因唐顺宗永贞革新（805）、陆淳被推为帝师而浮出水面。革新仅八个月便失败了，但经学更新运动已难以遏止。论政胆怯的韩愈，论学却似有非凡的勇气。他初著《原道》，宣称尧舜至周孔相传的"道统"，在孟轲死后便断绝了，连唐室祖宗八代都骂了进去，够大胆的。但他晚年写公开信指斥今上"元和天子"，奉密教迎佛骨，用夷变夏，"伤风败俗"，更震惊中外，幸好唐太宗提倡听德，使其九世孙宪宗仍有顾忌，将韩愈贬到潮州去批判鳄鱼以示严惩。不过这一来，也成就了韩愈的声名。致使后人讨论唐宋间的经学更新运动，常由韩愈算起，忘记在以前的百年准备过程。

只是假如没有北宋初年重现的文学复古运动，假如没有北宋庆历（1041—1048）的文教革新措施，韩愈、柳宗元在经学更新过程中的作用，是否会如武周末王玄感等那样，被学术史湮没？难说。

唐末五代由普及佛教经像而使儒家经传受惠的印刷术，在北宋已喧宾夺主，变成普及经史时文的主要手段。一个例证便是，欧阳修由字簏中检出的韩愈集残本，经他校补刊行，竟成仁宗时代士大夫家喻户晓的古文正宗。

王安石得君行道，于宋神宗熙宁二年（1069）实行变法，特重为变法寻求经典支持。他说"经术正所以经世务"，他说"一部《周礼》，理财居其半"，他说天变、祖制、人言"三不足畏"。从公元前135年汉武帝批准儒术为君人南面术的唯一形态，那以后学随术变的政治诠释的变化，便成为中世纪经学贯穿始终的出发点和归宿。

2007 年

三一 "四书"取代"九经"

由朱熹构建的"四书"文本和诠释体系,便改变了汉唐经学旧传统:第一,"经"的数量,由九经扩充到十三经,从而使《论语》《孟子》,正式由汉学的"传",升格为中世纪后期列朝法定的"经"。第二,由朱熹写定的"四书"文本,《论语》《大学》《中庸》《孟子》,首次坐实了韩愈所谓孔子传至孟轲的"道统"的文本系统。第三,王安石否定孔颜之道,由朱熹最终断定曾参、子思才是由孔至孟的经典中介,而填补了那百年的空白。第四,朱熹建构的孔曾思孟的"道统",文本表征与传人时序,并不配合,例如强调《大学》为"初学入德入门",《中庸》为"孔门传心之法",而《论语》《孟子》不过是"道统"始启蒙和终整合的次要文本,便导致后世经学与经学史的异同争论。第五,朱熹的《四书章句集注》,自元朝列为科举教科书,复经明初二祖(太祖、成祖),清初四帝(顺康雍乾),不断凭借政治权威和民族偏见予以重新诠释,在中世纪晚期意识形态领域不断引发混乱,以致清亡已近百年,何谓孔孟之道的"原教旨",仍在学界争论不休,而取向各异的权力干预,令问题变得越发复杂,其态势难以预测。

2007 年

三二 "四书"体系中的《大学》

假如厘清《春秋》《孝经》的文本实相，便可对经汉学窥斑见豹，那末要对经宋学依托的文本"四书"获得开宗明义的认知，非了解朱熹重定重释的《大学》不可。

《大学》的来历不明。西汉宣帝黄龙元年（前49），扩充五经博士至十二名，有对叔侄戴德、戴圣，都被任命为礼经博士。礼经原指《仪礼》，但二戴的专长均在搜辑战国孔门说礼的古文献，是为《大戴礼记》，以及戴圣简化其叔所选而成的《小戴礼记》。后者今存四十九篇，至唐初明经考试已成"三礼"之一，并因字数多于《周礼》《仪礼》而称大经。北宋王安石变法，改革太学教育，主编《三经新义》，取代唐修《五经正义》，作为候补文官必修的经典诠释。王安石特重"理财居半"的《周礼》。但很奇怪，失去大经地位的《礼记》，内有二篇的声价反而骤升，经过王安石的政敌司马光和二程（程颢、程颐）特别表彰，历时百年，到易代后的南宋，竟成朱熹构成的"四书"体系的两部新儒学经典表征，那就是《大学》和《中庸》。据朱熹断言，《大学》作者是曾参，《中庸》作者是孔子之孙、曾参门徒孔伋，即子思。二书填补了《论语》至《孟子》的百年空白，也是孔曾思孟道统不绝的文本表征。

2007 年

三三　王学如何代替了朱学

明代所谓朱子学，标准诠释是明成祖敕修的《四书大全》。以后丘濬又依据明太祖至为赞赏的南宋末真德秀所著《大学衍义》，编了一部繁琐无比的《大学衍义补》，同被明廷列为道学教科书，迫使应科举求功名的士人诵习。陈献章曾拒绝丘濬拉拢，宁可舍弃翰林的荣名，躲回王化难及的南粤边城，参悟"作圣之功"，当然出于对明廷坚持依祖制所传"正学"教条的僵硬繁琐取向的不满。他指定的传人湛若水，将他针对官方理学家所谓真理已被程朱说尽、后学唯有躬行践履一事可做，而提出的颇具挑衅意味的"学贵自得"，改作"随处体认天理"的暧昧说法，在权力者看来温和了，却也使不满官方"正学"的青年士人发生逆反心理。

王守仁既左右开弓，替明廷打掉了来自上下两面的威胁，却又通过讲学批判朱熹，宣称道德与事功互为体用，更说圣人谁都可做，决定圣人与愚夫愚妇区别的只在一念之差。这无非是把效忠朝廷当作衡量道德高下的尺度，同时肯定孟轲所谓"人皆可以为尧舜"仍属简易可行的真"理"。然而浓缩为"致良知"三字经和"知行合一"四字诀的这种学说，正好符合从不同出发点否定官方理学的士人共识，下者急欲"学成文武艺，货与帝王家"，上者期盼"致君尧舜上，再使风俗淳"。而中世纪的英雄崇拜传统，使难以洞悉朝廷政治运作权术底蕴的在野士人，更误认为王守仁建功立业乃独挽狂澜。于是就在王守仁博取功名的基地江西，他被迫退居讲学的故乡浙中，以及声望所被的南直隶即苏皖二省，王学便迅即不胫而走。

由王学史可知，王守仁晚年并不得意。他在嘉靖初不顾衰病，奉旨南征，镇压两广民变，却死于行阵。岂知被嘉靖皇帝的宠臣桂萼控告其学反君主独裁，惹怒此君，即下诏判决其学为"邪说"，其人军功不得荫及子孙。于是终嘉靖、隆庆二朝，直到万历初期，时达五十年，王学都属于被禁锢的"邪说"。

然而明帝国的君主权威，从明成祖篡夺其父指定继位者建文帝的君位，到明英宗被瓦剌蒙古擒而后放即发动政变夺取其弟君位，下及王守仁时代已跌入低谷。嘉靖皇帝背叛宗法传统酿成"大礼议"政潮，虽用尽廷杖、削职、处死和流放等手段，也难以压服舆论。他对王守仁死于王事的处理，更使王守仁显得不仅功高不赏，相反忠而获咎。于是这个暴君诏禁王守仁的"邪说"，声称"正人心"，恰好起了将人心驱向王门的作用。当三十六年后他求仙反登鬼箓，那时照《明史·儒林传序》的说法，显然与其祖宗提倡的朱子学背驰的王学，已是门徒遍天下，"嘉、隆而后，笃信程朱，不迁异说者，无复几人矣！"

明廷仍想维护朱子学的思想垄断。隆庆帝迫于舆论给王守仁复爵追谥，却拒绝以王守仁、陈献章从祀文庙，只将力倡实践朱熹教义的薛瑄供入。万历九年（1581）权相张居正特命免除朱熹及其门徒后裔的赋役，自然为了进一步打击王门名流，却随即病死。结果憎恨这个前任帝师拘管太严的年轻皇帝，刚将其追贬抄家，就批准继任执政的申时行等建议，以王守仁、陈献章从祀文庙，等于宣告王学全面解禁。从此统治学说分裂为二的既成事实，得到明廷承认，效应便是意识形态趋向全面失控。

2001 年

三四　难写的王阳明学说史

　　为晚明的王学写史很难。可供征引的史料太多，可资征信的文献太少，便属于难点。

　　且不追溯王学的先驱史。就说 16 世纪初王守仁"龙场悟道"以后吧，到 17 世纪中叶明亡清兴为止，历时不过百来年，业已遍布朝野的王学诸宗派，总共留下多少种著述或语录？连博学的黄宗羲在清初所著《明儒学案》，也仅能举其大略。直到 20 世纪末叶，还有关于晚明王学的重要佚著面世，可为佐证。

　　也且不列举清代的王学研究文献。就说清末民初不同政治取向的改革论者吧，无不从阳明学对日本"尊王倒幕"人士产生过影响的先例中获得灵感，宣称王学是"有用"的传统。康有为、陈天华、孙中山等，都是显例。

　　许多年前，我转向中国思想文化史研究，尝试打通中世纪与近代的思想史界限，便曾为王学在晚清各派改革者中间都不乏回响的现象感到诧异。尤其令我奇怪的是，我们的近代思想史哲学史论著，对于清末民初彰显如此的史实，非视而不见，即用"历史局限"之类遁词打发。那理由，当然是王学早已被判为主观唯心论。难道戊戌时期的康有为、辛亥前后的孙中山等，能以复活王学表征他们的"进步"哲学理念么？特别是孙中山晚年力倡的"知难行易"哲学，既然被蒋介石、毛泽东共同赞誉，怎可说成王守仁"知行合一"的变种呢？但我认为这类逻辑站不住脚，不仅由于它背离马克思对于旧唯物论的批判，即旧唯物论在发展人的主观能动性方面远不如旧唯心论，而且由于它无视乃至抹杀历史事实。

2003 年

三五　阳明学的近代命运

戊戌前，章炳麟憎恶康有为，一个原因就是康有为醉心于王学，称之为"直捷明诚，活泼有用"。章炳麟于是斥康有为、李贽式的"狂禅"，"狂悖恣肆，造言不经"。当然，庚子年（1900）章炳麟因反对康、梁保皇而矢志"排满革命"以后，至辛亥前十年间，无论著书办报还是论政讲学，不忘"订孔"，实则"订康"，怎不继续贬斥阳明学？那时期他留下的学术遗产，对清末民初思想文化转变起直接影响的，莫过于在东京讲学的论作，其中坚持"遣王氏"，也就仍然抹煞焦竑等人对于清代汉学起过催化作用。虽然进入民国，他开始承认阳明学于明清之际学术进化并非只是负面效应，甚至说晚明学风崇尚耿介，接近古人所谓"见利思义，见危授命，久要不忘平生之言"，正表明王守仁的"术"，可贵处在于"敢直其身，敢行其意"。而焦竑与李贽的交情生死不渝，是否章炳麟隐指的一个例证呢？

不过，"五四"以后，多半曾为章炳麟的朋友和学生的那班新青年，不管政见各趋异途，却对晚明学术多持冷漠态度。这与其说是摆脱不了太炎师说的影响，不如说是厌恶国民党立足南京后的意识形态主流。谁都知道蒋介石标榜政统道统都得孙中山嫡传，而孙中山晚年力倡"知难行易"，自谓深化了王阳明的"知行合一"学说。于是蒋介石为实现独夫专制而排除异己，便大树特树王守仁加曾国藩的理论权威。这连以温和的自由主义著称的胡适也难以忍受，在"五四"的第一个十年祭的民国十八年（1929），同蒋介石的文化婢仆，展开历时年余的笔战，他的名文之一，便是由孙中山说到王阳明的《知难，行亦不易》。不言而喻，直到抗日战争全面爆发以后，学界才有人记起晚明"左派王学"即包括李贽、焦竑在内的泰州学派体现的集体抗议在朝理学的批判精神，从而晚明王学史，也在海内再生。

2010 年

三六 经学是"幽灵的啸聚"

晚清经学史家，无论廖平、康有为，还是章太炎、刘师培，都将宋明理学拒诸经学门外。皮著《经学历史》，称北宋开始是"经学变古时代"，至元明"积衰"，到清朝而"复盛"。那是皮相之说。在我看来，经学是中世纪中国列朝的统治学说，它寄生的躯壳，就是自汉至清的君主专制体制。这个体制不断变形，因而改变形态。不待说，只要中世纪式的独断体制仍在变形，那么经学也会借尸还魂，如周予同师所揭露的，穿上中山装，出现"幽灵的啸聚"。

2009 年

三七　传统经学与史学的关系

早在抗日战争初期，周予同先生身居上海"孤岛"，便致力于表彰传统史学。在周先生看来，"五十年来中国之新史学"，必先表彰爱国主义和民族主义。周先生自认是浙东学派的改造者。在他看来，任何对于经史传统的批判，都有利于否定过时的传统。周先生也因而致力于厘清经学与经学史的相异传统。

在周先生看来，中世纪的经学和史学，原属孪生兄弟，理念称经，流变称史。因而清代章学诚所谓"六经皆史"，也可倒过来说"正史皆经"。于是周先生特别重视中世纪传统史学向近代性史学的变异过程。

题作《五十年来中国之新史学》的长篇论文，可谓明末清初到清末民初三百年中国史学史的概述。由明末到清初，中国经史学说的进化表征，不在官学，而在民间，尤其在那三百年的东南民间。因而所谓乾嘉史学，实为17世纪传统经学怀疑论的延续。伏处江浙的经史学者，段、钱、王、赵等，无不转向考史以代解经。那以后经学与史学渐趋不分，如章学诚所谓"六经皆史"。然而号称孔门代代相传的儒家经典，真可视作由周公到孔子的古典史记吗？由清代汉学的文献研究，到民初考古的文献研究，早就得出否定性结论。周先生这篇史论，时过六十五年，仍使文史学者读来感到新鲜。那是文章的魅力呢，还是时空的错位？也许在彼不在此。

2007 年

三八　史的起源

中国很早就有"史"。即使不谈遥远的神话传说保存的先民记忆，单看近代的考古学提供的物化文献，便可证至迟在公元前二千纪，先进于文明的殷商王国，就有了称作"史"的职业分工。

20世纪初王国维曾著《释史》。那以后中国的古史学者，运用王国维完善的所谓"二重证据法"，从文物与文献互证的角度，不断证明商周时代，"史"是诸王国不可或缺的高级专家。因为他们负责保存历史档案，熟悉列朝列王祖先和部族神祇的过去，也记载在位君主贵族的言行，并且通过家族世袭而形成具有垄断性的专长。

相形之下，"经"的名目，远晚于"史"。孔子曾说"吾犹及史之阙文"。他指的史，无疑是职掌文字档案的专家。孟轲曾说孔子作《春秋》，"其文则史"，那涵义只可释作《春秋》的编纂形式，与同时代列国"史"的文字表述方式一脉相承。因而，自汉至清，经学家们争论了两千年的一个问题："经"是孔子生前死后一切重要典籍的泛称呢，还是归于孔子名下的六种或五种著作的专称？都只涉及秦焚书后重新流传的古籍作者与性质。即使单看典籍而不问职守，"经"也至多可称上古史官的某种记录遗存。

2004 年

三九　史学史的三个系统

　　假如坚持从历史本身说明历史，那末史学史的结构，可以析作交叉重叠的三个系统。

　　第一个系统便是历史编纂学史。这是 20 世纪二三十年代以来史学史从业者耕耘的主要园地，收获也堪称丰富，包括通史、断代史和专题论文等不同类型的成果愈来愈多，致使后来者很难别开生面。只是数量不等于质量。编纂学史既需要继续探究各类历史记录形式的递嬗与衍变，厘清与重要作品攸关的人和事的历史实相，还需要深入考察与作品作者密切相关的生态环境和重大事变。从事后一项工作，尤其需要克服种种非史学的干扰，诸如古为今用、以术代学、以论代史、唯权是尚等等。仅此一端，便可证历史编纂学史的研究，仍有许多事情可做，何况对于这门专题史在 20 世纪的历史进程的实相，还缺乏一般的清理。

　　第二个系统当为历史观念史。历史观念不等于历史哲学。因为在中世纪中国，所谓史观史论，从来是经学的话筒，而所谓经汉学或经宋学，本质上是辩护论，辩护当前统治体制的既得的或正在追逐的权益。上个世纪中国开始出现哲学自主的声音，却很快淹没在种种当今的意识形态喧哗之中。而当今的意识形态总是紧紧抓住历史的所谓经验教训当作护身符，令每次政治恶斗总是拿史学当作祭旗的牺牲。照列宁曾经激赏的黑格尔《历史哲学》的定义，"历史哲学"只不过是历史的思想的考察罢了，那末 20 世纪的十年动乱及其前后的岁月，连忠于马列而企图不悖史实的历史思想考察，也无不被判作封资修的变种，岂有历史哲学的生存空间？不过没有历史哲学，不妨碍中国人上上下下都好用自己的眼光看历史，而且各有各的价值判断尺度。价值判断属于观念。看历史的尺度差异，当然表明并存的复杂历史观念，在共时性中具有历时性。若干传统的乃至虚幻的历史认知，得以打中各色人等的心坎，只能从不同时空的"现状"冲突中得到合乎实相的历史解释。史学史表明，自古及今的中国史学，作品作者的关注重心，或隐或显，无不与某种行时或悖时的历史观念有联系。因此，晚近的史学史论著，虽将陈述范围向史学的思想方面扩容，却忽视在社会历史中互相冲突又互相吸纳的复杂历史认知的存在，那复杂性就在于这类认知总是呈现历时性与共时性错综交集的特色。历史观念史尤其需要在这方面做出努力。

第三个系统就是中外史学的交流和比较。中国人很早就对域外历史感到好奇，世代都有目治耳食的记述，致使毗邻区域的若干史实，每每要由考察中国史籍才能清楚。中国人的世界观和历史观，同样受到来自域外的种种思潮特别是所谓异教信仰的影响，而不断改变形态。同域外文化的互动而促使本土文化传统不断畸变的历史，已在人文学科诸领域引起广泛注目，跨文化研究的崛起便是例证。但史学史研究的回应似乎比较迟钝。尽管边疆史地、中西交通史和"西学东渐"、留学异域等方面的考述，在中国早有实绩，却通常被史学史论著描述为园地的增辟，很少从"学"的角度，去讨论这类互动过程，怎样成为中国史学传统克服惰性的内在力量。前述比较史学还没有超出形式类比的混沌状态，或许不算苛评。因此，如果把中外史学的交流和比较，看作支撑史学史总体结构的鼎足之一，而这一足仍然有待铸造，应该说是有理由的。

2004 年

四〇 史学史要有更高的要求

史学史不应该只是既往史学的批评史，更不可以变成单纯的历史编纂史。"学之为言，觉也，悟所不知也。"这是公元 1 世纪中叶参与白虎观会议的东汉几十名学者通过辩论所得的共识。时近两千年，倘若我们的史学史论著，给人的一般印象，多半只着眼于编纂过程、体例得失、材料处理以及作者生平之类已知事项的描述，或者连叙事也不过因袭昔有几种作品，连顾炎武所讥"著书不如钞书"中间指出的"钞"的水准也远未达到，就是说对"学"的认知，甚至不及迷信纬谶的《白虎通》时代的儒者，岂非今不如古？

因此，史学史如果重视治史之"学"，那么不能因噎废食，对于既往的历史批评置诸不理，即使其中也可能充斥着"反历史的妄想谬说"。批评不等于否定，相反经常涵泳着否定之否定。中国自古便是历史的一个巨大舞台。生态环境极其复杂，生活在平原、高地或草原而靠山靠水或靠草谋食的不同民族，通过冲突、同化而走向中心或雄踞一方，建立起大王朝或小国家，各自反思与解释历史，怎会出现相同的音调呢？不同的传统，社会的，语言的，信仰的，风俗的，伦理的，教育的，都会造成对本族本国以及他族他国的历史，作出差异的理解、误解乃至曲解。因而历史批评从来存在。批评者不限于专业史学家，也不限于那班好讲什么历史经验的君主权贵，也包括处在社会下层的广大平民。中国人似乎全民关注历史，至少到 20 世纪初，还凸显为文化传统的表征，难怪当时章太炎要说中国人属于"历史民族"。因而，历史批评堪称体现传统的历史观念。观念未必形成理论。但观念的萌生、分蘖、争存或荣枯，却是历史的整体影像，在历代史学遗存特别是非官方的载籍中多有踪迹。除了狭义的史学理论或史学批评，史学史还需要从更高层面系统考察历史观念史。

2004 年

四一　中国历史编纂的起步

第一，中世纪中国的历史编纂学，起点可以追溯到孔子据鲁史改编的《春秋》。我不怀疑刘歆《七略》关于"《春秋》古经"在公元前1世纪末的西汉晚期尚存的记录。但传世的这部早期编年史，还在东汉初，便依附于《春秋》三传。由于迄今关于春秋战国时代的考古发现，没有《论语》《春秋》等早期简牍的出土记录，而郭店楚墓出土的简牍，虽有后来见于《礼记》的若干残片，被学者断为孔孟之间百年的儒家著作遗存，却缺乏年代学的本证。因而孔子晚年返鲁笔削鲁史为《春秋》，至今仍限于孔子卒后三百年才相继出现的文献陈述，如《春秋》公、穀二传，《春秋繁露》及《史记》等。两汉之际经古文学家笃信的《春秋左氏传》，虽被20世纪的疑古学派攻击是刘歆伪作，但屡经史家辨考，已可证明大概似为完成于战国初期的编年史著作，却因经传内容不相配合，记载下限也较《春秋》晚二十七年，致使经史学者愈来愈倾向于否定二者的亲子关系。同样，《诗》《书》的若干篇章，早被中夏诸侯权贵当作神道设教或权力游戏的启示录，相传曾由孔子删节而成为古典文明的教科书。所以，"六经皆史料"，是合乎逻辑的判断。单看史料编纂形式，《左传》与《春秋》有同一性，而更凸显时间贯串各类记录的特色，可说是中国编年史的原型。

第二，战国二百五十年，因应诸侯竞雄而活跃起来的诸子争鸣，映现于历史编纂形式，便是不同形态纷然杂陈。除了《左传》，还有多种仿《春秋》的作品。那时代的书面资讯仍不发达，人们交换关于宗教、政治和历史的见解，还是靠口头对话。东周以来区域发展不平衡越发扩大，于是回顾历史的空间差异，也成为各国宫廷的重要议题。这类记录的结集，今存的还有《国语》。由于游说诸侯而博取富贵已成时尚，那班仅靠口舌而致身通显的纵横说士尤其令人称羡，因而正如清末章太炎《论诸子学》所说，热中"致用"的儒、法、墨各家，无不兼习纵横术。西汉刘向编定的《战国策》，内有策士虚拟的说辞，已由徐中舒等揭示，并得马王堆汉墓简策佐证。但它作为史料不可尽信，在编法上却与《国语》相合，即以"国"分类，以"语"为主，可知表现同时性的相对性，而着重"记言"，正是诸子竞相奔走游说时代的历史记录的一个特色。

第三，于是涉及古代史官问题。20世纪初叶，先是章太炎的《尊史》《春秋故言》，继则王国维的《释史》，都考证古典常见的"史"，就是史官，职责是记事，并有分工。王国维更从字源学角度论证，"史"自古为要职，"大小官名及职事之名，多由史出"，尽管他也承认，殷周以前，其官之尊卑不可知。他们的说法，是否符合历史实相？姑置不论。但梁启超晚年显然据此说，设计中国史学史的作法四部曲，第一步就要研究史官。以后陆续出现的几种中国史学史著作，开篇必述古代史官，所谓萧规曹随，本无可非。但时至上世纪末叶，有的新著仍未超出梁启超设计的窠臼，甚至将传说当信史，断言夏代已设史官，"破世界纪录"云云，那就未免令人起疑了。

史官制度当然值得研究，问题是从王国维起，为了证明"史之位尊地要"，而忽视关于"史"的起源的其他材料。如《国语》等所说上古有过"家为巫史"的时代，以后出现巫觋专职，"巫主降神，史序神位"；恰因专司记神事，"史"成了辨识图腾和掌握文字的专门家，由巫的助手变为掌书之官，由位卑人微变为君主贵族的辅佐。这后一种看法，不是早由文化人类学、原始社会史的调查研究获得佐证么？倒是章太炎继龚自珍之后鼓吹"尊史"，却从貌似荒诞的《山海经》群巫职能说起，而后考察《世本》，并强调说"中夏之典，贵其记事，而文明史不详，故其实难理"。这样研究"史"的起源，较诸晚出的王国维、梁启超等的说法，岂非更值得参照？

第四，大约在秦汉间完成结集的《世本》，因为司马迁著《史记》，从取材到体例，都显然受其影响，所以早有学者称它是中世纪纪传体正史的雏形。如前所述，在近代中国，章太炎首先认定它对中国文明史研究的意义。然而从中国传统的历史编纂学的发育过程来看，它的性质可能是春秋前周王室史官分门别类保管的历史档案的汇集，似乎躲过了秦始皇焚书的劫难，在西汉前期的宫廷藏书中，受到司马迁的格外注目。可惜我们仅能通过清代学者辑佚的《世本》八种，略窥其概貌。不过，假如对清人所辑八种，去伪存真，那就可说它是历史编纂学由古典形态向中世纪形态转折的一部关键性作品。它本身是史料，但它的客观价值，却意味着传统历史编纂学的新旧形态更迭。

2006 年

四二 史学编纂也常超出官定正史的藩篱

造成编纂形态越出正史藩篱的因素，大致有三。一是技术的。造纸术普及，印刷术发明，给 10 世纪后的文化下移以前提。书籍的商品化，更使读史写史变得难以被权力禁绝。二是社会的。历史原是社会的过去，所谓文化认同必由解释既往历史开始。北宋以后经史印刷品无远弗届，为向平民口述历史提供了资源。这就是文学史家无不重视的宋元明清讲史演史一类文艺形式在民间盛行的一个重要原因。但民间的历史认同，无论真假，一旦形成舆论，反过来也变成某种强制因素。清朝统治者将《三国演义》当作治国治军乃至萨满巫术指南的万宝全书，反而引导汉族士人崇拜武圣关公甚于文圣孔子，就是显例。三是域外的。有史以来，中国从未与世隔绝。休说鲁迅赞叹过的汉唐史上的"拿来主义"，即看上世纪末讴歌林则徐或魏源是"睁眼看世界第一人"的论者，无不痛诋的明清二代，真的闭关锁国么？我曾屡举早经海内外学者证成信史的货币银本位制由来，鸦片由西药转化为毒品，原产美洲的番薯、玉蜀黍等引种成功与中国人口暴增的相关度等等，都发生于排外思潮甚烈的明末清初，难道不值得饱受苏式历史教条熏陶的近史论者三思么？

2006 年

四三　中国的历史观念史

说到中国的历史观念史，通常将它等同于传统史著体现的指导思想或理论。但与18世纪以来欧洲层出不穷的历史哲学体系相比，传统中国以史学本身为思辨对象的理论性著作，似乎除了刘知幾的《史通》、章学诚的《文史通义》，也许再可算上郑樵的《通志》二十略，就别无史学理论体系。早有学者指出这种说法不确，以为《史记》《汉书》就有的论赞，以及唐宋以后专题性的史论、史评，都表明中国的正统与非正统的史学思想或理论并不贫乏，相反较诸西方以抽象思辨为特色的历史哲学，更凸显关怀现实的品格。不过，历史观念与史学思想，固然关系匪浅，却更判然有别。正像《三国志》体现西晋的正统史学思想，而清朝统治者的历史观念，多数袭自小说《三国演义》一样。所谓现实关怀，无非指史学必须褒善贬恶，引导人们注意历史的经验和教训，做到鉴往知来。在这一点上，倒是黑格尔的《历史哲学》说得不错，"经验和历史所昭示我们的，却是各民族和各政府没有从历史方面学到什么，也没有依据历史上演绎出来的法则行事"。看来，依据新黑格尔主义者克罗齐宣扬的"一切历史都是当代史"的说法，来演述中国的历史观念史，同样"止以导迷"。

2006 年

四四　中外史学比较与交往

　　说到中外史学的交往与比较，通常都将 19 世纪中叶作为上限。那显然是受外因论的影响，所谓史学也随着社会的变动，被英国侵略者一炮，才由中世纪的荒野被打入近代世界。此说久已引起中国史研究的争议。问题是很少有人正视所谓中外理念的时空相对性，把秦汉至明清诸王朝无不强调的"大一统"，等同于近世的"中国"，又讳言古老的"夷夏"观念的历史内涵。其实，假如承认唐代韩愈已赋予"夷夏之辨"的文化意义具有历史的相对合理性，那就不难认知作为传统文化的重要表征的"中国"史学，与不同时空的"域外"文化的交往互动，决不限于清英鸦片战争前后，也不仅可以上溯到明清之际。

2006 年

四五 "史"的微言大义

董仲舒一派的《春秋》解释，高踞汉廷认可的意识形态化的经义核心地位以后，有关历史的写作，特别是涉及当朝人事或制度的历史陈述，就变得十分危险。因为据所谓公羊学者的说法，一部简单到有时每年除时间记录外仅有一字的古老编年史，字里行间竟隐藏了那么复杂的"微言大义"，怎能不引起君主和他们的大臣，对于新出的历史著作说古述今是否别有用心，感到狐疑呢？于是汉武帝首先抽查司马迁记述他和其父在位大事记，"大怒，削而投之"；于是汉武帝借李陵案将司马迁下狱，施以腐刑后任命他为宦官头目以示侮辱；于是司马迁终因坚持忍辱写作《史记》，而不明不白地从人间消失，这一连串的悲惨遭遇，便不难理解。

还在司马迁因著史而受皇帝亲信大臣指责，说他竟敢在太平盛世效仿孔子著《春秋》为后王制宪，那时他就表白，自己绝无希踪"素王"的野心："余所谓述故事，整齐其世传，非所谓作也，而君比之于《春秋》，谬矣！"但对于已被董仲舒、公孙弘之流公羊学者"以经术缘饰吏治"的策略迷倒，或者有意迷倒的汉武帝及其子孙，怎会相信这位史学家的真诚？因而直到百年以后，帝国御前会议仍然判定迁史暴露了刘邦及其布衣将相造反成功的秘密，而拒绝一名藩王抄录《史记》副本的请求。因而同样造反起家的东汉王朝，直到崩溃前夕，短暂当政的王允，仍然声称汉武帝不杀司马迁而留下"谤书",必须引为历史鉴戒。这也不难理解。

2004 年

四六　司马迁的抗争

汉文帝是"今上"即汉武帝的祖父。中国史论者每好艳称"文景之治"，理由是这对父子，作为西汉帝国第三、四代皇帝，做到了黄老学说提倡的"与民休息"。其实呢？汉文帝因为相士预言他的男宠邓通必将饿死，而赏给邓通一座铜山，致使"邓氏钱布天下"，便揭穿了帝国这位三世皇帝提倡节俭的虚伪。其子汉景帝，虽迫于母后严命，不得不读《老子》，却欣赏儒者关于君臣等级现状不可改变的议论，又为集权于个人而激化藩国与朝廷的矛盾。其子汉武帝"独尊儒术"，如他的一位鲠直大臣批评的，"内多欲而外施仁义"，或如司马迁揭露他的御用经学家董仲舒、公孙弘等所讽刺的，"以经术缘饰吏治"。司马迁给"今上"及其亡父都写过编年史。但现存的《史记·景帝本纪》全抄《汉书》，今上本纪也与《封禅书》雷同。从东汉起，人们便指出，造成这古怪现象的，是汉武帝。因为"今上"得知太史令司马迁写了一部史书，便索阅其书，他最感兴趣的，首先是司马迁怎样写他和他的父亲。没想到这位年薪仅六百石小米的占星官，居然秉笔直书，毫不顾及圣天子及其父君的颜面，于是"大怒，削而投之"。两篇现代编年史从此消失，也种下作者断子绝孙的祸根。

由此可见绝对权力多么可怕。但绝对权力也决非不受挑战。司马迁为了完成《史记》，宁受宫刑，宁受充当宦官带来的更大屈辱，却于出狱后续写的《扁鹊仓公列传》继续申述他早已认准的真理，就是医国也如医人，都必须依靠良医。

2005 年

四七　司马迁"通古今之变"

　　再看"通古今之变"。这是上世纪海内外《史记》研究的重点。论题集中于"通"和"变"。由于司马迁曾说，"百家言黄帝，其言不雅驯"，于是学者以其矛攻其盾，否定《史记》作为通史的可信度。极端的疑古论者，将清末康有为《孔子改制考》的臆断，用貌似实证的默证法予以包装，宣称司马迁说上古史，都将神话传说当作实有其事。哪知王国维据甲骨卜辞，证明司马迁的《殷本纪》所载殷商先公先王的谱系，决非杜撰。接着考古学家发现殷都废墟。提倡论史讲证据的胡适，首先撤消对其门徒顾颉刚"疑古"的支持，又重拾章太炎在清末批判康有为所用的文献考证方法，论说司马迁以及他引据的古典文献，关于殷周之际宗教变动的矛盾陈述，都涵泳着可信的古史。假如没有郭沫若用批胡适的方式替顾颉刚的"层累造成的古史观"张目，假如没有半世纪前借批判胡适的政治运动强迫史学界改宗斯大林式的所谓历史唯物主义的教条，那就毋需迟至世纪末再谈"走出疑古时代"。

　　这里不能讨论西方学者对《史记》的批评，台湾杜维运早有专著予以回应。这里只拟指出，即使《史》《汉》烂熟于胸的中国学者，往往也不明司马迁追求的"通"与"变"，既指时间的历史，也指空间的历史。他再三强调的"时变"，必与所谓天下一统的成败相联系。他不像董仲舒说《春秋》大一统体现"天不变"的法则，相反认为天变才表征"天统"，因而实现一统的王政必然具有

99

时代特色，并必然走向反面，救治方法就是"承弊易变，使民不倦"。这就表明他将历史看作时空连续体，不以王朝兴亡设时限曰"通"，但看政事是否符合"天统"曰"变"。我们可以批评他仍信占星术，说近循环论，却不能否认他依照这样的"通古今之变"的认知编纂而成的《史记》，非但突破了古典编年史的框架，而且在整个古代世界的历史编纂史上也是创举。

2006 年

四八 《史记》七十列传的架构

　　序次表征司马迁所设计的"列传"的整体架构。通过不同时空或同一时空在社会生活各个领域的历史人物活动，展现自己的这个世界的历史，是怎么被创造、被改变和被转化的，也就是"通古今之变"，无疑是司马迁对于历史编纂学的一项巨大贡献。然而历史人物现身于特定历史时空的共同舞台，总以个人面目登场，总扮演着一种特殊角色，怎能展现形形色色的个人活动，在"古今之变"中间都不可或缺，都对自己生存的共同环境，起过或大或小或隐或显的作用呢？其实列传的序次，以及必受荀况"合群明分"思路启迪的专传、合传、类传以及外国传的类型区分，便透露了司马迁关于"列传"体整体架构设计难题的解决方案。

2005 年

四九 《史记》的效应

历史编纂由一种形式变为另一种形式，中间总有过渡性论著。司马迁整合古典时代各类历史记录，发现不同形式之间，具有结构的内在联系，可以也应该通过扬长避短而交织互补，借不同形式来分别凸显历史过程的时空连续性和人事差异性。那贯穿的主线，便是生态环境与人类活动的交互影响，怎样导引着往古来今的历史进程，也就是"究天人之际，通古今之变"。由此司马迁实现了"成一家之言"的历史编纂学创造。人们可以追究《史记》五体的每体都早有范型，可以考证司马迁利用过的种种文献资源，可以批评太史公书的陈述矛盾乃至叙史谬误，却无法否认纪、表、书、世家、列传在《史记》中已构成了一种有机组合的全新历史编纂形式。

倘说《史记》的编纂形式有缺陷，就是这种形式着眼于"通古今之变"，难以映现自秦帝国为开端的中世纪王朝更迭运动。这不能责难司马迁，因为他虽曾下了最大功夫探索秦楚汉八年三变的历史动因，结论却是"天道"有循环，而秦亡楚败汉兴的嬗变关键都在君臣将相的策略互动是否协调。造成这一认知失误的最大客观因素，就是到他著史的公元前2世纪初，开创"大一统"态势的王朝更迭运动，才有一轮，在司马迁时代还没有出现新一轮必不可免的整体态势。因而司马迁就史论史，将秦汉更迭归诸某种本可避免的人事因素，情有可原。

在司马迁以后，西汉帝国每况愈下。但历史考察特有的滞后性，使得西汉晚期作者辈出的现代史著，都因袭《史记》的编纂形式，而以续作司马迁书为满足。班彪亲历代汉而立的新朝，目睹成王败寇的刘秀击败群雄而变成唯一"天子"的全过程。他在晚年感到"世运未弘"，退而探寻王莽代汉而昭示的前汉兴亡的历史秘密，不足为奇。足奇的是，他备览从褚少孙到扬雄、刘歆等人的《史记》诸续作，认为"多鄙俗，不足以蹑继其书"。就是说他仍把《史记》当作写历史的最高楷模。他对司马迁的最大不满，就是扬雄《法言》已说的，没有"同圣人之是非"。既然他的志向在于补足司马迁未竟之业，眼睛又盯住司马迁所悖孔子之"义"，同时对于刘秀"一姓再兴"后的统治现状感到失望，他在论前汉的必亡和为后汉继统合法性辩护的两难中间游移，最后实则"断汉为书"，却以续《史记》为名，自称"后篇"，人称"后传"，都可理解。

2004 年

五〇 班固成为史官的意义

第一，由于汉明帝先后任命班固为兰台令史、校书郎，负责编撰光武帝一代的本纪、列传，并受命典校秘书，入值东观，即宫廷藏书处，因此开了每轮君主更迭之后便任命史官在东观编撰前代史的先例。从此东汉王朝有了连续不断的官修本朝史，累积而成《东观汉纪》。

第二，也从班固开始，兰台令史和校书郎，由临时任命变成专职史官。只是校书郎俸四百石，兰台令史更是二百石的微员，以后常以他官兼任史官，就统称"东观著作"。于是著作渐成史官专称。东晋南朝的史官，正职称著作郎，副职称著作佐郎，即由东汉为起点。

第三，班固获汉明帝特许，完成"断汉为书"的前汉兴亡史，并署名《汉书》。这又开了"隔代修史"的先例，被东汉以后各个大小王朝群起效尤，都要由朝廷组织专官或专门机构给"胜朝"编写一部始兴终亡的断代王朝史，并以前朝国号作为书名。

第四，班固是否首创"正统"概念？仍有疑问。然而他将其父对司马迁未能"依五经之法言"的批评，转化为政治谴责，说这名"史臣"（班固明知太史令非史臣，却称司马迁为西汉"六世史臣"，显然指其不忠于汉），竟将本朝帝业的肇建圣人、上承"尧运"的刘邦，"编于百王之末，厕于秦项之列"，并颠倒史实，将司马迁著史说成"熏胥以刑"之后才开始的，这无非表明只有他班固真正懂得汉德，"膺当天之正统，受克让之归运"。从这一点来看，他堪称中世纪自觉地以"正统"观念指导断代王朝史编纂的官方史学前驱。历代"胜朝史"，都以《汉书》为"正史"圭臬，可谓不忘本。

第五，班彪修改《史记》结构，取消世家，将本纪变成只写汉朝刘氏君主在位时期大事记的专用形式，已表露一种意向，就是"非刘氏而王"的政权，在先如陈胜、项羽，在后如王莽、刘玄、隗嚣、公孙述等，都属于"外不量力，内不知命"的所谓神器僭窃者。班固的《汉书》，不仅把班彪区别纪、传的形态固定化，而且大幅度调整司马迁十表八书的结构。表名未改，篇减为八。删除非汉四表，原合断汉为书。但增设《百官公卿表》，已证"汉承秦制"无法否定；又添《古今人表》，更可证班固裁量一切真假历史人物，完全依照东汉统治集团确立的道德名分作为尺度。书改称志，或因班固自署所著为《汉书》，避免篇名干犯总名。然而《汉书》十志，对《史记》八书的体系大加改造，正凸显班固与司马迁处理现行体制源流的认知分歧。司马迁自述："礼乐损益，律历改易，兵权山川鬼神，天人之际，承敝通变，作八书。"可知八书涵泳着司马迁"欲以究天人之际，通古今之变"的底蕴。班固合律、历、礼、乐四书成二志，更天官为天文，易封禅为郊祀，改平准为食货，新增刑法、五行、地理、沟洫、艺文五志。分开看每志都有很高的史料价值，以致大都成为如今各门专史的雏形，合而观之呢？只能说班固已经丧失司马迁（在某种程度上还有班彪）的历史通变认识，把十志的改作，当作论证现有权力结构具有历史合理性的著作，充满着辩护论气味。例如增写《五行志》，多达五篇，分量占十志四分之一强，内容则山崩石裂，鸡啼犬吠，变无巨细，都看作天降灾祥的征兆，虽是早期宗教史研究的重要资源，却表明班固迎合光武帝及其接班人明、章二帝用图谶指导政治的所谓南面术，借历史以谀君。不过，时移境迁，王朝更迭习以为常。人们但看编纂形式，以为同属纪传史，《史记》求通而难学，《汉书》断代而易仿，尤其新王朝通过编纂胜朝史来论证"革命"的历史合法性，已成惯例，于是历代官方史学都认《汉书》是"正史"的鼻祖，而班固的历史地位也水涨鸭子浮。这在中国史学史已是常识。

2004 年

五一 《女诫》是"女权经"

　　《女诫》成文虽晚，但既然班昭自称"有助内训"，当然也是她作为女师向皇后诸贵人讲解的要点。文分七章，一卑弱，二夫妇，三敬慎，四妇行，五专心，六曲从，七和叔妹。从章题和措辞来看，都合乎所谓儒家经传关于"礼"的说教，但察其涵义，却贯注着《老子》以柔克刚、以屈求伸、以卑弱自持而后发制人一类权术。其文屡引《女宪》"得意一人，是为永毕；失意一人，是为永讫"一语，表明班昭认定妇女对待夫主或舅姑，必须专心致志得其爱心，否则长久完美就会变成永远完结。这也可知，《女诫》与其如宋人所称是"女孝经"，毋宁可正名为"女权经"。

2004 年

五二 班昭的影响

班昭著述对于中世纪文化史的历史影响，主要有以下方面：

第一，关于历史编纂学。人所共知，班彪、班固父子首创"断汉为书"，并将《史记》五体改作纪、表、志、传四体，从此中世纪王朝史中的纪传体"正史"，都奉之为撰述模式。但如本文所考，《汉书》的完型，应归功于班昭，她不仅基本补足了缺篇（只差《天文志》未成），还调整了班固成稿的结构。

第二，关于古代妇女史。西汉刘向撰《列女传》八篇，唐宋著录均作十五卷，谓曹大家注。但据北宋曾巩"序录"，以为十五卷是班昭重分，并增补了西汉一事、东汉十五事，"非向书本然也"。因此，班昭也是今本《列女传》的完型作者，不仅作注，还调整了结构，补充了史例。用不着指出她绝非女权主义者，但在中国历史上，由女性按照自己的尺度撰述妇女史，她是第一人。

第三，关于家族伦理史。本文已屡引班昭首创的《女诫》，指出此篇七章，讲述了中世纪早期世族妇女怎样处理家族内部复杂的人际关系，使自己成为家族的内在核心。值得注意的是，此篇但讲"妇行"，不讲"三从"，所论实为弱者取得权力的策略。因而它不仅对宫廷"女主"有启示作用，也是对所谓"臣道"一种精致的概括。假如对照刘向《说苑》的《臣术》所谓六正六邪以及所举历史实例，那就可对《女诫》蕴涵的意义，有深一度了解。

第四，关于贵族文学史。班昭是《昭明文选》收录的唯一女性作者。[1]尽管她的《东征赋》，是在模仿其父班彪的《北征赋》，在文学形式上缺乏新意，但她的作品迫使男性中心论的现存第一部文学总集的编者承认，也表明即使在中世纪，女性在文学创作中可与男性名家一比高低。直到清代严可均辑《全后汉文》，还收有她的赋颂等作品多篇，可见时逾一千五百年，她的部分作品仍在人间流传。

第五，关于妇女参政史。两汉有太后临朝和擅权的传统，那是宫廷权力斗争的一个重要侧面，不能等同于妇女参政，并且多半贻祸家族。比较地说，班昭从邓太后临朝初便"与闻政事"，显然对邓太后专制朝政二十年，起了运筹帷幄的作用，却没有受到朝廷党争连累，并在去世不久政局出现翻覆中间，也没有因邓氏家族垮台而影响班、曹二家族。这可能另有原因，但无疑与班昭力避借参政以谋取私利，以致独子任散官二十年不调，有直接联系。这或许由于班昭从班固"不教儿子"（《后汉纪》卷一三《和帝纪上》）致杀身之祸中间引起警觉，但人尊言重，却能"战战兢兢"，至死不渝，在东汉宫廷女师中，也仅此一例。

2004 年

1　编者按：原文如此，然朱先生后已意识到此说不确，谨此说明。

五三　史官首先是"官"

中世纪的史官，不论职称是著作郎或著作佐郎，起居舍人或起居郎，还是史馆修撰或直史馆，都首先是"官"，不过在官僚体制内的分工是"史"而已。初唐的史馆制度，由唐太宗因事设置，历经唐高宗、武则天时代建构成政治体制的必要组成部分，名目不同的史职，就处在政府首脑的严密控制之下。玄宗朝权相李林甫，将史馆移至中书省内，而史官仍由监修国史的宰相，从其他朝官中选派，看来史官成为枢密官成员，其实更丧失"史权"。如果说唐宪宗元和初期裴垍对史馆体制的调整，旨在明确兼职史官的职责，那末李林甫改组史馆，似乎换汤不换药，却将史馆旧人逐除，代之以他中意的官僚，很合乎"有治人无治法"的传统。

也如前所述，唐代的史馆，导向就是史官必须依照权力者的指授著史，因而史官不可悖离官史传统。这传统在唐代已成体制常态，名曰隔代修史，即前君或死或退，继主必命史官给他写一部编年史，所谓实录。正如人们习见的，隔代修史的最大困惑，在于史与论的矛盾：以论代史呢，还是论从史出？古今中外的史学史无不表明，据史直书是一切史家认同的普世价值。中世纪中国史家更将"直书"看作道德准则，用价值信念代替历史实相。韩愈便深中其毒，述史不忘褒贬，而用来判断历史是非的尺度，就是他通过《原道》重申的所谓孔孟道统的理念。

2006 年

五四　作为"史官"的韩愈与《答刘秀才问史书》

　　由唐太宗到唐玄宗的一百二十多年，大唐帝国的文明富庶程度，达到世界之冠。尤其玄宗在位的二十年，国力鼎盛，似乎到处莺歌燕舞。哪知天宝十四载（755），"渔阳鼙鼓动地来"，中原顿时化作战场，两京（长安、洛阳）几乎沦为废墟，人吃人的惨剧再次重演。历经肃宗、代宗、德宗三帝，内战勉强暂停，两京再失再得，但藩镇割据、吐蕃内侵，对帝国中枢形成的双重威胁，使帝国的权威削弱到对任何军阀势力都缺乏制约能力的地步。而皇帝依赖宦官控制宫廷禁卫军，非但没有保障君权独尊，反而使"天子"受制于家奴，加剧了权力腐化的进程，以致在朝忧国的那些文官，任何企图挽救帝国腐败态势的尝试，都以失败告终。

　　这就是韩愈面对的政治文化的生态环境。他在乱离中度过了青少年时代。唐德宗贞元八年（792），他在宰相陆贽榜下成进士，时年二十五。唐朝仕宦，重京秩，轻外任，而京官又以得赴日常朝参的登朝官为上选。韩愈先在外州任幕职十年，才得任京官，又浮沉于朝官与教职之间，并一再被贬至边远州县做官。直到年逾"知天命"，才做稳"阁老"，也仅官至侍郎而已。

　　韩愈生前，仕途坎坷，但文名日大。陈寅恪《论韩愈》（1954年刊布，见《金明馆丛稿初编》），以为韩愈在唐代文化史上的特殊地位，可归纳成六类。前四类（建立道统，直指人伦，排斥佛老，诃诋释迦）在学界都有异议，但说韩愈"改进文体，广收宣传之效用"，"奖掖后进，期望学说之流传"，这两点则是难以否认的史实。安史乱后，已有忧时的文士，不满依然把持庙堂而僵硬陈腐的骈俪文章形式，提倡作文要以西汉论政论学文字为楷模。韩愈将这样的"古文"的创作原则，概括成内容应该"文以载道"，形式则"唯陈言之务去"，不仅本人刻意撰写了各种体制的范文，而且乐于鼓励同好一起努力，即如思想政治取向不一致的柳宗元的散文，他也推重有加。

所以，时至近三百年后的北宋中叶，那些想从教育改革入手而刷新朝政的学人，便不约而同，从故纸堆里抢救韩文，借助雕板印刷的新技术予以普及，而韩、柳都被欧阳修等奉作"古文运动"的先驱，那就是不奇怪的。

奇怪的是，人们常常忽视韩愈还是一位史学家，或者仅仅承认他是一名保守的史官。的确，作为中唐政治堪称稳定的元和时代的一名史官，韩愈起初心怀恐惧，受过柳宗元的批评，后来由他主编的《顺宗实录》，在他身后也备受争议，如今至多被认为尚有史料价值。其实史官与史家，即使是同一人，也有区别。韩愈心仪的史家是司马迁，却深知从东汉以后，著史尤其是著"国史"，越来越受官方控制，而唐初建构完成的史馆体制，已使史官既受制于监修国史的宰相，更顾虑专制君主凭个人喜怒对于"国史实录"的终审裁决的不可预测性。韩愈作为史官，恰逢监修国史的李吉甫将史官视作私党，而自命英主的唐宪宗又格外关注史官如何编撰前朝"实录"。由现状反思历史，韩愈认定史官不过是权力的工具，没有据史直书的自主性，却有"曲笔"不合皇帝和宰相的矛盾意向而成为权力牺牲的风险，于是心怀恐惧，而被迫尽职，不得已述史力求四平八稳，以致备受后人讥评。这正是中世纪史官作官史的共同命运。明清时代，韩愈被尊为唐宋古文七家、八家或十家的魁首，但讨论他的史论史著的文字很少，即论及往往不是求全责备，也是曲为辩护，都反证中世纪史学史研究，中唐史学是薄弱的一章。

韩愈的诗文，在他去世后，由他的门人也是女婿李汉，辑为《昌黎先生集》，连目录四十一卷，但不收《注论语》《顺宗实录》，其他文章也遗漏颇多。此编仅靠钞本流传。经晚唐到宋初的长期动乱，它已接近湮没。北宋在中原和江南站稳脚跟，由柳开、穆修到欧阳修等，相继辑编补缀，刊印新集，遂使韩文风行，至两宋之际评注已号称五百家，有姓名可考的也有一百四十八家。两宋经学更新，由王安石、程颐及其徒子徒孙，均效"逢蒙杀羿"故技，否定韩愈是倡言孔孟之道的先驱，但道学体系建构的完成者朱熹，晚年被统治集团打成"伪学"党魁，在寂寞中著成《韩文考异》十卷，整合三百七十年来韩愈遗著研究成果，给韩愈论著提供了编年较可信的文本。

由于清初康熙帝已对韩柳文章特感兴趣，由于乾隆帝"御制"诗文也特别表彰韩愈，因此清代韩愈研究竟成显学，尽管考史学家如王鸣盛、赵翼、钱大昕等都曾非议韩愈的史学，终究不敌桐城派古文家对韩愈的膜拜宣传，特别是曾国藩著作中对韩愈文逐篇谀美，更使韩愈的政论、史论和文论，在清末民初思想文化领域获得韩愈生前梦想不及的影响。

《昌黎集》版本极多，大抵均据南宋晚期世彩堂刊《昌黎先生集》，内收正集四十卷，外集十卷，遗文一卷，又朱熹校注《昌黎先生集传》一卷。近有屈守元、常思春主编《韩愈全集校注》五本（四川大学出版社，1996），吴文治编《韩愈资料汇编》四册

（北京中华书局，1983），辑录传世文本或后人评论，颇详备，可参考。

《答刘秀才论史书》，选自《昌黎集》的外集。李汉初编的《昌黎先生全集考异》没有收入这通公开信，但它的真实性，因柳宗元随即逐点批判，而无可怀疑。此书作于唐宪宗元和六年（811）六月，那时韩愈任职史馆修撰已三个月。他还没有接到监修国史的宰相李吉甫布置的修史任务，却通过遍考司马迁、班固以至吴兢的史家命运，得出"夫为史者，不有人祸，则有天刑"的结论。虽然这结论未必符合既往的史学史，但明清以来史狱不绝，清代号称盛世的康雍乾三朝，镇压言论异端，必从史学开刀，就使近百年来人们探究中世纪史学，必以此篇为典型。

五五 柳宗元驳斥韩愈的"史官论"

柳宗元和韩愈，生同时而行有异，名相近而实相远。后世并称韩柳，理由就在他们在两宋已被认作"古文运动"的先驱，至明清更被誉为"唐宋八大家"的魁首。

所谓古文运动，在 9 世纪前后的中国渐成气候，固然同韩、柳的文学实践有直接联系，但从思潮史来看，实际的动力不在于韩、柳或者他们的先行者的提倡，而在于传统的"道"，已经非变不可。

"道"的涵义，从来模糊。在诸子争鸣的古典时代，道、儒、墨、法等学派纷纷探寻什么是道？它从哪里来？它将导引人们往何处去？意见如此分歧，以致要说有共同点，便是争论表明哲人们都在追求文化认同。秦汉一统，虽然只有时空的相对意义，但各个帝国统治者为了实现"天下无异意"的幻想，借助暴力压制政治批评，甚至毁灭异己文献，以便自我作古，于是政治认同压倒文化认同，政术或帝王术规范了"道"的界定。汉武帝时代宣布"独尊"的儒术，以后六百多年，相继有孔子之术，变形为周孔之道、孔颜之道，秘密就在这里。（参看拙作《中国经学史十讲》诸篇）

唐太宗缔造的帝国一统度越秦汉，推行的帝王术也前无古人，表征之一便是宗教宽容，允许域外各色异教信仰自主，尤其是容忍道儒佛"三教"竞争。历时百年，效应是一切领域，都存在"三教"的利益分割。皇家自命道教所谓始祖李耳的嫡传。文官主体都靠熟读所谓儒家的圣经贤传起家。佛教各宗派则同帝国权力者争夺信徒和财源。当唐玄宗三十多年歌舞升平的假象，被北国胡人的武装叛乱所击破，怎样重建治国治民之"道"，便成自称君子的文士学者们的难题。

柳宗元同韩愈一样，都在安史之乱后出生成长。不同的是柳宗元少年时代没有吃穷困之苦，早有神童奇名。他成进士晚于韩愈一年，仕途却比韩愈顺畅，年方而立，便成登朝官，相信得君即可行"道"。他的名作《封建论》，写作年代不详，但其基调与他献给初即位的唐顺宗（即位于贞元二十一年正月，当公历805年2月）的《贞符》一致，可知乃同时或稍前作品。文中宣称"道"的内涵，即秦始皇废封建置郡县作为开端的"公天下"体制，以后由汉至隋，无不"失在于政，不在于制"，所以只要君主守此"天下之道"，用人得当，进贤退不肖，便可"继世而理"，达到天下大治。那笔调，堪称直线进化论，充满天真青年的理想主义气息。

然而历史无论中外古今，都证明理想的头撞上体制硬壁，非死即伤。柳宗元和他的同道刘禹锡等，支援顺宗幸臣王叔文的革政，仅七个月就被控制禁军的宦官政变粉碎。从此柳宗元在贬谪中度过了后半生。苦难发人深省。他先贬永州司马十年，继为柳州刺史四年，在当时所称远恶军州的生涯，不仅使他寄情文字，所作散文，格调高雅或超过韩愈，而认知深度常使后人钦佩不已。王安石便认为他胜于韩愈，苏轼甚至赞美他"道学纯备"更像孟轲。

柳文的艺术性或思想性，自10世纪至今，学者们见仁见智，争论不已。有一点应该指出，即韩、柳同样主张"文以载道"，但柳文较韩文更富所谓儒学的原教旨气息。唐宋间作为统治学说的经学，尊崇的经典由唐初的"五经"，转化为南宋朱熹构成体系的"四书"。而四书将《礼记》中的《大学》《中庸》二篇，抽出与《论语》《孟子》同尊，说是孔曾思孟"道统"完备的表征，所谓《大学》乃"初学入德之门"，《中庸》即孔门传经"心法"，追溯教义来源，韩、柳其实是真正的祖师。韩愈《原道》表彰《大学》，已为人熟知。宋代程朱系统的道学，将表彰《中庸》的功绩归于韩门的李翱，讳言李翱的中庸说袭自柳宗元，便值得中国哲学史思想史再研究。

因而，柳宗元没有机会修史，他的思想见解，对于中世纪后期史学的潜在影响，却不可忽视。那影响，第一表现在《封建论》等，将秦朝完成的郡县制，作为历史进步的表征；第二表现在《平淮夷雅》等，将唐廷与藩镇的内战，说成用夏变夷；第三表现在力倡"中道"，即使君主如桀、纣，也不放弃助其为圣人的希望；第四表现在《天说》等，藐视自然，重伸荀况的天人相分论，似属唯物论，实则片面肯定人定胜天，使后世史家盲目赞颂统治者破坏环境的倒行逆施。至于《敌戒》等文，称道"敌存灭祸，敌去召过"，似有辩证法的因素，其实因袭《孟子》"无敌国外患者国恒亡"的说教，效应便是没有敌人也要制造敌人。因此，清朝的康熙、乾隆，厉行思想专制，都从柳文汲取论据，可谓顺理成章。

柳宗元遗著，首先由刘禹锡辑编。历晚唐五代，钞本散佚甚多。北宋中叶重兴古文运动，柳文继韩文得到刊本通行，并补刘禹锡未收文为外集。1960 年中华书局上海编辑所排印本，堪称完备，可参考。

《与韩愈论史官书》，选自《柳河东集》卷三一。本书前篇已收韩愈的《答刘秀才论史书》[1]，柳宗元此信便是批判韩愈的意见。柳信劈头就责备韩愈回避史官首要志向是明"道"，却说史职不过是"荣"。接着假设韩愈倘为"荣利"，则官越大，必更忘"道"。然后笔锋一转，指斥韩称"为史者不有人祸则有天刑"，其实否认"凡居其位，思直其道"的古训，所举例证也不合历史。因而强调韩愈应该恐惧的，"唯在不直不得中道"，力求尽职尽责，不负天子宰相的期望。单看文章，全信逻辑严谨，"正气凛然"，自宋之清，常被誉作论辩文的杰作。但柳宗元明知史官是"官"，才学再高，撰写"国史"，必须以权力导向为史"识"，否则就不得好死，于是他对韩愈的希望，也只是"宜守中道，不忘其直"，争取褒善贬恶得到君相认可而已。此信写于元和九年（814）正月，而这以前数月，韩愈已在履行职责，改写《顺宗实录》了。所以他仅存历史意义。历来史学史研究，都重视韩、柳辩史官的二书，探究史馆制度给中世纪史官修史造成怎样的实践的和心态的影响。

1　编者按：朱先生晚年曾计划修订《中国历史文选》，本篇与上篇即为拟新收文的解题。

五六　重说商鞅变法

据司马迁著《秦本纪》，秦自开国，到孝公立，已逾五百年。如此古国，法度传统早已凝固，"变法"谈何容易？

好在从秦穆公起，秦国内乱十余世，而乱之焦点在于争夺君位，而君位的吸引力就在于权力独断。秦孝公既已掌控独断权力，于是以下记载便不奇怪："卫鞅说孝公变法修刑，内务耕稼、外劝战死之赏罚，孝公善之。甘龙、杜挚等弗然，相与争之。卒用鞅法，百姓苦之。居三年，百姓便之，乃拜鞅为左庶长"。

需要说明，第一，"百姓"非指庶民，而指"群臣之父子兄弟"。第二，"居三年"，当为秦孝公六年（前356），这年秦孝公才拜卫鞅为左庶长，赋予他将军权力，反证此前秦国变法由孝公出面，卫鞅尚居幕后，因而近人以为商鞅变法始于秦孝公六年，乃不明秦国权力运作实情。

揆诸历史，商鞅在秦国变法，始于秦孝公三年（前359），至秦孝公二十四年（前338）秦君死而商君亦死，凡二十年。

据司马迁《商君列传》，卫鞅在秦变法，"行之十年，秦民大说"，于是秦孝公升他为大良造。以后《史记》称卫鞅二度率军破魏，还封于商洛十五邑，"号为商君"。从此卫鞅称作商鞅。但仅两年，秦孝公死了，商鞅还能继续执政吗？

商鞅在秦国执政期间，曾经两度颁布变法令。

初令是商鞅任左庶长以后所定，时间在秦孝公六年，当公元前

356 年。这道新法令的内涵，显然是将秦国变成一个军事化的社会。底层的民，当指对国家承担纳税服役任务的生产者，都按五口或十口一组重新编制，同一什伍的人口必须互相监视和防范，依照军纪赏功罚罪。为了保证国家的财源和兵员，强制民间家族拆分为单丁家庭，谁不分家就按男丁数目倍征军赋；凡从军杀敌有功的，按照立功大小给予相应的最高爵级，但禁止民间私自械斗，否则依照违反军纪的程度判刑。新法令特别重视农工对国家的贡献，谁纳粮交帛超过国家标准，便可免除个人徭役，但谁靠投机取利或懒惰致贫，一旦被检举，就要"收孥"即将其妻子没收充当官奴婢。那么秦国原有的贵族呢？照样得从军，即使是公族，没有军功，便开除其作为国君亲属身份，降为平民。

当然，商鞅变法的目的，绝非在一般意义上取消身份、等级及相应特权，而是要将秦国的血统贵族体制，改造成早在秦孝公父祖辈已在局部实施的军功贵族体制。所以，他取消的贵族特权，只是秦国传统那种凭借"龙生龙、凤生凤"的血亲关系就生而富贵的寄生性世袭特权，而代之以军功"明尊卑爵秩等级"的特权体制。

商鞅这套变法初令，似属创新，实为复古。还是司马迁，在《史记》中，不辞辛苦地追寻了秦始皇祖先的发迹史。撇开《秦本纪》开篇的神话，单看两周之际秦人立国的过程，便可知秦公室鼻祖非子，原是替周天子养马的家臣，靠牲畜繁殖，而且其后代对付西戎有军功，于是拜爵封侯。商鞅无非要以严刑峻罚和重武赏功相结合的手段，帮助秦孝公实现重振秦穆公霸业的光荣。

问题在于商鞅所处的"国际"环境变了。他的图霸对手，已非仍处野蛮状态的西戎，而是文明较诸秦国超胜的"中国"，也就是河东山东的三晋齐楚诸侯。更糟的是秦国的宗室权贵，早已被寄生性世袭特权所腐蚀，除了不择手段地争权夺利，就极端憎恶变革。当秦孝公被商鞅说服，同意变法，甘龙首先宣称"知者不变法而治"，杜挚更说："利不百，不变法；功不十，不易器；法古无过，循礼无邪"。照这样的逻辑，变法好比做生意，如果不能赢利百倍，就宁可守住老店里的陈年旧货，以免蚀掉老本。这是古今中外所有既得利益者守护特权的共同口实。

因而，秦孝公怀着年轻独裁者常有的"及其身显名天下"的冲动，支持商鞅的"强国之术"，却不能阻止自己的储君，在宫廷权贵教唆下故意犯法。商鞅明知"法之不行，自上犯之"，却不敢直接依法处罚太子，"刑其傅公子虔，黥其师公孙贾"。效应看来很好，"明日，秦人皆趋令"。然而，犯法的是太子，商鞅却不敢对太子行刑，而向他反对的"六虱"之一儒家所谓"教不严，师之过"的荒唐逻辑求助，让太子的师傅充当替罪羊。谚云"王子犯法，与庶民同罪"，道出了民间对法治的理解，所谓在法律面前人人平等。商鞅初令就宣称罪与罚必以军法从事，但逢到太子向他的法度挑战，就显得手软，同样宣称支持他行法的太子之父秦孝公，竟示以左庶长执法有例外的处置得当。这不都表明秦孝公用商鞅变法，还是人治高于法治吗？

商鞅准备变法，最大忧虑，在于预设的变法方案，将受"愚民"的反对。他自居是指导"汤、武不循古而王"的医国圣手，因而在秦孝公的御前会议上，大发议论，说是"民不可与虑始而可与乐成，论至德者不和于俗，成大功者不谋于众"。假如这类言论可称主张"开民智"，那么"愚民政策"一词，应从古今中外词典中删去。

2009 年

五七 商鞅迁都的多重谋虑

秦孝公十五年，当公元前347年，卫鞅在秦执政七年了，"于是（孝公）以鞅为大良造。将兵围安邑，降之"。

然而商鞅却迅速撤军，表明他这回出击魏国，眼光主要在内不在外。从军事上击败强邻，除了展现秦国已由变法转弱为强，更可鼓舞秦国民气，慑服人心，为下一步变法措施减少阻力。证明即破魏以后，他又出"奇计"，就是迁都。

秦人"始国"，被周平王封为诸侯，时当公元前770年。那时秦国已从游牧生活转向定居农耕生活，于公元前8世纪末，在今陕西宝鸡东南的平阳，筑起都城，不过三十年，便迁都于雍，故址在今陕西凤翔东南。又过了近三百年，秦献公二年（前383），才将国都迁到今陕西富平东南方的栎阳。不想这座都城筑成仅三十二三年，秦孝公十二年（前350），商鞅又在渭水北岸的咸阳构筑新都。

迁都在任何时代都是大事，因为意味着一国的政权神权连同军政财政中心大搬家，单是新筑高城深池、宫殿府库、道路邸宅之类工程，所耗人力物力财力便很巨大。秦国居雍已历十八君三百年，土木朽坏，水源积污。秦献公弃此旧都，东迁栎阳，也便于向东扩展，合乎情理。但移都栎阳不及二世，商鞅就得秦孝公首肯，在咸阳另筑新都，出于怎样的需要？综合看来，可知商鞅迁都，主要出于多重的政治考量。

秦孝公不是渴望及身"显名天下"吗？"都者国君所居"。商鞅无疑要满足主公心愿，首先在新都起造宏伟的宫殿。宫外迎面便是巍峨相对的两座楼观，中间大道两旁有君主教令，所谓冀阙，又称象魏或魏阙，宫内又是格式齐整的堂寝正室。君主居此，岂不威名远扬！

李悝《法经》不是告诫需要改变旧染污俗吗？秦人与西戎杂居，显然还保留游牧生活那种全家男女老幼共居帐幕的积习，定居后父母兄弟姊妹同室寝处，难免出现聚麀乱伦。既迁都而建新居，商鞅下令禁止一家各对夫妇"同室内息"，应说促进文明教化。

用不着再说废"封建"而立郡县的历史意义。商鞅将小乡邑合并为大县，由国家直接派官治理，等于取消了宗室贵族对采邑的等级统治特权。因而以往贵族领地的边界"草莱"，就变成官府控制的空荒地，允许农民开垦，纳粮服役都交付国家，不仅使赋税有章可循，也减少了领主的中间盘剥。

还有统一度量衡，同样使农民工匠感到负担平均，减少因赋税不均而引发的社会冲突。传世文物有商鞅量，又名商鞅方升，上刻秦孝公十八年（前344）铭文，证明它是商鞅迁都咸阳后铸造的标准容器。量上还刻有秦始皇二十六年即秦帝国建立第一年（前221）的诏书，足证秦始皇统一度量衡，遵循的是一百二十余年前商鞅创设的制度。

所以，历史效应表明，商鞅迁都是有深谋的。他首先满足秦孝公对生前赢得霸主权威的欲望，当然意在借权变法。他接着借迁都迫使秦国宗室贵族脱离权力基地，乘后者在新都立足未稳，取缔他们"有土子民"的传统特权，当然还保证他们只要拥护新体制，仍可衣租食税。他同时企图借迁都使庶民有营造新家的机会，改变底层社会的戎俗，但直到二千年后，陕甘宁贫民依然因饥寒而全家挤睡一室热炕，证明他们这一禁令很难实现。他所谓"开阡陌封疆"，固然使垦田和赋税的数字增加，但国富民穷适成反比，由一个半世纪后，强权较诸商鞅更有力的秦始皇甫死，被驱迫为国家服劳役的陈涉一伙农民，便扯起反旗，即可知商鞅急法的真正效应。

2009 年

五八 从司马迁到章太炎的商鞅批评史

很难用几句话来描述商鞅的为人。

他原是魏国公族的贱支子孙，跑到魏国充当贵族家臣，得知魏王无意用他，又投奔秦国，靠与阉宦拉关系而叩开宫门，这在当时已属"小人"行为。然而获得秦孝公信用，他要求法令必行，强调"以刑止刑"，却以制造恐怖作为"止刑"代价，"步过六尺者有罪，弃灰于道者被刑，一日临渭而论囚七百余人，渭水尽赤，号哭之声动于天地"，甚至民众改变态度称赞法令，也被他斥作"乱化之民"，一概流放边城。他的确打击了心怀怨望的宗室贵戚，但显示法无例外的同时，也如前述是对带头犯法的太子曲为庇护。

按说执法应该无所畏惧。但论者往往忽视司马迁复述的一个情节，即赵良对商鞅说的："君之出也，后车十数，从车载甲，多力而骈胁者为骖乘，持矛而操阘戟者旁车而趋。此一物不具，君固不出"。没有重兵保护，便不敢出门，可见商鞅对自己打造的铁幕也缺乏信任，如赵良所说"危若朝露"。

因而商鞅在秦行法的主客观矛盾，便成为后人争议的历史问题。司马迁肯定商鞅变法导致秦人富强，却否认商鞅为人，说他"少恩"，"其天资刻薄人也"。

那以后，关于商鞅的争论一度变得很激烈。例如在汉昭帝始元六年（前81）著名的盐铁会议上，由于武帝晚年实行的盐铁酒类专卖政策，将国民生产和消费的主要资源归政府垄断经营，导致农工商业都发生危机，人心浮动，政权不稳，被汉武帝临终时仿效周公辅成王故事而指定为首席执政的大将军霍光，被迫召集郡国贤良文学与朝廷主管理财的桑弘羊等权贵对话，结果变成对商鞅变法以来秦汉中央集权体制的历史清算。来自民间的郡国文学从指控盐铁专卖危害国计民生，到谴责商鞅是祸首，而代表官商结合体制的桑大夫，则全盘肯定商鞅变法导致国富民强，"功如丘山"。于是商鞅的变法效应和个人品格，变成是一非二的问题，由此出现的"评价"二元对立，主要体现帝国政权与郡国的利益纠葛。用所谓儒法斗争作为判断这二元对立的是非基准，是反历史的。

历史提供的续例，便是击败霍光家族的汉宣帝，说是"汉家自有制度，本以霸王道杂之"，但在意识形态上仍利用而非否定儒学。他亲手培养的一名汉家新"儒宗"刘向，便回到司马迁，宣称商鞅虽私德有亏而公德可嘉，甚至称道商鞅自任秦相，便"极身无二虑，尽公不顾私"，所以秦孝公得成战国霸君，秦历六世得以兼并诸侯，"亦皆商君之谋也"。

尔后很长时间，商鞅又成治国图强的一个楷模。三国蜀汉诸葛亮，便教训后主刘禅，要他读《商君书》。

商鞅的法术和人品再度受非议，是在北宋王安石称道商鞅变法而"百代遵其制"之后。但非商鞅的司马光，也曾对商鞅信赏必罚作了很高赞扬，而苏轼否定商鞅的权术，也并非为了"尊儒反法"，相反倒是影射王安石的"尊孟"口是心非。古怪的是，时至南宋，朱熹、陆九渊两派，都自命"孔孟之道"的原教旨主义者，但都很少提及商鞅其人其法。回避也是一种态度。我曾指出，从程颐到朱熹一派道学家，在政治上都反对王安石变法，在经学上却属于王安石新学的"遗嘱执行人"。由他们回避对商鞅历史是非表态，似可为拙说一证。

这里不必再提清乾隆间成书的《四库全书总目》，于子部法家类小序，只说刑名之学已为"圣世所不取"，"关于商鞅、韩非诸家，可以知刻薄寡恩之非"，而正文《商子》提要，仅考世传《商君书》，"殆法家者流掇鞅余论，以成是编"，暗示内容不可信。

当然，关于商鞅的争议必将延续。百年前发生戊戌变法，康有为、谭嗣同等痛斥商鞅，表明这回变法并非追求君主专制，却引发章炳麟力求复原商鞅历史实相的谏净。

如今时过境迁，再来讨论商鞅变法和他的为人，理当走出忽褒忽贬的传统循环怪圈。倘能坚持从历史本身说明商鞅的历史实相，也许更有利于对这段变法史的认知吧？

2009 年

五九　探索法家的起源

因此，到 18 世纪，被清康雍乾三朝愈演愈烈的愚民政策制造的恐怖统治，驱赶到经史考证的狭小天地里的汉学家们，当他们由旧籍中间发现了湮没已久的墨法诸子的遗文残篇，群起钩稽考校并作诠解，起初意向多属非功利的，就是说为考证而考证。正因如此，他们清理法家的形成演化过程的文献体现，也就较少顾及那些遗说的"经世致用"的政治应用价值，较多注重恢复其历史面貌。这是对"我大清"的文化专制主义的讽刺，却为清末民初学者们用新眼光研究古典法家史准备了材料。

清末已出现利用汉学提供的资源重估古典法家学说的动向。康有为打着伸张孔子教义的旗号，力斥战国秦汉法家攻儒，是为了与儒家争夺改制的主导权，却意外地彰显了法家才是秦汉政治一统设计者的历史实相。章炳麟驳斥康有为，宣称法家犹如西方所谓政治家，商鞅变法是为了建立法治国家，与后世利用刑律阿附君主专制意向的刀笔吏有根本区别。这说法引发长久争论，也引发学者从历史角度探究法家起源与文化的实际过程。

随着争论在"五四"后深化，人们不再对古典形态的法家至于詈骂。康有为的"托古改制"说，章炳麟的术法由分途到合流说，各有偏颇，却都蕴含某种历史合理性。因而胡适、梁启超、钱穆、傅斯年、柳诒徵等，以及稍晚的陈启天、蒙文通、郭沫若等，尽管持论各异乃至对立，但述史均有所见。特别是思想学说与历史环境的相关度，包括政论如何因应生存空间的内外变异而呈现时空连续性的形态差异，受到研究者愈来愈多的关注。于是古典时代法家文化的空间特征，以及与所处地域的民族关系、历史传承的互动性问题，也被提出。例如历史语言学家傅斯年，于 1928 年作《战国子家叙论》，也对其师胡适的"诸子不出王官说"放炮，说是胡适批评章太炎的诸子论既有理也无理，因为忽略"百家之说皆由于才智之士在一个特殊的地域当一个特殊的时代凭借一种特殊的职业而生"。他由分析齐、晋多出法家学说即"政论"，而齐国管、晏一派法家多以经济为政治的论说，所以不及三晋"官术之论"，就与两派所处地域及历史传承有密切关系。这见解在后来实际已被学界接受，如侯外庐等便明白承认"法家主要源于三晋"的说法。

2001 年

六〇 汉武帝"祸国殃民"

西汉帝国延续了二百十四年。它在汉武帝时代臻于极盛，也如登山，到达顶峰便是下坡的开端。

作为帝国的第六个君主，汉武帝继承的政治遗产是丰厚的，国库里堆满了粮食和钱币，郡县和诸侯国大致平静，首都长安已成当时世界最繁华的城市。假如这位皇帝，像他的祖父文帝和景帝一样，除非迫不得已，便维持现状，那他更有可能成为"太平天子"。

真所谓形势比人强吧！内有天灾，外有"四夷"，黄河泛滥总使中原农业地区闹饥荒，北边的匈奴和南方的百越，总在牵动长安的神经。登极六年才摆脱祖母控制的汉武帝，年轻气盛，决定北征匈奴，南讨闽越，同时收拾西南夷。他在军事上节节胜利，将帝国疆界扩展到秦帝国的一倍以上，代价也是沉重的。非但耗尽国库资源，还激怒了底层民众，迫使他在临终前两年下诏承认穷兵黩武错了，"当今务在禁苛暴，止擅赋，力本农，修马复令，以补缺、毋乏武备而已"。这就是著名的"轮台罪己诏"。从秦始皇以后，到这时已历两朝八君一百三十二年，而作为皇帝下诏罪己，公开承认自己推行数十年的一项基本政策，效应是祸国殃民，这要算破题第一遭。

其实，汉武帝不断为开疆拓土而发动战争，也如同时代而稍后的恺撒及其继承者以军事征服建立起巨大的罗马帝国一样，把中国相互隔绝并总在争斗的不同族群，统一到文明先进的中央政权的管理体系之中，历史作用并非只是负面的。这也正像汉武帝根据公孙弘的建议，作出由五经博士实施候补文官教育的决策，在将官僚制度变作意识形态控制工具的同时，对于帝国文官整体的道德文化素质的提升也有促进作用，至少那以后的郡县官员不再出现文盲，颇有自己守法又通过办学以教育促安宁的能吏。

倒是汉武帝晚年的"罪己诏"所回避的三点，也就是导致帝国走下坡路的主要罪过，无论当时还是后世，都起着恶劣影响，即皇帝率先聚敛财富、破坏法制和任人唯亲。

除了连年征伐"四夷"、安置流民等所需的庞大经费，汉武帝个人建筑宫室、外出巡游和封禅求仙，奢华程度都胜过秦始皇。因而他亲政不过十多年，便将父祖积累的财富挥霍一空。元狩四年（前119），天灾人祸造成关东流民多达七十余万，乃至人吃人，各地不断出现暴动，严重威胁帝国稳定，政府却因国库空虚，无法赈济。这时汉武帝及其政府，急中生智，采取的对策，一是造皮币，二是造假钱，三是搞专卖。

"是时禁苑有白鹿，而少府多银锡。"禁苑即上林苑，是汉武帝圈占首都长安附近土地设置的私人猎场。少府即管理皇帝私有财产的机构，控制全国森林矿藏荒地和湖海水产资源提供的税收。汉武帝命其管家，将上林苑内的白鹿剥皮分割，强迫诸侯出资购买小块鹿皮，抵充他们按等级向皇帝贡献的年金，等于谚语所谓"空手套白狼"。据汉史，一块长宽各一尺的白鹿皮币，价值制钱三十万。同样，汉初行铜钱。大致以铜七锡三比例合成的青铜合金，以每斤十六两计，可铸一枚当百的制钱六千文。而汉武帝的少府，在锡中掺入微量白金及纯银，铸半两钱，就当原行铜钱三千文，而重仅其十分之一的龟钱，也当铜钱三百文。如此通货膨胀，所赢实利，更多于皮币，却都归于皇帝的私人财库。少府吐出多少赈济灾民？史无记载。有一点无可置疑，即由皮币和劣币这两项榨出的民脂民膏，绝大部分化作皇帝及其后妃子女外戚的奢侈淫乱的生活资源。汉武帝还是储君的候选人时，就敢许诺其姑母，若娶表妹，"当以金屋贮之"。出自《汉武故事》的这则传说，或非史实，却映现汉武帝肆无忌惮地榨取人民血汗以供皇家骄奢淫逸生活的财富由来。

因而，汉武帝面临国库空虚，很快打商人的主意，也不奇怪。汉高祖和他的布衣将相，大都出身农村和小城底层的流氓，对似乎以投机取巧致富的商人，因妒致恨。这由汉高祖将商人列为四民之末，"重租税以困辱之"，可见一斑。但随着帝国一统，不同地区的物资交流不可遏制，而首都长安更是如向达《唐代长安与西域文明》描述的，海内外万商云集，可追溯到汉代。迄今学界对于汉代重农抑商的国策，津津乐道，却罕有学者注意司马迁早对同时代的汉武帝这项政策的儒表法里的悖论，做过深刻揭露，明论见于司马迁的《货殖列传》。就我寡闻所及，在公元前 1 世纪世界史学名著中，没有一种可与《史记》争胜。尤其是《货殖列传》，对于中世纪世界商人在沟通中国与内外世界交往中的作用，所作历史描述和价值判断，其确切与超前的程度，迄今仍为中国的经济文化论者望尘莫及。

2009 年

六一　西汉创业百年的经济史

　　《平准书》是西汉帝国创业百年的经济史，陈述重心为汉武帝一朝国家权力对经济生活的干预过程。它的叙事终于元封元年（前110），只写了汉武帝在位五十四年的前三十年，却展现了一个富饶的帝国，怎样被好大喜功的皇帝和他信用的权臣推行的经济资源国有化措施，闹得财政状况不断恶化，帝国也由盛趋衰的真实历史。司马迁没有来得及目睹汉武帝晚年信任的财政大臣桑弘羊的种种经济垄断措施的破产，但《平准书》的结语，借卜式批评皇帝因旱命巫官求雨的言论，以为灾由人兴，"烹弘羊，天乃雨"，便知此篇作意。

　　实际历史过程已被《平准书》描绘得如此清楚，因而后来史家都只可把它当作论史的依据，而在"评价"上做文章。例如司马光的名著《资治通鉴》，总评汉武帝："孝武穷奢极欲，繁刑重敛，内侈宫室，外事四夷，信惑神怪，巡游无度，使百姓疲敝，起为盗贼，其所以异于秦始皇者无几矣"。由《通鉴》描述前半生的汉武帝编年史，全部取材《史记》，可知司马光与司马迁的区别，仅在结论说明与否而已。20世纪后半叶纷纷以赞颂秦始皇事业为己任的通史国史之类，同样取材《平准书》，却掉头称道汉武帝任用桑弘羊，推行盐铁专卖、铸钱垄断和以重税迫使商人退出流通领域等等利权尽归君主的措施，造就了"西汉的盛世"。近年渗入域内的后现代主义史学，宣称历史不过是历史学者选择某种文本编织的故事，只能称作一门艺术，固然从历史到逻辑都悖论百出，但用来衡量向来自命"科学"的官方半官方中国史教科书，却可谓歪打正着。

如果说《平准书》表明司马迁批评汉武帝既自致"国病"，又"病急乱投医"，使投机与国计民生攸关的工商业暴发户，"大煮盐"东郭咸阳、"大冶"孔仅、"洛阳贾人子"桑弘羊又都成为政治暴发户，那末《货殖列传》针对当时经济国策的批判意义，也就可以理解。

有史以来，追求耳目口身的安乐，追求心理成就感的安慰，"使俗之渐民久矣，虽户说以眇论，终不能化"。既然道德说教无法愚民，回到老子幻想的"圣治之极"，那该怎么办？有五种对策："故善者因之，其次利道之，其次教诲之，其次整齐之，最下者与之争。"《货殖列传》的这段总论，是否如班彪、班固父子斥责的，"论大道则先黄老而后六经"，另当别论。但司马迁认为历史已经证明，汉初七十余年"国家无事"给皇帝一份丰厚的遗产，"非遇水旱之灾，民则人给家足，都鄙廪庾皆满，而府库余货财"。那末由"利道之"以下的治国术的任何改变，都只能看作是"物盛而衰"的变迁，何况汉武帝信用的桑弘羊提出的国策，引导君主滥用权力与民争利，正是亡秦自致灭亡的最下策："古者尝竭天下之资财以奉其上，犹自以为不足也。"（《史记·平准书》"太史公曰"）

2005 年

六二　盐铁会议的争论

第一，争论的双方非但都熟悉儒家经传的典故，而且都很了解本朝历史，似乎都读过司马迁关于汉朝的帝纪、列传或《封禅》《平准》《河渠》诸书。《轻重》《相刺》《大论》等篇，都记有文学引用扁鹊医术来比喻治术，那些说法显得与司马迁所记扁鹊传如出一辙。《毁学》篇记桑弘羊引"司马子言天下攘攘皆为利往"云云，直接出自《货殖列传》。连御史、丞相史等，在驳文学说时，也显示出对扁鹊传十分熟悉。

第二，争论议题中有《国病》一篇，其中贤良关于汉武帝时代三大臣群趋逐利的大段慷慨陈词，所引故实无不见于《平准书》。《散不足》篇记贤良回应车千秋"愿闻散不足"的要求，将滔滔数千言的议论，归结为两句话："故国病聚不足即政怠，人病聚不足则身危"。可说读《平准书》后，道出了司马迁著《扁鹊仓公列传》的意蕴。

第三，争论表明，就在汉昭帝初，由于扁鹊传奇的流行，以致士绅都认他为"上医医国"的表征，似都不知那箴言的发明者是医和。因而争论双方都以良医比良吏，都以扁鹊比贤圣，都指对方背离扁鹊的医术。例如《轻重》记文学与御史的交锋；文学指责桑弘羊等是"拙医"，"非扁鹊之用针石"；御史就反驳道，桑大夫管理财政以来，"事灸刺稽滞，开利百脉，是以万物流通，而县官（皇帝）富实"。"此皆扁鹊之力，而盐铁之福也。"《盐铁箴石》则记车千秋劝告贤良文学注意态度，不可"争而不让"，免得即使出任亲民官，"亦未见其能用箴石而医百姓之疾也"。

第四，争论终于扯出司马迁。据《盐铁取下》篇末，在贤良再度长篇驳斥桑弘羊之后，公卿已罢议止词，上奏说："贤良文学，不明县官事，猥以盐铁而为不便，请且罢郡国榷沽，关内铁官"。但其下还有十八篇更广泛的议题，表明贤良文学或其幕后人物不肯善罢甘休。《申韩》篇记文学再度攻击"今之所谓良吏"，决非"良医"，显然使桑弘羊们激怒了，紧接着御史辩护说，《春秋》不把刑人当人，而如今民犯公法，邻居父兄互相包庇，该责备谁？文学也激动了，声称如今"良民"要耻刑人已不可能："今无行之人，贪利以陷其生，蒙戮辱而捐礼义，恒于苟生，何者？一日下蚕室，创未瘳，宿卫人主，出入宫殿，得由受奉禄，食太官享赐，身以尊荣，妻子获其饶。故或载卿相之列，就刀锯而不见闵，况众庶乎？夫何耻之有！"这未必确指司马迁，但谁听了都会首先想到司马迁。理由并不难解。不仅如前所说，争论双方所引典故，无不见于《史记》数篇，桑弘羊还直引司马迁语，而且司马迁的女婿杨敞，在司马迁任中书令后入仕，这时已官至大司农即财政大臣，虽然"素谨，畏事"，没有参与争论，还被桑弘羊下属御史暗示他不管盐铁事，却不能逃脱文学的责难并辱及其外舅，都很合逻辑（汉代重婚姻关系，故宫廷政争总与新老外戚争权相关，朝廷亦然）。

接受司马迁的医国论，却又否定司马迁的人格，这在司马迁的身后只是第一例。《汉书》以后对他的否定，由人格、政见而至史论，但直到北宋的司马光，仍然承认扬雄说《史记》是"实录"。不过他的医国论，反而越来越湮没不彰。这并非意味着"上医医国"的观念已经退出历史，相反是因为它已渗透到传统文化的各个领域。比如大约在东汉中晚期出现的道教经典《太平经》，便将"治身"与"治国"并提。东汉末的今文经学家何休，宣称《春秋》三传，唯独《公羊传》得到孔子不宣之秘必须"墨守"，而《左氏春秋》则病入"膏肓"，《榖梁春秋》已患上"废疾"。同时遍注群经的郑玄，用同样手法回敬，著《箴膏肓》《起废疾》《发墨守》三书驳之。双方都把经说正误比作诊治疾病。那以后这类例证在政论史论和宗教论著中俯拾皆是，包括习见于戏曲诗词或民俗谚语。

2005 年

六三　徐光启改变近代中国

从 16 世纪末到 20 世纪初，徐家汇作为中西文化荟萃点的名声，在世界上越来越响。

所谓名从主人，因为徐家汇原来是徐光启家族的聚居地。这个家族，经商致富，却遭倭寇劫掠，破了产，务农度日。徐光启全靠个人奋发图强，从一名穷秀才，中举人，登进士，直到官居东阁大学士，相当于政府第二副首相。他的时代，明廷已非常腐败，但徐光启却出污泥而不染，不但个人为官清廉，而且在其位而谋其政。

举例说明。中国自古以农立国，但粮食作物长期限于稻麦黍稷，都不适于高旱贫瘠土壤。正是徐光启，将不久前才从美洲引进的热带作物甘薯，通过反复试验以改良品种，使这种高产作物遍布南北。连同也自美洲引进的玉蜀黍，在中国普及的结果，引发人口爆发，从晚明全国人口五千万，到二百年后便达二亿或三亿。新增人口遍及华北西北在以往以为不宜农耕地区，论功当然要首先纪念徐光启。

稍知明清王朝更迭史的人，都知满族祖先是替明廷看守白山黑水大门的东北诸部之一。这个小部落乘明朝内战崛起，由奴隶而侵夺共主，屡次侵犯北京。这时保卫明都的大臣，首先引进澳门葡人"红夷大炮"，用先进武器击退满洲骑兵的，也是徐光启。

徐光启是大农学家、大政治家，更是开创古老中国与近代欧洲的科学文化交流的伟大先驱。他不是欧洲耶稣会入华传教士利玛窦付洗的信徒。他改宗天主教的原因很复杂，但他的信仰是真诚的，没有后人猜测的功利动机。当他师从利玛窦学习欧氏几何，很快发现这种特重空间形式的抽象数学，恰是中国传统思维方式即代数型直线思维传统所无的巨大空白，于是便不辞辛苦地与利玛窦合译了《几何原本》前六卷。他最关注的是认知如何转化为应用。于是他成为近代中西合璧的应用数学鼻祖。

徐光启晚年建议明廷依西洋科学全面修订黄历，旨在正确昭示农时，也许让朝廷一新耳目。但他在组建改历班子后就死了，没有看到他的倡议，恰好被入主北京后的满洲权贵所利用。

徐家汇在徐光启生前已成西方传教士躲避明廷政治迫害的福地。由于徐光启举宗改信西教，在别处无从存身的教士，有不少人到徐宅寻求庇护。由清初"中国礼仪之争"来看，很难说徐氏家族对欧洲传教士提供的庇护，历史效应可属正面还是负面。有一点毋庸置疑，徐家汇从此名声大噪。

2004 年

六四　利玛窦的历史遗产

利玛窦不是第一位进入中国大陆的欧洲耶稣会的传教士，却是第一批入华耶稣会士中间最具历史影响的杰出人物。

从 1582 年 8 月初抵澳门，到 1610 年 5 月病逝于北京，利玛窦的足迹，由南海之滨而越五岭、驻江右、下江南、过山东，而入明京、叩帝阍，所谓自边缘至中心，在大明帝国活动了二十七年九个月；先后创建过耶稣会住院四所，受洗的中国基督徒逾两千名，结交的帝国士绅显贵达数百人。虽说这以前基督教曾两度入华，但通称天主教的罗马公教从此在中国生根，累经明末清初多次"教难"而没有绝种，那不能不首先归功于或归咎于利玛窦。

然而利玛窦留下的历史遗产，在中外文化交往史上凸显的效应，远过于他对基督教入华的影响。就跨文化研究的角度来看，不论中外学界关于利玛窦其人其学的价值判断多么分歧，人们都承认历史所昭示的两点事实：他用中文撰述的论著和译作，使中国人开始接触文艺复兴以后的欧洲文化；他用西文记叙中国印象和在华经历的书信、回忆录，以及用拉丁文翻译的"四书"，也使欧洲人初步了解传统正在起变化的中国文化。

2001 年

六五　王学促进利玛窦传播西学

　　从 1595 年 6 月到 1598 年 6 月，利玛窦在南昌生活了三年。他或许是那个世纪现身南昌的头一个欧洲人，没想到并未受到预期的敌视，相反得到各类人士的善待。他受宠若惊，苦苦思索原因，于是关于江西知识阶层乃至达官贵人何以普遍地待他友善的分析，便成了这三年他寄往澳门和罗马的修会当局及师友的信札反复出现的主题之一。洋人居然通经书？想学点金术？欲知欧式钟表的秘密？爱听西洋数学的介绍？真想聆听"得救的福音"？如此等等，他都想到了，唯独漏举这里是王学的真正故乡。

　　尽管利玛窦并不真正懂得人文环境和思想传统的互动关系，却不妨碍他和晚明入华的耶稣会士，在某种占优势的思想传统所笼罩的特定的人文环境中间，享有谈论异说或宗教信念的相对自由。晚明王学宗派林立，竞相标新立异，无疑与从陈白沙到王阳明都宣扬学术贵"自得"是一脉相承的。所谓自得，强调过度，势必如章太炎在清末所讥，讳言读书，乃至自我作古，割断历史传统。然而在经历了嘉靖朝长达四十五年的君主独裁制造的思想高压的岁月之后，提倡学贵自得等于吁求学术独立，要突破腐败统治的思想牢笼，当然也意味着向中世纪专制体制争自由。按照逻辑，过度估计个人学说的独创性，必定导致对于《孟子》所称"人皆可以为尧舜"命题的再诠释，如王阳明承认"涂之人皆可为禹"，同样导致承认陆九渊关于古今中外都可出圣人的推论，即凡圣人都"同此心同此理"，属于普遍真理。利玛窦入华，正逢王学解禁，正值"东海西海心同理同"理论风行一时，因而他传播的欧洲学说，被王学思潮最旺的南昌学者士人，当作来自西海古圣前修发现的新道理，是不奇怪的。

2001 年

六六 利玛窦的传教策略

利玛窦既靠信仰克服了绝望，当然拒不考虑放弃在华传教。不过在南昌的经验，也使他变得更加务实，特别在几个问题上思虑更周到。

第一是坚持与儒者认同。这本是离粤前他已获范礼安准行的方针，即不再恪守沙勿略在日本制定的成规，非但从外表上与佛教僧侣划清界限，而且在言行上力求向世俗士人靠拢。通过在南昌同章本清及其书院学人的频繁交往，他愈发相信这样做是必要的。

第二是重定自己的使命。初到南昌对"归化"千万中国人的过度预想幻灭之后，利玛窦给自己角色重新定位："主要的是为此伟大的事业做奠基工作。"以后他在南京致密友的信里，甚至否认自己在华传教是"播种"，"而是筚路蓝缕、胼手胝足、驱逐猛兽、拔除毒草的开荒的工人而已"。

第三是采取"慢慢来"的缓进策略。显然由于在南昌，他个人大出风头而付洗信徒甚少的矛盾现象，招致修会的误解，利玛窦被迫一再解释他的策略何以着重一个"慢"字。他说最大顾虑在于中国人普遍疑忌外国人，朝廷或官员尤其"对所有外国人十分敏感"。"中国与其他地方民族有很大的区别，他们是一聪慧的民族，喜爱文艺，不喜战争，富有天才，目前对他们固有的宗教或迷信等，较以往更持怀疑的态度。因此我以为在很短的时间，可以归化千千万万的中国人。但只因为我们很少和他们交往，而且他们中国人不喜欢外国人，百姓怕洋人，皇帝更畏惧外国人，这后者专制好似暴君，因为他们的祖先用武力从别人手中把皇位夺来，每天担心会被别人抢走。假如我们聚集许多教友在一起祈祷开会，将会引起朝廷或官吏的猜忌。因此为安全计，应慢慢来，逐渐同中国社会交往，消除他们对我们的疑心，而后再说大批归化之事。"

第四是传教手段需要更新。聚众宣讲福音，是基督教传统的布道主要手段。由上引材料可见，利玛窦已发现它的潜在危险。如所周知，中世纪中国列朝统治者都怕民间宗教，怕的不是它们的教义，而是它们的首领以宗教为纽带聚众酝酿抗官乃至造反。利玛窦善辩，却不主张在华采用宣讲为主的布道手段，"因为外国人在大明帝国无不遭受猜疑，尤其我们传教士们。他们以为我们智慧超人一等，精神与能力皆能成就大事，因此我们一举一动必须谨小慎微，不敢造次"。怎么办呢？由南昌的经验，他认为赢得人心的最佳手段有二：一是用中文著书，"自古以来，中国就重视书写，比较不重视讲说能力"；一是"交谈方式较布道方式更有效"，效应就是既便于传教又不惹麻烦，"我们不能聚集很多人给他们布道，也不能声明我们来这里是为传扬天主教，只能慢慢的，个别的讲道不可"。

第五是必须想方设法要求皇帝准许"自由传教"。那过程已说过了，但利玛窦在南昌更感到这样做的急迫性。理由也颇有趣，原来除了范礼安的敦促，还出于他对帝国体制的观察。他发现，"这个帝国由一位皇帝统治，父死子继，其余一切与其说是帝国，不如说是共和国"。他的参照系，当然不是后来才有的所谓主权在民的近代共和国，更非他显然不知的西周"共和"，甚至也不像指古代罗马共和国或雅典民主制，而应指柏拉图式的"理想国"，皇帝虽然不是哲学家，然而尊崇"中国哲学之王"孔子，也不容许帝王家族享有政治权力；"帝国的管理权全在文官手中，他们都由最小的阶级开始"，定期根据工作表现升降或惩办；帝国也"重文轻武"，武官由文官手中领取薪饷，"这样一方掌握金银，一方掌握军队，把权力分开，叛乱也就不会发生了"。如此等等，不都像柏拉图预构的图景么？既然只有皇帝一人统治，其他人仅分等级，但在皇权面前人人平等，而且皇帝本人也要按照古老的伦理规范行事，不都像是一个"共和国"么？利玛窦不由得表示倾倒："在管理、政治与秩序等方面，中国的确超过其他民族。"

人们知道，当金尼阁把利玛窦的札记手稿进行改编而在欧洲发表以后，曾经引起多大的轰动和争论，以致18世纪孟德斯鸠为了判断中华帝国到底像不像一个"共和国"，或者竟属专制制度的一个典范，在《论法的精神》中出现那么多的自相矛盾。其实何止启蒙时代的法国学者被闹糊涂，革命时代的中国学者也一样。"中华民国"招牌的设计师章太炎，也许没读过利玛窦的那些话，但肯定读过柏拉图论"政治家"的有关介绍。他在清末发表的《代议然否论》，也认为中国自秦始皇以后便实现了一人专制而万众平等，可称奇特的共和或者奇特的专制，因而只要打倒愚昧专横的满洲皇帝，真正的共和体制便会出现。可见利玛窦于1597年在南昌提出的问题，无论在欧洲还是在中国，闹了三四百年依然还是问题。

2001 年

六七 利玛窦的目的与手段的倒错

不消说，按照逻辑，自从利玛窦得到范礼安准许"易服色"那时起，便注定了他不再可能用"合法"的宗教家身份从事传教活动，而只可能把"学术"当作手段，进行曲线传教。可见，利玛窦为了活动便利而改变形象，却作茧自缚，迫使自己将凸显手段当作急务，反而堵塞了使目的走向合法的道路；结果终于进入北京，也终于"获得大明皇帝的宠幸"，然而要求万历皇帝"准予我们自由传教"，也在他有生之年终于成为泡影。这能完全怪罪明廷对宗教不宽容么？这难道不是"为达目的、不择手段"的报应么？这难道不是把实用的需要看得高于一切，从而以非理性的态度选择手段的必然归宿么？

应该说，利玛窦晚年似已悟及上述矛盾，似已觉察他多年努力，效应只是手段彰显，目的非但未遂，甚至哀叹"以人的力量求准在中国自由传教一事是不可能的"。他没有放弃希望，因为他的信念不允许，也因为他的手段已有效应的鼓舞。他依然认为自己采取的策略手段，对于实现传教目的是可行的，在卒前不久给修会当局的报告中逐点做了重申。这篇可以看作他主持中国传教团工作十多年的一份小结的文献颇有趣，可惜迄今未见从历史与文化相应的角度对它作出中肯的剖析。这里不是讨论的地方，只拟指出一点：它恰好给研究者提供了本证，证明他的传教团在华宣扬福音，收效甚微，而他本人作为那时代第一位沟通中国和西欧异质文化的使者，则取得了前所未有的巨大成就。

2001 年

六八 《几何原本》传入中国

《几何原本》，古希腊科学名著欧几里得《原本》（*Elements*）拉丁文版前六卷的中译本，晚明利玛窦（Matteo Ricci）、徐光启合译。

古代中国同西方世界的交往，可以追溯到遥远的春秋战国时代或更早。至迟从公元前 2 世纪起，交往便不限于辗转的商品贸易。自汉至唐，中国历代的大小王朝，通过使者、远征军、宗教僧侣等，同域外世界的交往日益频繁，反之亦然。尤其汉唐及中间诸朝，对于域外输入的异教，大多采取宽容态度，彰显文化自信。因而波斯的祆教，阿拉伯的回教，基督教异端的景教，都同原产古印度的佛教一样，传入中国并未受到多大的梗阻。

值得注意的是基督教。它自初唐到晚明的近千年间，曾三度入华。前二度，即唐代的景教，元代的也里可温教，在罗马公教看来，一属异端，一是正宗，却都没能在中国站住脚。原因主要不在于同时代中国朝廷的政治迫害，而在于它们都没有得到汉人士绅的认同。相反，基督教三度入华，正值明帝国当局因来自日本的倭寇入侵而严禁一切外国人进入内地之际，虽有耶稣会大佬沙勿略（Franciscus Xeverius）闯关失败而病死上川岛在先，但不过三十来年，他的同会传教士利玛窦，便使人称天主教的罗马公教，在中国开始生根。

历史的反差如此凸显，致使利玛窦的成功秘密，在他去世不久，便引起中外学者争论不休。迄今已近四百年，仍然见仁见智，也许将如孔子"评价"那样，永远没有定论。

有一点似无可疑，即利玛窦是文艺复兴以后将欧洲科学技术介绍给中国的第一人。他从明万历十一年（1583）进入广东肇庆起，便以改绘的世界地图和自制的测量仪器，当作博取官绅好感以居华传教的手段。历史的讽刺在于，他将"西学"作为传播"西教"的手段，结果反受手段的支配。他在华二十七年，固然建立了多所会院和教堂，付洗的教徒成百累千，但对中国人的思想信仰，作出的最大贡献，还是科学技术。他死后，明廷以皇帝名义特赐葬地，有的宦官表示不解，时任内阁首辅的叶向高答道："姑无论其他，即其所译《几何原本》，即宜钦赐葬地矣！"（艾儒略《大西西泰利先生行迹》）可见当时朝野人士，盖棺论定利玛窦，认为他的遗产，占第一位的，并非弘扬西教，而是传播西学。

利玛窦的中文著译，属于人文学科的，有宗教学的《天主实义》《畸人十篇》《复虞淳熙》，有伦理学的《交友论》《二十五言》，有语言学的《西国记法》《西字奇迹》，有诗歌《西琴曲意》；而属于自然学科的，除《几何原本》外，还有地理学的《坤舆万国全图》，宇宙学的《乾坤体义》《圜容较义》，实用天文学的《浑盖通宪图说》，应用数学的《测量法义》《同文算指》，此外有一种清初据传抄本刊印的《理法器撮要》，也可能是后人增补的介绍欧洲测量天体运行的方法和仪器的利玛窦未刊稿。这只是利玛窦与晚明士人合作传播西学、已形诸文字的部分，就涉及人文和自然的十来个学科，在当时的中国多半可称域外新知。而利玛窦等通过书信、札记以及翻译中国典籍，向欧洲介绍中国的思想文化，同样成为17、18世纪西欧"中国热"的前奏。

《几何原本》被利玛窦、徐光启译介入中国，尤其有历史意义。1931 年陈寅恪便指出："夫欧几里得之书，条理系统，精密绝伦，非仅论数论象之书，实为希腊民族精神之所表现。"（《几何原本满文译本跋》）如果说，类似欧氏几何借演绎逻辑建构公理化体系的纯数学，在中国古典时代也闪现过光芒，那末从秦汉以后由制历测量带动的天文算法，重实用的"术"就越来越排斥抽象推理的"学"。对空间关系的认知，总难以超出经验的归纳。朱熹的"格物致知"，便是它的哲学概括，经过明初二祖（朱元璋、朱棣）用强权规定为钦定意识形态的基石，更成僵硬的教义。16 世纪初王守仁开创的阳明学派，打着复兴儒家原教旨的旗号，向道统表征的官方理学冲击。批判的资源起先借重禅学，但这种所谓中国化的佛教，早已丧失创新的活力，只能给阳明学的空谈和内哄增加口实。利玛窦的出现，给厌倦空谈而寻觅"实学"的阳明学一派的徐光启等带来新风。特别是利氏介绍的欧氏几何，那套用定义、假设、公理、定理和抽象图形所组成的演绎逻辑系统，更令徐光启心醉，以为这正是思维方式更新迫切需要的完善模式，用以建构"形学"，"易佛补儒"，非此莫属。

　　历史表明，徐光启的预见不错。《几何原本》甫问世，在中国思想文化界就不胫而走。它的影响，超越了明清王朝更迭，直到清末民初，仍被学者视作西学经典。只是徐光启、利玛窦赋予"几何"一词的题中应有之义，所蕴涵的文化史和思想史的意义，迄今仍待深究。

　　《几何原本》初刊于 1608 年。同年利玛窦作过校正。1611 年徐光启等据此刊行再校本，并收入李之藻编纂的《天学初函》。清修《四库全书》，明清各种覆刻本、节录本，以及民国以来的多种排印本，所据底本都是 1611 年的再校本。关于本书的数学史或科学史的意义，中外论著讨论极多，可参看李约瑟《中国科学技术史》中译本第三卷即数学卷的相关论述。全书编译过程及后世研究和再译续译等状况，参看朱维铮主编《利玛窦中文著译集》（香港城市大学出版社、复旦大学出版社，2001）的《几何原本简介》。

作于明万历三十五年（丁未，1607）的这篇《刻几何原本序》，与利玛窦于同年所作的《译几何原本引》（全文亦见《著译集》），既相呼应，又有区别。徐序的特色就在于，他作为《几何原本》中译本的笔受者和第一读者，述说的翻译过程中"由显入微，从疑得信"的感受，生动地表达了习惯于传统的代数式线性思维方式的中国学者，初遇陌生的欧洲文艺复兴时代重现的古希腊几何学的公理化体系，所引发的心灵震撼和理性反思。

六九　中国"近代认知"的开始

据万历丁未（1607）利玛窦所撰《译几何原本引》，徐光启改庶吉士的第一年，主要致力于读中秘书（教习指定的宫廷文献），向利玛窦质疑的问题，多半是"天主大道，以修身昭事为急"。到第二年（万历乙巳，1605）秋天，徐光启开始关心欧洲学校的"举业"教育，显然出于利玛窦自称早在本国"忝预科名，已叨禄位"（见利氏《上大明皇帝贡献土物奏》，参看朱维铮编《利玛窦中文著译集》此篇简介），而引发的中西文官教育体制的比较兴味。利玛窦说"余以格物实义应"，话题无疑转向耶稣会大学"七科"教育中的神哲学之外的其他课程，首先是作为"格物"基础的数理，初阶即欧氏几何。向来认定"一物不知，儒者之耻"的徐光启，一听便来了劲，以为这门"实学"，或中国古已有之，却已失传，恳请神父口传，由己笔受。

于是就有了利、徐合译的《几何原本》前六卷即平面几何部分的汉译本。徐光启原非数学家，得充皇家学院博士研究生，长处在于"代圣贤立言"的时文揣摩精熟，忽然转向从未接触过的演绎几何学的公理定理体系，单靠不谙中土数学传统又不熟悉艰深文言的利玛窦自拉丁文转述，而用典雅的汉文表述，确如徐光启所谓，在双方都是"迎难"。从此，两人"反复展转，求合本书之意，以中夏之文，重复订政，凡三易稿"，迟至万历丁未（1607）春季，由利玛窦老师丁先生校补的《几何原本》十五卷的前六卷，终于译成。

又过了一个半世纪，随着伟烈亚力、李善兰补译的《几何原本》后九卷问世，汉语世界的读者才得窥欧洲这部科学古典名著的全豹。有的中国科技史论者于是追究当初利玛窦对译事叫停的动机，几乎都推测利玛窦居心不良，唯恐徐光启掌握西方科学而怀疑"天主实义"。有的思想史家还对利玛窦介绍的天学深表愤慨，说他向中国学者蓄意隐瞒哥白尼的"日心说"，误导徐光启等在历法天文学实践中采用在西方已属落后的第谷体系。

20世纪末叶我初读汉译《利玛窦中国札记》，又得读"文革"末李约瑟《中国科学技术史》天学卷的内部译本，以为利玛窦的确可恶，为防传教不利而误导国人。及至有机会接触欧洲近代天体运动认识史，继而细考晚明至清初的中国学术史，才怀疑成说未必合乎历史实相。首先是感到李约瑟未必真知晚明思想文化史，一味强调只有源于中土的科学技术，才算原创性的真知，殊不知勇于接受域外真知及其实践，破除传统偏见，更加困难。其次是近代学术史科技史论者，往往以论代史，先有所谓民族主义之类偏见存于胸中，当作裁量所谓学用是非的主观尺度，于是每见非孔孟传统的意见就心生憎恶，更糟的是以时君的政见当作真理的判词，又好挟洋自重，因而李约瑟的"问题"，竟成近代中国科技必然落后的断案依据。再次是苏联谬说作祟，特别是斯大林的大俄罗斯主义，导致苏联无论任何领域都必定宣传沙俄为世界第一，于是……中国某些权威，论及自然和人文的认识史，同样鄙夷西学而回归"西学中源"的腐论。

就史论史，我不以为徐光启"易佛补儒"的说法，有思想史意义，却以为是有科学史意义。所以者何？因为徐光启不仅从利玛窦那里学得了西方的演绎几何学，还以此挑战当时占统治学说地位的代数思维方式。

所谓代数思维方式，至迟从东汉末的经学大师郑玄，到南宋中的理学大师朱熹，都属于统治学说的形上学共同模式。照清末章太炎的说法，这个模式的特色，就是一二三四继发的"数"。用于观察历史，要么是韩非所谓的今必胜昔，要么是郑玄、朱熹共识的黄金时代必在三代的直线退化论。

徐光启或许没有想到，他对西方"举业"基础的欧氏几何的好奇，竟会导致中国士大夫开始改变知人论世的眼光。"数"不但体现于时序，而且存在于空间。"俟河之清，人寿几何"，这句传统格言，被赋予新的意义，依拙见可称之为时空连续性。我们追溯传统文献中的空间认知，固然可如谭其骧先生揭示的，可以上追至《汉书·地理志》，乃至《禹贡》，但倘说近代认知，则据我的私见，只能从《几何原本》的汉译本问世（万历戊申，1608）算起。

2005 年

七〇 《几何原本》

《几何原本》，利玛窦、徐光启合译，凡六卷，为欧几里得《原本》（*Elements*）的平面几何学部分。

古希腊亚历山大里亚的数学家欧几里得（Euclid，约前 330 至前 275），整合古代数学家关于物体的形状、大小和位置等空间性研究成果所著的《原本》，是以演绎逻辑建立数学的公理化系统的古典名著，初为十三卷，经后人增补成十五卷。卷一论三角形，卷二论线，卷三论圆，卷四论内接形和外接形，卷五论比例的一般原理，卷六论比例的应用即相似形。这六卷都属于后世所称的平面几何学。卷七至卷九讨论整数与几何的相关度，或被后人称作数论。卷十讨论无理数，即毕达哥拉斯学派以写超越人类智慧的直角三角形二直角边相等时其弦无法求得整数值的问题。卷十一、十二讨论立体几何学。卷十三至十五讨论立体算法。

欧氏《原本》于 12 世纪初被欧洲基督教学者，在阿拉伯世界发现译本，并转译成拉丁文，很快成为文艺复兴时代欧洲的一门显学。作为耶稣会修士必修的七科之一，利玛窦在罗马便师从克拉维乌斯（Clavius，1537 至 1612，德籍耶稣会名学者，即利玛窦所称的丁先生）学习过后者所著的拉丁文评注本。这部评注本，初版于 1574 年，在克氏生前又五次再版。利玛窦据以译作中文的，是该评注本的 1591 年版，由北京的耶稣会北堂尚存其藏本可证，当系利玛窦入京后从罗马寄来。

传统的中国数学，重实用，因而重经验的归纳，而忽视抽象的推理。虽然商高定理的发现，与毕达哥拉斯定理的发现同时或更早，古老的《墨经》也表明欧氏《原本》的若干重要公理或定理，在中国也曾被独立发现，而关于圆周率的密率计算，中国也长期领先于中世纪的欧洲，但中国的传统数学发展到13世纪晚期，已出现对仅着眼于测量应用的归纳几何方法的否定取向，却总如真理碰到了鼻尖仍不知是真理。

于是，当明万历三十五年（1607），以中国士人熟悉的疑问数词"几何"命名的欧氏《原本》前六卷中译本问世，那些只差一步便可建立自己的"形学"的数学家们，都很快对这个用定义、假设、公理、定理和抽象图形所组成的演绎逻辑系统表示倾倒，乃至竟为泰西不传之秘。其中包括笔受者徐光启本人，非常希望洞悉这门"众用所基"之学的全部体系，但他的续译后九卷的要求，却被利玛窦叫停，说是"请先传此，使同志者习之，果以为用也，而后计其余"。

事实上，《几何原本》《圜容较义》，都曾引及克拉维乌斯的拉丁文评注本《原本》后九卷的内容。然而后九卷没能续译，在徐光启固然感到遗憾，到后世更引起人们对利玛窦的动机的猜疑。如少年时便沉醉于利、徐合译的《几何原本》的清初大数学家梅文鼎，就曾说："言西学者，以几何为第一义，而（利氏）传只六卷，其有所秘耶？抑为义理渊深，翻译不易，而姑有所待耶？"这在指责中尚有恕辞。可是愈往后的指斥愈严厉，以为利玛窦中止翻译，无非认为"用数学来笼络人心的目的"已经达到，反过来又将徐光启的遗憾，说成他当初入教的目的就在于吸收西方科技以发展中国实学的明证。照此逻辑，那就只能说利、徐合作翻译《几何原本》，双方都别有用心，一个借科学骗人信西教，一个借信教骗人传西学，也就都属于为达目的而不择手段的权术运作。这逻辑与历史一致么？姑且存疑。

《几何原本》于 1608 年刻竣，即由利玛窦寄多册到罗马，给耶稣会总会长并分赠自己的恩师克拉维乌斯等神父，"由此可见中国人智慧之高，我们为传教工作付出的代价，以及我们在中国人中所获得的荣誉"（同年八月廿二日致总会长信）。利玛窦又将自己校正的刊本寄给正在上海丁忧的徐光启，还遗有对译文重加修订的底稿。徐光启在利玛窦去世后又与庞迪我（Didace de Pantoja）、熊三拔（Sabbathin de Ursis）据此重阅初刊本，于 1611 年出了《几何原本》再校本。《天学初函》《四库全书》所收，以及明清间的各种覆刻本、节录本，依据的即为这个再校本。

利玛窦卒后十年，艾儒略（Jules Aleni）在北京刊行的《大西西泰利先生行迹》（后出刊本或题《利玛窦行实》）录有曾任内阁首辅的叶向高，答复某宦官的疑问，即朝廷何以打破古例，赐给利玛窦葬地？说是"姑无论其他，即其所译《几何原本》一书，即宜钦赐葬地矣"。从明末到清初，几何学已成数学家热衷研究的显学，无论采用的基本概念或专门术语，还是构造的演绎系统或解题方法，都把利、徐合译本当做原创的出发点和基础。

这风气由于清康熙帝的提倡而益盛。康熙帝初亲政，从南怀仁（Ferdinand Verbiest）学数学，教材就是南怀仁用满文转译的《几何原本》。以后康熙帝继续与法国耶稣会士研习数学，由康熙二十八年（1689）之后持续了近四分之一世纪，先后入宫讲授的传教士有白晋（Joachim Bouvet）、张诚（Jean Francois Gerbillon）等七人，教材也改用张诚、白晋编译的《几何原理》（采用欧氏《原本》和阿基米德学说），新译的《几何原本》（据法国帕迪埃神父的《理论和实用几何学》译出）的满文本。二书均由康熙帝命人译成汉文，作序刊行，称为"御订"。后一种七卷，收入号称"御制"的《数理精蕴》，改订为十二卷，文句也有差异。不过几种满汉文本，都显示康熙帝急于将数学付诸应用的意向，并显示康熙帝想给通行术语烙上个人印记的愿望，如将借根法改译作"阿尔热巴拉"之类。

这背离了当年徐光启强调的几何学乃"不用为用，众用所基"的纯数学理念，只能导致用数学语言表达的思维方式向墨守传统的功利取向的回归，因而康熙帝提倡的几何学乃至全部数学的研究趋向，虽得善于投机的理学名臣李光地的迎合而盛行一时，却终于受到 18 世纪中叶被迫为学术而学术的汉学家抵制。或出于戴震撰稿的《四库全书总目》内天文算法类的西学诸书提要，对利、徐合译的《几何原本》的赞辞，便高于对《数理精蕴》等钦定译本的溢美。而在清英鸦片战争后上海租界内与欧洲新教在华传教士合作译述西方科学古典名著的大数学家李善兰，同英国传教士伟烈亚力（受伦敦布道会派遣来华的 Alexander Wlylie），合作译出欧氏《原本》后九卷，尽管蓝本已非克拉维乌斯的拉丁文评注本，仍然宣称"续徐、利二公未完之业"。

关于利玛窦、徐光启合译的《几何原本》，在中国数学史或科学史上的意义，已有无数论著予以讨论。论者无不承认利玛窦首先介绍欧氏几何的历史效应，但无不对于利玛窦的主观动机持有程度不同的怀疑态度。利玛窦来华的目的是"归化"中国人成为基督徒，入华二十八年始终把"学术传教"当作方针，都没有疑义。然而利玛窦究竟是把传授欧洲天算知识当作传播"天学"的手段呢，还是把手段变成目的，因传播西学而忘却宗教使命？这在利玛窦身后已在欧洲成为激烈争辩的课题，在利玛窦入华四百年后仍在中国学界纷呶不已。然而通观中外论著，似都忽视了《几何原本》题中应有之义，那就是"几何"一词所设的疑问，既蕴涵对于传统的宇宙观的质疑，也隐含对于传统的人生观的问难，不过这已涉及《几何原本》的文化史和思想史的意义，当作别论。

七一 《天主实义》

《天主实义》，又名《天学实义》，凡八篇，分作上下二卷。全书采用晚明讲学仍然盛行的语录体，假设问答。由"中士"即华人儒者提问或质疑，由"西士"即耶稣会入华的传教士作答或释疑。往返问答，凡一百十四次。

当然，依照语录体的写作惯例，书中那位儒者，显然对西士宣扬的天主教的教理，已有初步接触，虽感好奇，却难信从，以为都不合传统义理，因而疑问多多。西士呢？无疑欢迎这样的求知态度，把由好奇心引发的成百道疑问，看作由浅入深地进行天主教教理启蒙的良机。全书的假设问答，由西士解释上帝创世说开始，到中士表示心悦诚服而请求皈依西教结束，正说明利玛窦通过这部书所期待的社会效应。

本书刊行百年后，编纂《四库全书总目》的清代汉学家，替它的八篇，作了如下提要：

> 首篇论天主始制天地万物，而主宰安养之。二篇解释世人错认天主。三篇论人魂不灭，大异禽兽。四篇辨释鬼神及人魂异，论天下万物不可谓之一体。五篇排辨轮回六道，戒杀生之谬，而明斋素之意在于正志。六篇解释意不可灭，并论死后必有天堂地狱之赏罚。七篇论人性本善，并述天主门士之学。八篇总举泰西俗尚，而论其传道之士所以不娶之意。

提要作者，是否乾隆中叶皖派汉学大师戴震？已不可考。但戴震和他的老师江永，都对晚明至清初耶稣会士传入的西学，不但熟悉，而且仰慕，则似无可疑。不待说，《四库全书总目》诸提要，必须呈请皇帝审查，因而不论戴震还是总纂官纪昀，都必须在客观介绍《天主实义》的内容之后，表白自己与皇帝一致的立场。于是，下列评价，出奇的温和，反而令人诧异。文曰：该书"大旨主于使人尊信天主，以行其教。知儒家之不可攻，则附会六经中上帝之说，以合于天主，而特攻释氏以求胜。然天堂地狱之说，与轮回之说，相去无几也。特小变释氏之说，而本原则一耳"。如果熟悉清代汉学家的行文风格，即不敢公开抨击官方理学，凡指斥康雍乾祖孙三代表彰的所谓朱子学之非，大抵都把雍正钟情的所谓释氏之说，当作代称。因而这里指斥《天主实义》不合"六经"，而不谈它是否合于"四书"，那就无异于含蓄地承认利玛窦"特攻"的对象，实为时髦的朱子学。

《四库全书总目》的本书提要，说它"成于万历癸卯"，即明神宗万历三十一年，当公元1603年。这判断有利玛窦的《天主实义引》作证。但本书流传最广的版本，是李之藻编纂的《天学初函》本。此本前有李之藻《天主实义重刻序》，作于1605年。既称重刻，就必有初刻。而据此本前附冯应京序，署作期为万历二十九年孟春，又表明它在1601年二月前已有成书。这前在哪年？据费赖之著、冯承钧译《在华耶稣会士列传及书目》，说是"1595年初刻于南昌，1601年校正重刻于北京"。但据本书第八篇，明谓耶稣降生于汉哀帝元寿二年庚申，时在"一千六百有三年前"，那就表明本书定本不可能早于明万历三十一年。看来以上的矛盾说法，从不同侧面映现一个事实，即本书由编撰到刊印，是个很长的过程。

据《利玛窦书信集》，他在 1596 年十月已向罗马耶稣会总会长报告，"撰写已久的《天主实义》目前正在校正之中"；1602 年九月致龙华民函，说本书已经过一位官员朋友润色，"兹顺便给神父带来一本"；但 1605 年二月致罗马学院前院长函，则说本书在"去年"即 1604 年出版，而同年五月致父函也如此说。鉴于耶稣会内部的出版物审查制度，以及利玛窦时常在给上司报告中，讳言他的书未经审查即刊行，其实曾经过他本人同意，因此，本书很可能如冯应京序所示，在 1601 年初便有刊本，但尚未经过在果阿的耶稣会东方省当局"准印"。而收入《天学初函》的，则为利玛窦在 1603 年已得上司正式准予印行之后的定本。

由此也引出本书的原型问题。与利玛窦同年（明万历十一年，1583）入华的罗明坚神甫，曾将罗马公学的一部神学教科书《要理问答》，译述为中文，题作《天主圣教实录》，在入华次年刊行。而据金尼阁编《利玛窦中国札记》，提及此书，批评它缺乏系统而文字拙劣，因此利玛窦决定对它修订、补充和重编。利玛窦的订补重编本，是否是后来以利玛窦撰的名义，而广为流传的《天主实义》？尚待考证。

七二　《畸人十篇》

《畸人十篇》，是《天主实义》的姊妹篇，凡二卷。

十篇同样采用问答体。但与《天主实义》将问答者笼统地称作"中士""西士"不同，本书每篇都出问者的姓氏和身份，只有末篇例外。据诸篇本文所示，参照利玛窦的书信和回忆，可以确定各篇所记向利玛窦发问或质疑的明代士大夫十人的姓名、职衔（或身份）、问难时间及主题，大致情形如次：

一、李太宰，名戴，字仁夫，河南延津人。于万历二十六年（1598），任吏部尚书，俗称太宰，万历三十一年（1603）致仕回籍。本书第一篇《人寿既过误犹为有》，记述李、利关于人生的对话，"劝诫人不可只追念过去的岁月，要强调善用光阴，行善事不要等到明天"。由文内利氏自谓"时方造艾"，可以推定二人首次交谈，必在 1602 年 10 月利氏五十岁生日之前。

二、冯大宗伯，名琦，字用韫，号琢庵，山东临朐人。于万历二十九年（1601）十月晋礼部尚书，俗比作《周礼》的春官宗伯，至三十一年三月卒。本书第二篇《人于今世惟侨寓耳》，记冯琦感叹生人之乐反不及禽兽自在，而利氏释以"原罪"说，"举出许多西方圣贤对人生苦海的描述，天堂才是我们的真正家乡"。篇末述冯琦后"数上疏排空幻之说"，按诸《明史》冯传，可知对话时间必在 1602 年。

三、徐太史，即徐光启。于万历三十二年（1604）成进士，改翰林院庶吉士，时亦谀称太史。本书第三篇《常念死候利行为祥》，针对中国人最忌"死亡"二字，解释常念死亡并非不吉，"此篇尽量引用教会圣贤与欧洲古哲人论死亡的名言"。第四篇《常念死候备死后审》声称常默想死亡有五利：力避过尖，克别私欲，轻视名利，慎防骄傲，死于安乐。两篇是利、徐对话。徐氏已在1603年领洗入教。终生不懈地为末日审判作准备，在利氏看来应是中国基督教徒认识神学的根本问题。两篇的写作时间，当在徐光启散馆即庶吉士结业（1606年春）以前的三年时间。

四、曹给谏，名于汴，字自梁，号贞予，山西安邑人。利氏住京期间久任吏科都给事中。《明史》本传称之为"立朝正色不阿，崇奖名教"。本书第五篇《君子希言而欲无言》，"论静默与寡言"，所谈正是言官该怎样说话问题。对话时间难以确指，只能推定在1608年前。

五、李水部，即李之藻。他于成进士后分发工部都水清吏司，由主事而郎中，均可称水部。本书第六篇《斋素正旨非由戒杀》，内称旧稿，文字与1601年校正重刻的《天主实义》卷下第五篇的后半大同小异。

六、吴大参，名中明，字知常，号左海。万历二十七年（1599）任江宁分守道。明代守道官衔例为承宣布政使司参政或参议，大参当为参政。以公帑重刊利氏所修订的《万国全图》。本书第七篇《自省自责无为为尤》，讨论吴氏提出的"坐功"即静坐内省是否有益于长生的问题，利氏谓"这次谈话是在一六〇〇年五月十九日南京发生的"。

七、龚大参，名不详，字或号道立。本书第八篇《善恶之报在身之后》，首谓"乙巳年龚大参因事入京"，又述及首次对话"既三日，韶阳侯苏子张饮为大参祖道"，而利氏答语有"子治一方"等语，可知龚氏入京又复返本任，向利氏提出佛教与基督教的天堂地狱孰更可信的问题，而利氏在否定佛教六道轮回说的同时，特别据《圣经》谓"今生既非天堂，亦非地狱，直至身后方见分晓"，"此篇主要是针对儒家而言，所以篇幅最长，也最受欢迎"。

八、郭敦华，韶阳郡士人，万历十七年（1589）在韶州受洗入教，此前有算命人预言他六十岁将死，而他这年已五十九，故惊慌不已。本书第九篇《妄询未来自速身凶》，利氏力斥民间盛行的算命看相为迷信，即这年与他的谈话。利自述："这一篇非常重要，因为在中国乡人无知识相信这一套，连读书有智慧之人也深信不疑。大街小巷都有算命测字者，在南京一地就有五千多人以此为生。"

九、一友人，利玛窦隐其姓名。据本书第十篇《富而贪吝苦于贫窭》，可推知这人是万历二十三年（1595）居于南昌以后的三年里施洗的一名教徒。申述《圣经》所谓富人欲进天堂比骆驼穿针眼还难的教义，要求此人为"赦罪"而捐献财产给教会祈福。但由结语可知利氏关于"救赎"的雄辩终于不敌现世的利益，"悲哉"！

"畸人"一词，始见于《庄子·大宗师》。该篇谓孔子答子贡问，说是"畸人者，畸于人而侔于天"，意指"天之小人，人之君子；人之君子，天之小人也"。利玛窦的《天主实义》，于1601年在北京修订重刊，招来恪守传统的学者非议。已成翰林院庶吉士的徐光启，曾当众为《天主实义》的写作意向辩护，概括为"易佛补儒"四字。利玛窦续辑一书，自称悖论（Paradoxes），并寻出相对应的汉语表达字眼，所谓"畸人"。且不说利氏对于"畸人"的古典涵义如何理解，但这个词源出号称道家出世派鼻祖的《庄子》，又假托为儒家入世派鼻祖孔子之语，这悖论的本身，便透露利玛窦来华，"易佛"是真，"补儒"是假，由本书上卷所收六篇都指名驳难中国最著名的士大夫关于儒家传统经解不合真"理"可知。利玛窦称"它包括了很多中国人从来没有听见过的道德原则"，"是一篇连续不断的对死亡的默想，使人维持生活的正常规则"，"是以有趣的故事，来讲高深的道理；它的权威性很高，因为这些故事都是利神父在与官员们讨论道理所用过的"。

七三 《交友论》

《交友论》，或名《友论》，明万历二十三年，当公元 1595 年，利玛窦在江西南昌应建安王朱多㸅的要求，辑译的西方格言集。

这年已是利玛窦自澳门进入内地的第十三年，但北上接近帝国权力核心的尝试屡屡受挫，不得已再返南昌，却意外地结识了第四代建安王。此人虽是明太祖庶子的庶孽，却是"今上"万历帝的堂叔祖，也是利玛窦入华后受到宾礼相待的首名宗室郡王。因而他希望了解西人如何"论友道"，自然使利玛窦受宠若惊，很快凭记忆编成这部格言集。据中外学者考证，本篇初稿乃对话体，用拉丁文和中文写成，不久用中文梓行，改为语录体，凡一百则。

那时利玛窦已相当熟悉中国的传统经传，既知宾礼意味着主客相对平等，也知朋友乃传统的五伦之一。他当然要充分利用建安王提供的这次机会，宣传"友道"乃西方固有，而他和他同会的传教士，不远万里来到中国，目的全在于交友。显然经过他精心选译的西方论友道的格言，都淡化教旨，甚至罕言上帝，力求迎合中国传统的"论友道"学说。

不消说，这使利玛窦的"友论"，大受中国士大夫赞赏。所谓"礼失而求诸野"。万历中叶后的明廷正遭遇前所未有的信仰危机。正值这时利玛窦提出君臣应如朋友，而朋友间既应"共财"，更应成"同志"，当然激起士大夫的普遍同情。

因此，《交友论》甫刊行，便不胫而走。到明崇祯二年（1629）

李之藻收入《天学初函》前，已刊行过多少次，至今难以考定。但无论就重版次数，还是引证频率，本篇都堪称利玛窦中文译著内影响最广的一种，当无疑义。

七四 《二十五言》

《二十五言》，利玛窦编译的伦理箴言集，内收二十五则短论，强调"禁欲和德行的高贵"，属于《孟子》所称的言近而旨远的"善言"。篇列二十五，据冯应京序，说是"实符天数"。

这份小册子编得很早，徐光启跋指出它成于南京，时当明万历二十七年（1599），但到三十二年（1604）才由冯应京出资刊印。那时分巡武昌等三府的湖广按察使司佥事冯应京，正因弹纠监矿税的宦官陈奉横暴，而被皇帝下狱已三年。他在狱中读了刚结识的利玛窦送去的著译诸书，包括《交友论》《天主实义》的刊本，以及《二十五言》的抄本，深受感动，决计皈依天主，并用做官攒下的私财重印或梓行这些论著来赎罪。他作于被赦出狱前四个月的《二十五言序》，便述说了他在狱中读此稿的感受。

《明史》称"应京志操卓荦，学求有用，不事空言，为淮西士人之冠"。他在税监激起的武昌民变中坚持为民伸冤，并被皇帝指为煽起士民数万围攻税监衙门的主谋而因义受难，却声称是读了这本书才明白因信称义的道理，必须"一切重内轻外，以上达于天德"，所谓"金木方讯，独借此免内刑"。这已足以激起仰慕冯氏盛名的人对于利氏此人此书的好奇。何况自称"生平善疑"的名士徐光启，在冯应京出狱受到绅民以英雄般的欢迎热潮中替冯刻本作跋，又对利玛窦的道德学问再三致敬，并称这二十五言，只是利氏所传经义的万分之一而已。这当然更起了促其传播的作用。

因此，利玛窦对这本小册子的成功感到意外，在札记和通信中屡次提及它的影响，以为这是他改变写作策略，所谓"它是基督教的，而又不抛弃其他教派"，"才被现存的所有教派所阅读并受到了怀着感激心情的欢迎"。他的同会士和某些中国同情者，也以为《二十五言》的效应高于《天主实义》，要归功于它但明天学而不角同异的文体。那都不无理由，却未必鞭辟入里。

利玛窦说他的小书"所根据的是自然哲学"。后来耶稣会便有学者追寻其原型，发现他取材于古罗马的爱比克泰德（Epictetus，约卒于公元 135 年）的遗说简编《手册》。这位奴隶出身的斯多噶派哲学的信徒，把犬儒学派到斯多噶派的哲人，看作真正的古贤，因而改造后者学说为宗教伦理，认为善良的君父般的上帝，赋予每人以意志，这意志是纯属个人的唯一事物，在意志以外的一切都没有好坏的区别，人们无法抗拒意志以外的任何事件，只能逆来顺受，但却要对外界事件强制改变个人意志的行为负责。显而易见，在晚明君主专制通过放纵宦官胡行而不断激起"民变"的黑暗时代，利玛窦将这种"如何能自如地处理愿望和厌恶的问题"的基督教的原教旨，用中国士大夫熟悉的儒学语言再现，给予正在为民请命而受难的冯应京们，以及一起憎恶腐败又无可奈何的人士，多大的心理支持和安慰，正是《二十五言》甫出便不胫而走的历史理由。

七五 《西国记法》

《西国记法》或称《记法》，明万历二十三年（1595）利玛窦初著于南昌。

那时利玛窦入华已十三年，不仅已能说在士绅中间流行的"官话"，而且对于士绅必读的《诗》《书》等经典，下过记诵功夫，据说能够当众将临场指定的段落倒背如流。从九百年前的唐初规定熟记官方颁行的经传文本作为"明经"的唯一测试尺度之后，背诵"四书五经"便成为入仕教育的初阶，然而缺乏帮助记忆的诀窍，也成了无数追求"学而优则仕"的读书人世代相传的烦恼。而今忽然出现一位来自远西的学者，只花了十年，便对中土"圣经"自目不识丁而烂熟于胸，乃至可顺诵倒背，怎不令人们惊服，甚而以为其人必有神功呢？

于是利玛窦在南昌便声名鹊起，成了宗室诸王的座上客，成了大小官员和各类士子争相造访的异域奇人，也使号称通省军门的巡抚陆万陔，屈尊请求他把神术传给儿子。既感光荣又不堪其扰的利玛窦，决定公开自己记忆术的秘密，因而编译了这本《记法》。

《记法》凡六篇，内容主要是传授形象记忆法。利玛窦显然认真学习过汉字的构造法，懂得形和声是训读的基础，而复原据以造字的图像，尤为识字的要领。他本来具有异域学人对陌生事物的好奇，发现汉字的象形，是所谓"六书"的起点和主体，当然为帮助记忆中国各种事物而驰骋想象。当他发现自己的想象，居然引发自启蒙起便与"小学"打交道的士绅的惊叹，以为他的记忆术来自某种天赋功能，并且纷纷向他请教掌握这种特异功能的奥妙，他就情不自禁地要借机炫耀自己记忆有术，而且要借机展示自己对中国传统经传的体认如何深广，就不奇怪。因为这时他还在为来自远西的天主教在远东立足而奋斗，愈使中国的士大夫消除对这种陌生宗教的距离感，愈有利于这种宗教在中国的传播。

我们不知道利玛窦是否听说过王安石。在他入华前四百多年，北宋王朝的那位改革家，为了推行他的新法，不但重编了《三经新义》，还为了把学究变成秀才，也就是从文化者变为文化新人，特别编了《字说》，用牵强附会的汉字解释以使他的经典新释被青年士绅接受。王安石《字说》的基础便是"看图识字"，如释"坡"为"土之皮"等。他当时便受到传统文化教养很深的学者讥嘲，如苏轼就称，按照《字说》，"波"字当释作"水之皮"云云。但利玛窦的《记法》，却使中国学者感到与王安石的《字说》如出一辙，难怪《四库全书总目》的作者，甚至不屑将它编入存目。

七六 《坤舆万国全图》

《坤舆万国全图》，利玛窦绘制的世界地图的最后一幅。

当利玛窦于明万历十一年（1583）进入肇庆，便发现中国各省乃至重要城镇都有地图，而人们对他携来的世界地图也甚感奇异。为满足知府王泮的要求，利玛窦照绘一幅，但稍加改动，把中国的位置在图上由偏东移向偏中，以取悦"中央帝国"的臣民，同时把包括公里、时区和地名等在内的说明文字，都改作中文。利玛窦在给耶稣会上司和同事的通信中承认，他绘制时不够尽心，因而图形有错，却随即为它的效应吃惊。因为王泮收到它，就立即在官邸中督责印制多幅，当作馈赠高官或友人的珍品。这使利玛窦很快悟出，要在中国取得传播基督教的立足点，向官绅赠送有中文说明的世界地图和日晷、浑天仪、地球仪等，将是减少权力者疑忌并取得容忍乃至保护的有效手段。

从此利玛窦便不断绘制和改进他的世界地图。据他的通信集和后来中外学者的研究，他生前所绘地图至少作过三次以上修订，而各幅的石印本、摹绘本在他去世前后也有十四种或更多。图名也有多次更改，初称《山海舆地全图》，后或改称《世界图志》《世界图记》《舆地全图》《两仪玄览图》等。万历二十九年（1601）由利玛窦手绘于木板上进呈给明神宗的那一幅，题作《万国图志》，而次年由李之藻在北京印制并曾由宫廷内监多次临摹的那一幅，则命名为《坤舆万国全图》。后者当为利玛窦生前增订的最后一种。

名曰"坤舆"，显然取自《易传》"坤为大舆"，因坤既为地为母，又象臣象子，在谦卑中隐喻大地孕载万物，或为利玛窦被皇帝特许驻留帝京后自定的图名。

《坤舆万国全图》"采用平面投影绘图法，纬线是平行线，经线则是曲线，而且肯定是以奥代理（Ortelius，1570年）的世界地图作为依据的"。李约瑟《中国科学技术史》第五卷即地学卷的这一判断，未必获得利玛窦世界地图的研究者共同认可。但在晚明，在帝国严禁民间私习天文已达两个世纪多以后，在帝国因倭寇侵扰而对一切域外来客都疑忌有加已达近百年以后，利玛窦的世界地图，不仅使帝国精英们突然发现世界之大，中国并不等于"天下"，也由此领悟中夏文明并非唯一先进文明，相反可证陆王学派肯定东海西海都有心同理同的圣人，或比程朱学派的"正学"更有理。因此，从跨文化的比较研究的角度来看，利玛窦的世界地图，历史效应或在历史地理学和地图史以外。

不消说，《坤舆万国全图》的错误也是显然的，东半球纬度多误，南极图乃出臆测，四大洲比例失调，尤其借地图宣扬宇宙结构的水晶球图式更属悖谬。但无论它的正确和错误，都产生了悠远的影响。例如为迎合中国的权力心态，将中国画作世界地图的中央，便一直在中国地图学中沿误了四百年，直到以基督教纪元的第三个"千禧年"来临前夜，在中国才有明令更正。

七七　《上大明皇帝贡献土物奏》

《上大明皇帝贡献土物奏》，明万历三十八年十二月二十四日（1611 年 1 月 27 日），利玛窦以"大西洋陪臣"名义献给明神宗礼品的题本。

利玛窦于 1582 年 8 月 7 日抵澳门，差两个月便值二十周岁，从此踏上在中国传教的不归路。次年九月到肇庆，而后移韶州，赴南昌，留南京，囚天津，终于获得皇上恩准，伴送"所贡方物"进入北京，按照中国人的计龄习惯，已经五十初度，所谓"年齿逾艾"了。

这道题本所署日期，便是利玛窦一行到达北京的那一天。依明制，臣下写给皇帝的文件，公事用题本，私事用奏本。这时明廷所知欧洲的唯一国家，是已在澳门建有居留区的葡萄牙，称之为"西洋国"，俗称"大西洋"。葡萄牙在东半球拥有罗马教廷认可的所谓保教权，已有百年，凡欧洲天主教各修会派往东方的传教士，都曾向葡萄牙国王宣誓效忠，作为葡王派遣的教士，由葡京里斯本附舟远赴东方各地活动。利玛窦自不例外，也熟知葡萄牙屡欲与明帝国正式建交而碰壁的过程。因此，当 1596 年他被耶稣会管理远东教务的视察员范礼安（Alexandre Valignani）任命为统领入华耶稣会士的会督，并接受范礼安"尽一切努力在北京开辟一个居留点"，以争取中国皇帝批准传教合法化的指示以后，就致力于进京面君。这时他自称葡萄牙的王臣，借口奉使进贡"本国方物"，希望通过走宦官的门路，绕过帝国官僚衙门的种种繁文缛节，将西洋圣像连同自鸣钟等西洋奇器直接送到皇帝面前，正是"尽一切努力"获准在京居留的关键一步。

凭借已在中国内地生活十七年多的经验，利玛窦显然估计到此举颇似孤注一掷。他忍受觊觎其所备西洋奇器的宦官的凌辱，即使被恶名昭彰的税监马堂投入私牢，仍不放弃利用宦官直达帝听的期望。他又洞悉明廷外朝官员与内监互憎互制的奥妙，因而在达官朋友的策划帮助下，并在北上途中过济宁时，由李贽及其任漕运总督的至交刘东星代写改定，早就拟就措辞谦卑又中规中矩的呈献贡物的公文，用题本表示具有使臣身份，以期皇帝欣赏礼品的同时，有理由压服外廷官员的口声。

因而这道题本，篇幅虽短，意味甚富。首先解释何以入华多年，至今才进京朝贡，无非由于天朝声教文物令他震慑，不学好语文及圣学，便不敢叩阍朝见。其次开列主要礼品清单，强调均由"极西贡至"。又次声明本人自幼出家，没有任何世俗欲望，但本人非但"先于本国忝预科名，已叨禄位"，而且精通天文历算，制器观象等秘术，乐于为皇上服务。

值得注意的还有贡品清单，凡列十六种，而题本内仅举七种。或以为多列九种为太监马堂"初想占为己有，后因不能隐瞒，又嫌贡物不丰"，因而添加的。此说自相矛盾。合理的解释倒可能是，清单中所列三棱镜等，早被明朝士绅视作"无价之宝"，但途中已被马堂劫去，因此利玛窦在题本中列于"等"外，却又在清单中详列，以迫使马堂献出又避免直接开罪马堂。

七八 《西字奇迹》

《西字奇迹》，一卷，利玛窦用拉丁文拼写汉字的著作，明万历三十三年（1605）刊于北京。

利玛窦初入澳门学习中文，便感到汉语比希腊文和德文都难学，吐字单音，同音异义，四声有别，字如绘画，言文不 ，诸如此类，使他不得不用拉丁文给汉字注音，并力求寻找汉语发音的规则。罗马耶稣会档案馆发现过一部著于1584—1588年间的葡华字典未完稿的抄本，中文名为《平常答问词意》，乃利玛窦、罗明坚合编，便附有罗马注音，方豪称之为"第一部中西文字典"。1593年底，利玛窦依照耶稣会远东教务视察员范礼安的指示，开始将朱熹的"四书"译为拉丁文，表明他将汉语拉丁化的技巧已相当熟练。1598年利玛窦首度进京叩阍失败，南归途中又与同行的郭居静，依赖华人修士钟鸣仁的帮助，编成一份"中国词汇"和另外几套字词表，据说"采用五种记号来区别（汉语）所用声韵"。此件已佚，是否表明利玛窦等用拉丁拼音读汉语音韵规则的某种成功尝试？已不可考。

《西字奇迹》，除梵蒂冈图书馆有藏本外，明末清初有多种覆刻本。如今人们熟悉的，是明末程大约的《墨苑》本。据方豪说，程大约，字幼博，所刻书画集《墨苑》，收入利玛窦所赠宗教画四幅，每幅均题有拉丁文注音的汉字，"合所附短文，得三百八十七字，为字父（即声母）二十六，字母（即韵母）四十三，次音四，声调符号五"（方著《中西交通史》）。方说当据罗常培《耶稣会士在音韵学上的贡献》等文的研究。但方谓所附短文，应指利玛窦赠程大约四幅画最后一幅的题词，名曰"述文赠幼博程子"，因而人们相信，前三幅题词，实即照录《西字奇迹》三题，即"信而步海，疑而即沉"，"二徒闻实，即舍空虚"，"淫色秽气，自速天火"。这三篇题跋，均为用文字解释图画所示《旧约》有关伯多禄因信得救、因疑溺身等故事，传教色彩极浓，可知利玛窦将汉语拉丁化的研究成果，反过来用拉丁化汉语的形式，向中国士大夫推广，宗旨仍在传教。

七九　《浑盖通宪图说》

《浑盖通宪图说》，利玛窦口授、李之藻笔述的实用天文学译著，原刻三卷。

关于这部书的来历，利玛窦于 1608 年 3 月 8 日、8 月 22 日致罗马耶稣会总会长阿桂委瓦（P. Claudio Acquaviva）的两封信，都明确指出它译自克拉维乌斯的著作。如 8 月 22 日信说，"同我交往已五年的一位学者名叫李之藻，曾刻印我的'世界地图'，有三庹高，六庹长，跟我学数学已好久了，今年再印刷'浑盖通宪图说'，是我恩师克拉威奥神父的'Astrolabio'的节译本，由我口授而他笔录。分两卷印行，兹呈上一本。虽然您看不懂其中的内容，文体的优美，及他如何盛夸我们的科学等，但至少可看出图案印刷的精确。"（见达基·宛杜里编、罗渔译《利玛窦书信集》）

同时，在被称作《利玛窦中国札记》的原稿内，利玛窦记述他和李我存即李之藻的学术交往，也曾说："他学会了用丁神父（Clavius）的方法做各种日晷，及用铁片制做星盘，他做了一个很好的。他又用文雅清楚的文体写了一部书，附带说明图，讲解这两种技巧。书中的图样画得很好，不比欧洲人画的差。这书已经印好，题为《浑盖通宪图说》，分上下两册。利玛窦给罗马耶稣会总长及他的老师丁神父各寄了一部。"紧接着，利玛窦又称道李之藻："他翻译了全部《浑盖通宪图说》，一点也没有遗漏。"

上引利玛窦前后二说有差异，主要在于《浑盖通宪图说》是节译本呢，还是全译本？由于后一说出自利玛窦死前未经整理的回忆手稿，因而出自当年正式报告的前一说，似更可信。不过二说都肯定《浑盖通宪图说》是翻译，且译自克拉维乌斯的原著，则没有疑义。

其实，李之藻作于"万历强圉叶洽之岁"（夏历丁未年，即明万历三十五年）的《浑盖通宪图说自序》，已说得很分明，这书得自利玛窦口授，所谓"耳受手书，颇亦镜其大凡"。虽说这书没有像同出于利玛窦口授的《几何原本》《同文算指》等那样，由利玛窦与笔述者共同署名，而仅署李之藻"演"，也即推广其义，那理由还不很清楚，但它肯定不可称作李之藻"撰"，或如有的李之藻传记作者所断言的乃其"自著"，则同样没有疑义。

这样说并非否认译本自有创意。譬如书名首揭中国传统的浑天、盖天二说，书内诸篇屡举中国天文学习用的二十八宿体系，都必非克拉维乌斯原著所论及。

但正像利玛窦用拉丁文翻译中国的"四书"那样，他不仅以天主教神父的概念来置换晚明通行的理学概念，而且对已被他变了形的所谓中国经典概念，按照自己的理解重作诠释，以致后来的欧洲汉学家甚至有人挖苦他重作了一部中国经典。同样，利玛窦有很好的天文学素养，在欧洲从他的老师克拉维乌斯那里接受的宇宙论，只是亚里士多德—托勒密的以地球为中心的固体同心水晶球式宇宙图形，因此他入华后发现中国人的宇宙观念实在"值得惊奇"。"例如他们相信天是空虚的，星宿在其中运行。对空气一无所知，知五行，不知空气。而把金、木放在五行之中。他们相信地是方的，任何不同的思想或概念都不容接受。而对月蚀的成因则以为当月之直径正对准太阳时，好像由于害怕而惊慌失措、失色，光也失去而成阴暗之状。对夜之形成，则认为是太阳落在地球旁边的山后之故。他们又说太阳只不过比酒桶底大一点而已等等。这类无稽之谈不胜枚举。"（1595年11月4日利氏致罗马总会长阿桂委瓦神父书）这是利玛窦在南昌与达官贵人和白鹿洞书院师生广泛交往后概括的印象，不能说没有相当的代表性，因而增加了他借助自制天文仪器和世界地图，将克拉维乌斯阐发的托勒密体系作为征服士大夫心灵的科学手段的勇气。

在这方面，自幼便爱好地理图解的杭州名士李之藻，在明万历二十九年（1601）结识了初立足于北京的利玛窦之后，很快对利玛窦的天算舆地的渊博知识表示倾倒，成为利玛窦学术传教活动的得力帮手。尽管他秉性风流放荡，屡遭物议而仕途坎坷，连利玛窦也因他广置姬妾而迟迟不敢同意他的入教请求，以致他成为利玛窦生前付洗的最后一名教徒，但他自费刊行《坤舆万国全图》，出资建立北京天主堂，并尽力笔述利玛窦的中文译著，却使他在身后赢得耶稣会在华的"圣教三柱石"之一的荣名。《浑盖通宪图说》便是李之藻在受洗前三年对利玛窦的学术传教活动的一项重要回报。

如书名所示，利玛窦、李之藻从中国传统的宇宙论中发现了浑天说。这一宇宙图式，以为天体像个鸡蛋，地如蛋黄，日月星辰附着在天壳上，随天周旋。他们显然以为此说可与前述基于《周髀》古老传说的盖天说的宇宙图式互补，从而成为源自古希腊的同心水晶球式宇宙模型在中国古已有之的证明，因此调和浑、盖二说，并将亚里士多德—托勒密的宇宙论比作中国传统的"宪法"，也就是用君主名义年年颁布的"黄历"，宣称二者折中便可"通宪"。

因此，《浑盖通宪图说》的初刻本，即李之藻在明崇祯二年（1629）收入所编《天学初函》"器编"的刊本，在上下两卷前又特列首卷，似可理解。原刊上下两卷，当如利玛窦所说，是李之藻依据利玛窦口述的克拉维乌斯 *In Sphaeram Ioannis de Sacro Boscocommentarius*（《天球论》）一书的节译，主要在于讲解各种日晷、"星盘"等天文仪器的实用操作技术。但初刻本在上卷前又列首卷，乍看未免令人莫名其妙。清修《四库全书总目》天文算法类的提要作者戴震等，接受利、李的浑盖调和说，却以为调和说的理由，是因为盖天说乃"人自天内观天"，浑天说乃"人自天外观天"，就是说二者都属于观测者位置不同的主观感知，颇似 20 世纪初爱因斯坦相对论对托勒密地心说和哥白尼日心说的批评。但细绎《浑盖通宪图说》初刻本的首卷，却只能令人判断，利玛窦和李之藻，是在以弘扬传统名义下反对传统，就是说借调和浑盖二说，而以克拉维乌斯阐发的地球为中心的同心水晶球模式及其计算方法作为"通宪"的衡量标准，从而实现否定中国传统宇宙论的意向。如所周知，中国传统的宇宙论，除浑天、盖天二说以外，还有东汉载籍已见的宣夜说。如清末章太炎读侯失勒《谈天》即赫歇耳《天文学大纲》中译本所述感受，宣夜说最接近近代科学的宇宙模式。然而利玛窦是不知此说呢，还是如李约瑟所推测，有意忽略此说，以向中国人隐瞒哥白尼学说？长期以来有争论，看来争论仍将持续。

总而言之，《浑盖通宪图说》初刻本的首卷，特别是首卷首篇《浑象图说》，自 17 世纪末《明史稿》真正作者万斯同，便认作利玛窦所传授的西方"天学"的理论表征，值得从中世纪中国的科学技术史的角度认真研究。

八〇 《乾坤体义》

《乾坤体义》，利玛窦编译的自然哲学著作，凡三卷。

上卷四篇，论地球和天体构造。中卷十篇，论地球和日月五星相互关系的原理，内六篇以"题"为名，实为概括作为观测准则的几何学定理。下卷列几何题十八道，以证明表征视觉实体的抽象图形中间，圆形具有最大的包容性，因而比一切可度量的圆形都完美。

利玛窦不是专门的天文学家和地理学家，宇宙论仍囿于托勒密体系，将天体说成以地球为圆心，由旋转的九重天构成的水晶球。但他受过很好的数学和逻辑学训练，并有敏锐的观测力和工艺制作技巧。因此他入华不久，便以绘制世界地图、手造天文仪器和预测日蚀等本领，扬名于学林政坛。但他虽然歆动了中国众多士人的求知渴望，却也被自命正学的官绅与心怀妒恨的佛徒视作异端。后者不能容忍他对传统宇宙观的实际否定，不能容忍他把四方的大地绘成球形，把天下的中央说成偏居五洲中一洲之东隅，或者把五行、四大都讥作谬论。

保守的儒佛联盟拥有传统的资源。明太祖早就厉禁民间私习天文历法，而帝国上下笃信星相占卜风水祈禳的习俗，使诬陷政敌造作妖书成为权力倾轧的惯用伎俩。这使耶稣会士即使要以科学作为赢得士人好感的手段，也必须格外谨慎。利玛窦被迫不断调整传教策略，将重点放在拆散儒佛联盟，尤其打击同属西来外道的佛学。

对于佛典教义，凡与天主教义相似的，便指控为窃取西方古典学说，而受儒生赞同者，便力称不合尧舜周孔的原教旨。用徐光启的话说，就是"驱佛正儒"。这话后来改得较含蓄，唤作"补儒易佛"。

《乾坤体义》的书名便是一证。相传出自孔子手定的《易大传》，劈头就说"天尊地卑，乾坤定矣"。假如证明地体必与天体一致，日月五星列宿旋转的圆周运动，正同地属球体的视觉经验相符，那么基于地方说的传统宇宙论便失却依据。假如五行生克的逻辑悖论，及佛教附会这说法将四大改作五大（地水火风空）的同样悖论，能被感觉经验揭露，那么天主教神学关于宇宙由水火土气四元素构成的理论，便可乘虚而入。假如"日球大于地球，地球大于月球"的真义，能得到数学计算和观测经验的双重证实，那么从宫廷到民间都极为关注的日月蚀变，便可准确预报并及时祈禳，而天主教士当然会被视作独得天地之秘，而有助于帝国稳定的奇士。

因此，《乾坤体义》的宇宙论尽管陈旧，元素论尽管是以荒谬稍减的新说代替逻辑更乱的旧说，但利玛窦介译的地圆说，传授的实测太阳系运动规则的几何学原理和方法，却有助中国人破除天体运行的神秘感，有助于将中国的历法天文学和应用几何学推进到新的高度。这就使它在百年后还被一贯对利玛窦的"天学"予以讥诮的清修《四库全书》的馆臣们，也不得不向这部书及其作者表示礼敬。

八一 《圜容较义》

《圜容较义》，一卷，署利玛窦授、李之藻演述。

据李之藻序，这部书是他于明万历三十六年庚申（1608），在北京利玛窦研讨天体运行而论及"圜容"的产物，经他"译"出，随即由史官毕某刊于京师。在这前一年，利玛窦、徐光启合译的《几何原本》前六卷告竣。而《圜容较义》的"解""论"，屡出夹注指出依据《几何原本》某卷某则，透露当初李之藻正在学习《几何原本》，将它看作测天的数学基础，并由具体到抽象，着重与利玛窦讨论圆形何以被欧氏几何认作最完美的世界图式。但他又强调是"译"，暗示利玛窦在口授答案时，必据某种西文著作。因而有的数学史家，热心地追究它的原型，并怀疑出自《几何原本》的同一作者、即利玛窦的老师丁先生的另一部几何学专著（Clavius, *Trattato della figura isoperimetre*）。由于至今没有一位数学史家将《圜容较义》与克拉维乌斯的原著作过对勘，因此怀疑仍止于怀疑。

所谓圜容，意指圆形容受的角形，由三角形到多角形，角边可至于无穷，却永无穷尽。那当然表征天主教相信的上帝创世说，所特创的天球和地球，何以都是圆形？就因为它臻于至善，却是亚当的子孙，虽穷极人工，但永远达不到造物主创造的完美。

李之藻是利玛窦晚年的忠实追随者，早就要求皈依天主。但利玛窦却迟迟不予施洗，主要理由是李之藻有妾，违背教规。《圜容较义》，便是李之藻终于受洗以前的译著。利玛窦是否企图通过传授此论，警醒李之藻，使它认知上帝创造世界的完美，而促使他悔"罪"，并实现皈依呢？这也许是个无法破解的哑谜。

《圜容较义》的重刊本（1614），仍署李之藻"演述"。这表明卷前所说"立五界说及诸形十八题"，并非均出于利玛窦口授。至少十八道例题的"解"即证明、"论"即推理，其中涵泳着李之藻本人的演绎。

演绎几何学，也就是从抽象的公理公设出发，仅凭思维推导出具体的定义定理，而不顾结论是否符合尘世重视的资料，这在17世纪初的中国，仍属于传统思维定势相悖的逻辑。因而利玛窦传授给徐光启的欧几里得几何学，在欧洲已属陈说，在中国仍算新鲜。徐光启曾因利玛窦不愿续译《几何原本》后九卷而深感遗憾，李之藻又因利玛窦乐授其书核心"圜容"真谛而受宠若惊，都似乎可由此得到解释。

八二　《测量法义》

《测量法义》，利玛窦传授给徐光启的应用几何学著作，不分卷。

篇题测量，指测地。测地如测天，需有器械，而器械使用，必要符合检测对象的原理。因此本篇先述仪器制造，次述所测对象的投影，而后列十五题，作为实测的范例。

本篇题利玛窦口译、徐光启笔受。由诸题均出夹注引证《几何原本》的公理定理，可知编著时间必在明万历三十五年（1607）春《几何原本》梓行于北京之后，并且是利玛窦用几何原理向徐光启讲授测地术的笔记。

本篇完成以后，徐光启又撰《测量异同》《勾股义》各一卷。这二种究竟是利、徐合译，还是徐的著作，各种科技史或数学史论著提法不一。就内容来看，或以后说为是。

《测量异同》是一部中西应用数学比较的著作。明景泰元年（1450）杭州人吴敬所著《九章演算法比类大全》，被称为明代应用数学的解题汇编，同卷九"勾股"诸题，即举例说明怎样计算土地面积等问题。《测量异同》便从中选取六题，与《测量法义》类似题解作对应比较，以为"其法略同，其义全阙"，就是说中法与西法的实际运算基本一致，问题在于中法没能由法及义，如西法那样建立起演绎几何学的理论系统。

徐光启的门人孙元化，曾从徐研习《几何原本》，于万历三十六年（1608）纂辑成分类检索的《几何用法》。徐光启称其书"删为正法十五条"，"余因各为论撰其义，使夫精于数学者揽图诵说"。这就是《勾股义》的由来，可知它成书必在孙书以后，重点也是要给传统的勾股术推出内中蕴含的"义"，即像《几何原本》那样建立起可证中西数学会通的演绎逻辑系统。

八三　《同文算指》

《同文算指》，克拉维乌斯的《实用算术概要》（*Epitome arithmeticae practicae*）的中译本，利玛窦口授，李之藻笔述。

人们已通过《几何原本》熟悉了被利玛窦尊称为"丁先生"的克拉维乌斯神父。这位德籍耶稣会数学家和天文学家，曾在耶稣会的罗马公学任教四十七年，是利玛窦的老师，当然也是利玛窦向中国士大夫介绍欧洲数学天文学知识的主要来源。他的科学著作，主要有"丁氏五种"，其中三种由利玛窦译成中文，即前已提及的《几何原本》《浑盖通宪图说》和这部《同文算指》。

据 1608 年 8 月 28 日利玛窦从北京发给罗马的耶稣会总会长阿桂委瓦神父的信，已说李之藻准备印刷克拉维乌斯的《同文算指》，可知他们合译的这部书稿，在这以前已经完成。然而，据《同文算指》的李之藻、徐光启二序，分别作于万历四十一年、四十二年（1613、1614），又可知这书在 1610 年 5 月利玛窦去世前并未付刊，也就是到利玛窦死后四年才面世，贻误的缘故至今不清楚。

李之藻的《同文算指前编序》，说到他在"金台"即北京初遇利玛窦（时约 1601 年），利玛窦向他演示了欧洲的算学，"其术不假操觚，第资毛颖"，就是说不用借助计算工具，单用笔和纸，便可进行数学题的演算。作序的同年即万历四十一年，已改官南京太仆寺少卿的李之藻，向皇帝上了一道《请译西法历法等书疏》。在推崇大西洋国的历术的同时，吁求开馆翻译传教士携来的所有西洋实学诸书，内再度提及"又有算法之书，不用算珠，举笔便成"，所指显然就是他当年"喜其便于日用"，而在公余孜孜不倦地向利玛窦学习并笔述的《实用算术概要》。

中国的传统数学，自宋元以来愈来愈同应用需要相联系。尤其到明中叶，随着国内国际贸易发展，所谓商业数学的需求日增。古老的计算工具，楚汉相争时期已被张良运用纯熟的筹策，早已不敷既要求速度又要求准确的复杂应用需要。可能源于千年以前，因其运算规则不同于筹算，而长期仅由民间高手私相授受的一种简易计算工具，即珠算盘，便因缘时会，突放异彩。明景泰元年（1450），杭州人吴敬著《九章演算法比类大全》，虽已失传，但据中国科技史家研究，其中关于商业应用的新课题，似乎非靠珠算术不能解决。无论如何，明万历十一年（1583），另一位江南学者，安徽休宁人程大位，撰成了《算法统宗》。这部十七卷的名著，不但通过五百九十五道应用题示例，证明传统筹算法的难题，都可通过拨打珠算盘解决，还可用珠算术计算开平方和开立方等复杂课题，而且用图表显示如何用珠算术"丈量步车"，也即迅迅解决由田亩计税等应用难题。因此，程大位宣传的珠算盘及其计算规则，很快不胫而走，为官方民间奉为圭臬。

就在《算法统宗》撰成次年，克拉维乌斯在罗马发表了《实用算术概要》。那年利玛窦才服从耶稣会远东视察员范礼安神父的调遣，由印度果阿到中国澳门，学习中文，以陪同罗明坚神父往中国内地传教。他也许在澳门或者更晚在肇庆，得读老师寄来的这部新著。但显而易见，利玛窦由肇庆到韶州，再由在南京碰壁而折返南昌，最后通过走宦官门路而获得明神宗默许而居留北京，这十七年里，他已发现绍介欧洲科学是叩开中国士大夫心扉的有效手段。

他与李之藻在北京一见如故，征服李之藻心灵的工具，就是《世界地图》和欧洲的笔算方法。

前已绍介，李之藻自幼便迷恋地图绘制，而地图绘制需要简易迅捷的计算技巧，因此李之藻初遇利玛窦，便被他的仅靠笔和纸便可得与珠算一致乃至更复杂算题的应用数学技能折服，是可以理解的。于是，如李之藻自述，"退食译之，久而成帙"，便符合历史实相。按利玛窦所说，这部书由口授到译竣，也许长达五年，即到明万历三十六年夏末才杀青。

李之藻序曾说："荟辑所闻，厘为三种：前编举要，则思已过半；通编稍演其例，以通俚俗，间取《九章》补缀，而卒不出原书之范围；别编则测圆诸术，存之以俟同志。"今本《同文算指》凡十卷，内前编二卷，通编八卷。所谓别卷，仅存钞本一卷，现藏法国巴黎图书馆。

因为《同文算指》付刊，已在利玛窦去世后数年，未免令人怀疑李之藻刊本与译本原型的异同。但中国数学史名家钱宝琮、李俨和严敦杰，虽从不同角度对《同文算指》作过富有启发性的研究，然而貌似傻乎乎地对克拉维乌斯的原著和利玛窦、李之藻译本进行比照的，至今只见日本小仓金之助一家。小仓据克拉维乌斯原著初刊本与利玛窦、李之藻合译本对照，发现利、李译本的前编脱去reduction fractiorum 一节，而通编八卷内，例题原刊所无，而属利、李译本增补者，多达近二百则。因此，万历四十二年后李之藻付梓的《同文算指》刊本，它与克拉维乌斯原著的不同，特别是显然转引程大位《算法统宗》的增补例题，到底是利玛窦生前所为呢，还是李之藻在利玛窦身后对译稿所作的补充，如今都不清楚。

然而《同文算指》刊行以后，对中国数学界产生的冲击，效应是正是负，已由历史提供证明。那以后，程大位的《算法统宗》，作为珠算术的经典，连同在中国臻于完善的珠算盘，由中国而东亚而欧洲得到推广，被普遍认作是电子计算机渐次改进以前最为便捷的计算工具的技术指南。然而，在中国的纯数学领域，由《同文算指》表征的笔算方法的简易省事的特点，却得到数学家和数学教育者的认同，乃至出现数学大师不会打算盘的通例。

八四　明清之际中西文明的三度冲突

17世纪中国与近代欧洲文明的接触，随着明清更迭，频率越密，冲突也日烈。

显著的冲突凡三度。首度发生在明万历末到天启、崇祯间，由"南京教难"转而化作编撰《崇祯历书》的中西历法之争。后二度都发生在清康熙朝，一次即杨光先攻击汤若望的《不得已》案，又一次是康熙帝与罗马教廷两名特使直接对阵的"中国礼仪之争"。

这三度冲突，涉及近代史上中国与欧洲的广义文明的几乎一切方面，无论在思想、宗教、学术和一般文化的领域，还是在经济、政治、军事和外交等层面，都留下浓淡不一的痕迹。因而四百多年来，海内外学者对这三度的文明冲突史，研究兴味始终未衰，仁智互见的论著层出不穷。今年两岸三地有关利玛窦、徐光启、李之藻、汤若望、南怀仁、欧洲入华传教士全体、"中国礼仪之争"等人物事件的若干论著，引起中外学者的注意和争论，便是明证。

我不是中西文明交往和比较的专家，只因三十年前被动改治晚清学术文化史，寻踪辨迹，常常追溯到明清之际的思想文化变异，以为17世纪属于中国走出中世纪开端，转折表征就在前述中国和近代欧洲的三度文明冲突。在我看来，那个世纪的中国和欧洲，政治体制都属于清末梁启超所称道的"开明专制"，而在位六十一年的清康熙帝，曾被18世纪的欧洲众多启蒙学者奉为"开明专制"的君主楷模。但从清史来看，18世纪号称大清帝国的"盛世"，即由康熙晚年为起点，经过其子雍正帝承上启下，而后其孙乾隆帝享尽荣华并留下全面腐败遗产的那百年——如今学界交口赞颂"康乾盛世"，而将帝制中国最后"盛世"真正创造者雍正帝开除在外，原由不详。

八五 晚明的"教难"与徐光启

晚明的中欧文明冲突，始于万历三十八年（1610）利玛窦死，得内阁首辅叶向高支持，由皇帝"钦赐葬地"。这是明朝从未给过外国人的殊荣，令在华耶稣会士和西教西学信徒雀跃，也使结盟反"西夷"的儒士佛僧愤恨。不久叶向高致仕，被《明史》指为明亡"罪首"的方从哲"独相"，引用私党沈潅出任南京吏部侍郎管部务，即留都的首席大臣。此公自命儒教的卫道干城，到任就抓捕在南京的西洋教士和中国教徒，煽动南昌等地生员搞千人上书，要求"擒治驱逐"天主教士。他本人利用权力发动"南京教难"，又于万历四十四年（1616）向明廷三上《参远夷疏》，指斥天主教乃"儒术之大贼"，要求在帝国境内肃清西教，"今后再不许此辈阑入"。他的行径受到徐光启等抵制。徐光启向明廷上《辨学章疏》，声明自己就是利玛窦传播的西教西学信徒，请求朝廷组织西士与儒佛卫道士的辩论，证明西学与传统道学孰优。由于万历死，泰昌短命，明廷深陷于所谓红丸、梃击、移宫三案的恶斗，而方从哲陷于漩涡中心，无人理睬徐光启的奏疏，因此南国传教士得徐光启、李之藻、杨廷筠等的保护，转入地下状态，并集会争论利玛窦和龙华民两种传教策略的是非。

当然沈潅因"参远夷"而得大利。他起先在北京充当翰林院检讨，循例"教习内书堂"。不想当年教过的小宦官刘朝、魏忠贤，在万历、泰昌、天启三朝更迭的走马灯式权力格斗中，迅即上升为权阉。因而方从哲保荐他入阁，反而在方从哲失势后得以实现。天启元年（1621）他赴北京就任内阁三辅，设计替刘朝、魏忠贤抓禁卫军权，由此仅一年便晋次辅，大有代复出的叶向高任首辅的希望。没料到京官难当，他自己成了阉党亲信的排挤对象，仅一年就被阉党新进挤下台。《明史》本传描述他入阁后如何想方设法巴结宦官，反而引发廷臣群起攻之，所谓举朝"侧目"，被迫"求去"，那过程堪称悲喜剧交织。

不过沈潅谬种已传。他死于天启三年（1623）。四年后启祯易代，继弱智的堂兄天启帝为君的崇祯帝，年方十七，即位三月就打掉了已称"九千岁"并在全国普建生祠的魏忠贤，给备受李自成和满洲皇太极夹攻的大明帝国，带来绝处逢生的希望。在天启朝已称病拒绝魏忠贤诱以高官厚禄的徐光启，在崇祯帝一举粉碎魏忠贤及天启帝乳母客氏集团的那年，年已六十五岁，却应诏便出，由礼部的侍郎而尚书，而入阁为三辅，即第二副总理大臣，至死前三月（1633年8月），被晋升次辅即文渊阁大学士，仍兼礼部尚书。他照例谨慎，行不逾矩，私生活尤其清俭，因而在内阁权相周延儒、温体仁的恶斗中，他竟没有为双方所忌，当然是"思不出其位"的效应。

可是晚年徐光启，对于自己权力所及的事宜，却认真之至。他深知"改正朔"即重订黄历，事关帝国的稳定。假如帝国颁行的《七政民历》，没有准确预报日食星变所显示的天意，使天子天吏不能及早救治以向黎民证明天子有挽回天意的特异功能，那么帝国的权威能够延续么？中世纪列朝君主或僭主，无不重视日月五星的异常状态预测，无不在异兆将临前举行隆重仪式以示天子确知天意。而御用天文占星学家如明清的钦天监官员，何以每周预报天变失误而受谴责乃至丢脑袋。在如今看来不可思议的失察天象的可怕处罚，就史论史都可得到合乎逻辑的解释。

八六　近千年制历皆用"西法"

　　原来，自秦汉到明清，列朝疆域有伸缩，但最小的偏僻王国，统治空间也远过于近代欧洲列强本土。传统的农本商末社会，自然经济为主，多数人老死不出乡，"天高皇帝远"，怎知今上算不算"真命天子"呢？早被专制者灌输的唯上唯书意识闹得习非成是的多数四民，唯有一看亲民官吏执行的"王法"，二看钦颁黄历预报的天象时节所示的"天意"。倘说贪官酷吏枉法虐民还可用其非"治人"开脱，那么黄历在指导农时或救治灾异方面屡屡出错，便只能导致民众推测今上不是已失天心，便是本无天命。愚民反而可能招致民众疑君，这由明太祖严禁民间私习天文，而他的末代子孙不得不揪心于历法失误，已从相反方面透露个中消息。

　　按照秦汉传统，"改正朔，易服色，正制度"，是中世纪列朝证明自己统治合法性的三项必要措施。"改正朔"即重订历法，涵泳着科学、政治和宗教的三重意义。元明清三朝都把颁行民间的黄历唤作《授时历》，表明首重指导农时的时令节气，同时详列依据五行生克推算的趋吉避凶日辰，划一生活与信仰，从中体现君主作为政教合一领袖的神圣权威。也如前述，黄历是否可信，第一要紧的是时令节气的准确计算。从西汉武帝的太史令司马迁主持制订《太初历》开始，都使用阴阳合历。

　　这种历法最困难处，在于同时依据太阳年和朔望月两个基本周期，而二者相除时得不出整数。现在的太阳年（回归年）长度为

365. 242 19 日，朔望月长度则 29. 530 587 9 日。二者相除，一个回归年等于十二个朔望月，尚余 10. 875 135 2 日。制订历法，倘用纯阴历，则不能预报季节变迁；倘用纯阳历，则又不能预报宗教、政治和日常生活都需要的朔望所在。因此制历便需要进行复杂计算。但古代观测技术落后，数据粗略，历法制定越久，误差越大，需要重新协调，使两个周期再度大致相合，这就是所谓改正朔。

改正朔不仅表征"天算"的水准，还与占星术和当时政治要求密切攸关，使阴阳合历的修正更困难。晚明耶稣会士邓玉函、汤若望等输入当时欧洲历法天文学实践最为先进的第谷体系，按照纯阳历原则计算季节变迁，使《崇祯历书》的科学精确度大为提高，却冒犯了占星术气息极浓的大统、回回旧历的"历理"，例如机械地平分节气并以频繁置闰作为掩饰。因而《崇祯历书》虽早已完成，却不断受到守旧法人的宗教政治狙击。

问题牵涉到传统的历法是否纯用"中法"。制历史表明，至迟从唐朝起，引用来自西域的"远国之人"，并依他们输入的印度、波斯、阿拉伯的历法占星诸术，改制新历，亦称相沿定制。"唐之《九执历》，元之《万年历》及洪武间所译回回历，皆西域也。"（《明史·历志》所述历法沿革。）可见没有一成不易的历法，而且用西域法"改正朔"，也属近千年的传统。

当然明末那班自命儒教卫道士的反西教人士，从不顾采用西来"邪"术以改正朔的作俑者正是本朝太祖，他们的"破邪"动力只有升官发财四字，至于"依西洋新法"可能给危如累卵的帝国命运带来怎样的效应，非所计也。

效应呢？崇祯十七年（1644）三月闯王进京，明帝自缢；五月大顺帝才坐龙廷，便被满洲大军赶跑，大清摄政王入京受降；六月

"修正历法西洋人汤若望"，便启奏满清摄政王，预报本年八月初一将有日食，他已"照西洋新法推步"，要求新朝礼部"届期公同测验"。这一招当然是帮助新朝天子树立政治权威。多尔衮大悦，即下谕赞赏。不久汤若望就奉谕管理钦天监，他参与制订的《崇祯历书》，也改头换面，变成满清第一部《时宪历》，"乃为新朝改宪之资，岂非天意哉！"（《清史稿·时宪志序》）

八七　顺治帝尊耶稣会士汤若望为"玛法"

如辜鸿铭在清末所讽刺的，所谓"耶稣会主义"的精髓，就是"为达目的不择手段"，彰显着浓重的实用主义。明清之际入华的耶稣会士，个人品格操守都堪称很高，群体追求格调只可说很低。从利玛窦开始，他们注目的焦点就在权势，只要认定于己有利，便不惜低头服小，以低姿态博取权贵的欢心。这固然是他们在夷夏之辨的政治氛围中的无奈体现，但也是耶稣会创始人罗耀拉借助梵蒂冈教皇权威以打击异己的策略延续。例如在利玛窦身后最负盛名的德籍耶稣会士汤若望，于1644年北京三易其主，明崇祯帝自杀，大顺帝李自成兵败西逃，满洲摄政王多尔衮挟立年仅六岁的顺治帝，他都坐着不动，等待新主临帝都北京。自秦汉至明清，中世纪列帝举行开国大典，无不将"改正朔"视作头等大事。这无疑是对亡明士民的最大诱惑，谁率先"改正朔"，颁行符合天文占星所昭显的帝王术，谁就是新朝皇帝。通过新颁历法，彰显天启，如《周易》所谓"汤武革命，顺乎天而应乎人"，那他的改朝换代，当然就既合法又合理。汤若望抱着在明末由中西天文占星学家共同制定的《崇祯历书》，未及献给仓皇出逃的李自成，却及时献给满洲摄政王多尔衮，使他的"革命"得到新定黄历的认定，当然给满洲入主北京提供了天意的证明。汤若望很机灵，在新颁黄历封面添注"依西洋新法"字样，也就使耶稣会在新朝立足获得了权威认证。

于是，汤若望连同耶稣会，在满人入主北京伊始，便身价陡增。德国史家魏特的《汤若望传》，通过详尽搜集的中外文原始记录，给出了汤若望于明末清初在华活动最为权威的历史说明。我曾以此传为据，参照清初官私记载，撰成《汤若望与杨光先》一文，迄今似属汤若望在华生涯的较全面陈述。据我的考证，汤若望"依西洋新法"提供的清代首出黄历，犹如给大清帝国签署了出生证，使帝国在建立全国政权的开端，便具有可以复验的天意保证。因而，在多尔衮死后，顺治帝立即对这位叔父实行报复，将他抄家灭族，却对汤若望尊崇更高，称之曰玛法，即满语的祖父，而且皇太后和宫廷大批贵妇，都由汤若望付洗而皈依天主。顺治帝虽因宠妃之死闹着要改宗佛门，但在临终前选择储君，在前朝后宫闹嚷声中，仍请西洋玛法充当终审裁判。而汤若望仅说一句话，谓皇三子玄烨已出过天花，便立即使因患天花垂危的顺治帝在遗诏中指定年方八岁的皇三子为储君。由此可知这位德国老人在满汉贵族大臣中已经具有的莫大权威。

八八 比利时传教士南怀仁的《历法不得已辨》

南怀仁的这部书，迄今未见中国思想史或哲学史作过专门讨论，而中国科技史研究者似也不很注意。其实，它从历法天文学角度，给了杨光先的伪科学致命一击，也重建了"西洋新法"在清朝官方天文占星体系内的主导地位。在它刊行以后，由明万历末到清康熙初持续了近七十年的所谓中西新旧历法之争，便画上了休止符。这年（1669）康熙帝就任命南怀仁主持钦天监。"自是钦天监用西洋人，累进为监正、监副，相继不绝"；直至道光间，最后一名西洋监正归国，"时监官已深习西法，不必复用西洋人，奏奉宣宗谕，停西洋人入监"（《清史稿·南怀仁传》）。因而，《历法不得已辨》，也可说是欧洲传教士再度进入清朝权力体制并获得连续一百六十六年（1669—1835）稳固地位的敲门砖。

据《天主教东传文献》影印本（影印本原署《不得已辨》），《历法不得已辨》首列南怀仁自序。正文"总略"以下凡二十三节，内附汤若望原文四段，又附图十二幅，均有节题，可约略分为四部分。前三节"辨'依西洋新法'五字并'中国奉西洋正朔'""测验为诸辨之据""新法历遵圣旨为无庸辩之原"，属于引用君主权威，驳斥杨光先诬陷西洋新法为"左道之学"。次十节逐点驳斥杨光先的《摘缪十论》，主要依据《时宪历》所采用的第谷学说，指责杨光先"摘缪"所称的"历理"恰是谬说。又次四节，"辨昼夜一百刻之分"等，实为针对康熙四年（1665）三月由鳌拜等操纵的议政王等会议，按照杨光先《摘缪论》《选译议》的指控，给汤若望和钦天监主要官员定罪的理由（略见王先谦《东华录》康熙五年的引述），一一批驳以肯定新法不谬。最后六节，抨击杨光先"欺世饰罪""计图修历以掩奸欺"；讥斥杨光先否定大地为圆体的臆说恰证他不知"历理"，而他所献的《七政历》中"依赤道测黄道所算之七政"等错误，又恰证他不知旧法根本之谬。因而南怀仁宣称，依新法推算的七政历，才是"日月五星每日在天之一副总图"，较诸杨光先所献《七政历》将五星伏见、二十八宿距度搅得紊乱不堪，"新旧二历疏密"岂不了然。结尾"历日自相矛盾数端"，揭露杨光先所推行来年历日，竟有两个春分两个秋分等等舛误，足证"今光先保用全不合天之旧法，而灭世祖钦定合天之新法，非病狂丧心者，敢如是乎！"

八九 "科学骗子"杨光先被戳穿

当初汤若望赢得满洲摄政王对于"西洋新法"的信用，不就是预报日食并呈请满汉王大臣"公同测验"么？从此，"测验"一词，便成为耶稣会士通过"天学"进入清体制内，为西教在帝国站稳脚跟得到权力保护的不二法门。南怀仁的《历法不得已辨》回击杨光先《不得已》打着捍卫传统历法的幌子否定欧洲传教士输入的"西洋新法"，无疑有科学意义。但由此彰显的清朝统治集团内部的固有矛盾，已达不问是非但计于我利害的程度，便使所谓历法之争，化作权力赌博的政治筹码。杨光先在顺康易代之际，认定鳌拜集团已属赢家，跟着下注便利源滚滚。只是他的本钱仅为流放辽西学得的六壬神术的皮毛。六壬与太乙、遁甲，同为传统术数的占卜三式，但更重视日躔即太阳通过二十八宿与地上时辰的对应关系，以二者离合度诉诸所谓文王六十四课，以预测时日吉凶。杨光先因此自诩已窥天人之际的秘密，对于汤若望以测天术得满洲君主尊信，早已妒火中烧。他也早与同乡的回回占星术士吴明炫结成密友。因而见顺治帝死，主少国疑，满洲异姓的四辅政大臣，亟需证明辅政权威得自天授，这时杨光先决定出手押注，筹码又是诡异的六壬神术。当然使鳌拜们若得天助，不顾他们的权力得自顺治帝的临终嘱咐，迫使满汉王大臣六部九卿否定先帝盛赞的依西洋新法制定的《时宪书》，将汤若望和钦天监司长一律捉拿入狱，杀关放逐，给杨光先及其回回同伙腾出空间，炮制合法的伪科学。

岂知伪科学最怕"测验"。自汉至清列朝需要经得起"测验"的科技专家，除了太医，就数通晓天文占星秘术的钦天监官员。钦天监日常任务是制定来年授时历，特定任务是预测日月五星的异动，以及时祈禳。在钦天监讨生活，需要的起码知识，是观测天体运行，懂得数学计算，以及星占术，也即星象预兆的人事现状及未来态势的影响。人事的未来难测，但日月五星出没规则是相对固定的，如《荀子》所谓"天行有常"。因而预测"天变"，对于中外古今的天文占星学家都是重大考验。例如预报日食，使得皇帝斋戒自省，万民准备救援。届时月不掩日，或时刻失误，导致民众对天子权威生疑，乃至如元代末期民谣诅咒的天子不会做天，岂不可怕？

杨光先正栽在传统政权最需科学与宗教双重长处兼备的职责中间。他的六壬神术，本是巫术，用于糊弄愚蠢的满洲亲贵有余，用于预报日月五星常态变态交替现象就必定露馅。他诬害汤若望等得逞，被鳌拜们重用，管理钦天监，却接连五度"叩阍辞疏"，老泪纵横地说他是儒家，"儒家但知历之理，而不知历之数"。这起先是嫌钦天监副官小，与辅政四大臣讨价还价，但当鳌拜们真除他任钦天监正，赋予御前天文占星家的全权，这时他仍啼哭请辞，就不能说纯属作秀，因为他承认"杨光先止知历理，不知历数"，而钦天监各科共同传统正是唯重"历数"。

杨光先本属科学骗子。这类人物，无论古今中外，有一点没有二致，就是大言不惭，吹牛撒谎，毫无禁忌，唯一恐惧的就是"测验"。偏偏钦天监的传统尺度，正是"测验"。倘若制订的黄历，指某日为朔，却不见月亮，而指某日为晦，却夜有月光，都会导致社会骚动。倘若预报某日出现太阴遮掩太阳，从君主到庶民，都事先悔过，临事施救，但至期日光依然普照，或者"天狗"只啃了金乌一角，那么钦天监该当何罪？至少杨光先心知肚明。因而多年前拙作《汤若望与杨光先》，断定他是冒牌天文学家，其后屡见对拙说批判，然而迄今仍守拙见，原因无他，就在于我越研读有关中外史料，越以为我对这个科学骗子鼻祖的认知不足。

九〇　为何要重读近代史？

假如由进大学读史算起，那么我忝居史学从业者，已有半个多世纪。

谁人不知，在计划经济时代，知识分子没有择业自由？历史学科内部早已分工过细，从业人员同样必须服从组织分配，所谓需要压倒个人志趣，到我年逾不惑，依然如此。因而，倘若问我怎么会"重读近代"？我只能说是历史偶然性在作祟，因为在四十岁前，我已不敢奢望重返大学讲坛，更想不到后半生会与近代思想学术史结缘。

于是我自 1978 年起改从今行了，迄今恰又三十年。虽说教书主要是开设中国史学史、中国经学史两门课程，但不断来学的中外研究生，各有各的专门史课题，却迫使我为守师德，不少专题都要重温旧史。

或许我有几年被迫校注清末民初章炳麟、梁启超、康有为、谭嗣同等著作的缘故，有几位年轻俊彦，都选择晚清学术史作为主攻方向。这促使我不得不从相异角度，重读相应文献，并力求拓宽思路，以期教学相长。正因如此，有许多年，我的说史文字结集，稍成系统的，多半为讨论晚明至晚清的思想学说衍变过程，例如已呈现给读者的《走出中世纪》（增订本）、《音调未定的传统》《求索真文明：晚清学术史论》《维新旧梦录》等。

以上拙著，都可说是我多年来"重读近代史"的文字结集。在我看来，中国由走出中世纪到走向"现代化"，是个漫长又曲折的过程，绝非如半个多世纪以来主流史学教科书向大中小学生反复灌输的那样，过程是径情直遂的，动力是来自农民的，取向是由西化必至苏化的。相反，中国没有能力实现"自改革"，只可能"被现代化"，而被现代化的理论指导，在走过学西方学日本的大弯路之后，唯一坦途是学列宁、斯大林的苏俄，"走俄国人之路"。这类解释，或称"评价"。

问题在于历史的价值判断，无论逻辑如何雄辩，最终仍要接受历史本身的检验。中国史学有悠远的传统。至迟从公元前2世纪司马迁著《史记》起，厘清历史是什么，便成为史家的第一要务。为防揭露现代历史实相的司马迁式"谤书"再度出现，自汉至清的历代王朝，越来越收紧王朝史的控制权，致使清修《明史》，历满清四帝九十年才编纂完成。这个纪录似乎正在被打破。

依拙见，历史研究，无论古今中外，第一在于厘清史实。我不能认同后现代史学的说法，即历史是历史学家的主观产物，因而历史事实可有多个。在我看来，历史属于过去，过去已经消逝，决不以主观认知而改变。第二，历史学家写历史必受史料把握，观察角度，信仰支配，乃至利益衡量等因素的影响，所谓以论带史乃至代史，但这恰好反证就史论史的重要。第三，正如黑格尔所说，"一个灰色的回忆，不能代替'现在'的生动自由"。况且回忆历史，不可以"我"为中心，于己有利就渲染夸张，于己不利就遮掩曲解。倘说历史的经验值得注意，恐怕以往的历史研究，尤其是近代史研究，总好用某种实用要求所支配的"评价"代替客观存在的历史陈述，是亟应注意的经验之一。

那么，历史有没有用？假如历史不能"致用"，为什么历史教育又不可缺少？其实，培根早已给出理由："历史教人聪明。"因而，取消历史教育或者强调历史为我所用，似相反，实相成，效应都是愚民，又必定愚民而自愚，难道不屡由历史所证明么？

犹忆五十多年前，初入大学，首要的公共必修课，名曰"马列主义基础"，教材即《联共（布）党史简明教程》。其中"辩证唯物主义与历史唯物主义"，更由驻校首席苏联专家讲授，因为那是斯大林"御制"的经典。以后初读近代史，发现通行论著，无不力求贯彻斯大林的历史观，当然它也成为史学界反修防修的理论尺度。"文革"后思想解放，要打破唯上唯书传统，但当我转向晚清思想文化为主的教学与研究，总发现源于斯大林主义的观念幽灵，仍在不同程度上影响着我们的近代史"评价"体系。怎么办呢？我还是相信马克思的方法论："真理是通过争论确立的，历史的事实是从矛盾的陈述中间清理出来的。"如何从矛盾的历史陈述中间探究历史实相，由清代至民国的经史考证学家，早有成功的范例。多年来我重读近代史，便尝试从逻辑与历史相一致的角度，清理若干历史积疑的实相。这就是我明知将碰壁仍要期待祛疑的由来。我不敢说我重读近代史的短书小文能够恢复历史实相，但至少表明历史实相有待恢复。

2008 年

九一 中国的白银从哪里来？

马克思正确地指出，满洲统治的"天朝"，在体制上属于自我封闭的系统，但他研究英国通过鸦片走私贸易所导致的"天朝"白银外流过程，却没有追问，中国原属贫银国，却世代以白银为主币，那需要源源不断补充的白银储备，从何而来？

其实，在《资本论》第一卷内唯一提及的中国人王茂荫，在他设计的解决货币危机的奏议里，已经含蓄地指出中国的白银来自对外贸易。以后中外经济史家，例如对我认知这一历史问题底蕴特有启迪的台湾"中研院"的全汉昇院士，就已在《明清经济史研究》等论著中，指出从明英宗正统元年（1436）开始对南国赋税征收"金花银"，到明神宗万历初张居正在帝国全境推行一条鞭法，将主要赋税都折银征收，直到民国二十四年（1935）南京国民政府改革币制，用法币代替银元铜币。中国实行银本位制，历史长达五百年。

这五百年间，贫银的中国作为通货基础的白银，不待说必定来自域外。如全汉昇等证明，那无数内流的白银，除初期来自日本，以后主要来自西班牙的美洲殖民地秘鲁、墨西哥等地，交换手段就是海上贸易。还在明末，有个西班牙海军军官，便曾叹道：中国皇帝得到的美洲白银，可以造一座宫殿！反例还有清康熙中叶，为了对付台湾郑氏政权，曾下"迁海"令，用在沿海制造无人区为手段，企图困死郑氏政权，岂料迅即导致国内银贵铜贱，几乎困死帝国财政。这使康熙帝决意同荷兰结盟，及早渡海征服台湾郑氏政权。效应就是将台湾收入帝国版图，清廷随即解除海禁，通货膨胀导致的帝国财政危机，也很快化解。

假如说，迟至清英鸦片战争，才有林则徐或魏源以及别的什么人，开始"睁眼看世界"，那么对于前此四百年明清两朝相继实行银本位制所彰显的中外交往史，只可一言而蔽之，就是中国人本能是"见钱眼开"。不消说，这是对中国人从不自我封闭的历史实相的诬蔑。

2009 年

九二　满洲的君主专制体制

满洲的君主专制，属于一个文明落后的边疆少数族群（满洲自始为满蒙汉族军事联盟，内部也严分主奴，非但汉军八旗处于世仆地位，即使满军八旗，由皇室控制的上三旗，也与皇室军事贵胄统带的下五旗，权力冲突不绝），征服文明先进的汉族及其他民族的特定机制。征服族群将以满驭汉为国策，以防范内地汉人及非旗人族群染指军政实权为手段，然而终未逃脱马克思形容的"征服者被征服"的法则。自雍正夺嫡而演出手足相残并屠杀功臣的丑剧以后，满洲权贵元气大伤，雍乾个人独裁代替满洲权贵的军事民主，而18世纪的百年中原无战事，以及雍乾父子为捍卫征服族群特权，禁止旗人于从军外另谋生路，于是造成八旗整体蜕化为寄生族群。乾隆末川楚白莲教造反，已彰显满蒙汉八旗普遍丧失尚武素质。至道光末拜上帝会在南疆造反，八旗绿营均一触即溃，迫使清廷违背老例，允许南国在野士绅自组湘淮军对付太平天国和捻军。然而面对英夷入侵，道光帝及穆彰阿等满洲权贵，仍沿袭祖传心诀，排斥林则徐等汉人督抚，统兵和谈判均重用满洲亲贵，于是一败涂地。以往所谓近代史研究，竭力回避清帝国内部的满汉矛盾，竭力附会所谓"民族斗争，说到底就是阶级斗争"的经典指示，除了扭曲历史，更使处理民族矛盾招招失策。据说"历史的经验值得注意"，看来在清代处理征服与被征服的民族关系史上，主流史学正如黑格尔所讥，没有从历史中间学到什么。

2009 年

九三　大清律例实为特权保障体系

满洲是一个少数民族为主的军事联盟群体，统治汉族和其他少数民族。如何保持它的统治群的特权？它搞了一整套东西，比如"满汉双轨制"（在中央政府里，所有部门都是两套班子，主导的是满洲，辅佐的是汉人）。它特别强调以满驭汉，不允许被征服的汉人士绅掌握军权，一直到太平天国起来，没有办法了，才允许湘淮地方士绅办团练。

为什么这套体制到了19世纪撑不下去了？有种种解释，有一条可以肯定，就是在雍正、乾隆以后，权力取向是追求君主个人独裁。如雍正和乾隆都不断强调的：国事便是我的家事，别人不用来管。

既然如此，那么至迟在18世纪初叶，除了雍正、乾隆及其赏识的奴才总管以外，所有臣民都遭独裁君主猜忌乃至排斥，政治成了"皇帝家的活儿"，甚至不入军机的大学士也只能袖手旁观，何况四民！维柯说的一句话用在这里很是恰当：公民们在自己的祖国却变成了外来人。有人讲清朝没有法制，是不对的。清朝的法制非常严密，除了《大清律例》，礼制等规定多如牛毛。但是，如果法制没有民主做保障而为专制服务的话，一定会出现无数个例外，带来一个非常可怕的效应。真正跟民主相结合的法制就不可以有例外，可是我们看中国大清律令，看大清的皇帝既然可以例外，分明违法却可以不受惩罚，那么皇帝以下凡是第一号人物都可以例外，一直到村镇乃至家族。所以，中国实际上是大大小小的皇帝，或者叫土皇帝，都享有法外特权，犯罪不受惩罚，或者说只有他再上层的主子才可凭喜怒对其赏罚。在实际上就形成了所谓的法、所谓的律、所谓的例，都成了自上而下的特权保障体系。

2008 年

九四　康雍乾的"道学"

从晚明到晚清的统治学说史，已经表明权力者总好提倡由朱熹集大成的道学，又总是讨厌"讲学家"。人所共知，晚明"讲学"之风，大兴于"王门"及竞相崇奉王阳明为祖师的道学异端各个宗派。要不是东林党以"讲学"方式对抗将政治导向极端腐败的"阉党"，借用本朝认作道统的朱子学若干理念，那么明清易代，所谓道学能否延续乃至复活，便很难说。

需要指出，在明末清初，把指责"讲学"有害无益的重心，由王学转向朱学，关键人物是清康熙帝。清朝征服全国的这位圣祖，圣明的一个表征，便是在康熙五十年（1711）宣布意识形态的一统准则，即"尊朱"。似乎无需追述，这以前二十八年（1683），这位皇帝收服台湾郑氏政权，便向经筵讲官质问什么是"真理学"。当时他给出的定义，就是"口虽不讲，而行事自然吻合"。次年他力排众议，任命由王学改宗道学的汤斌担任江宁巡抚，理由正是此公对道学"身体力行"。汤斌果然身居人间天堂苏州而如居乡粗衣蔬食，有回其子买只鸡吃，他就将其仆当众责打，因为他早知皇帝安排在身边的间谍必定飞速上奏。皇帝也果然中计，接连将他晋升，待发现此公也是"假道学"，已在其魂归道山之后。

那以后的康熙帝，精力分散于西北军事、宫廷政争和西学西教问题。待储位纷争、中西礼仪冲突尘埃落定，他已年届六十，厌倦

215

政学纷歧，宣布经他存之于心的忠君愚民教义，就是"真理学"，谁有不同意见，谁就是"假道学"。

在康熙晚年储位纷争的"黑马"雍正帝，坐上龙廷，就左右开弓，囚兄屠弟杀功臣，实现了空前的个人独裁，也通过《大义觉迷录》和十数万件"硃批谕旨"，给其子乾隆帝乃至其孙其曾孙等开了满洲从未实现的"朕即国家"先例。如今主流史学艳称"康乾盛世"，有意将"盛世"的缔造者雍正帝排除在外，其玄机令人不解。

例如清史论者艳称乾隆标榜右文，"干父之蛊"。且不说原北平故宫博物院刊布的《清代文字狱档》，什九以上都发生在乾隆朝，就看近年中国第一历史档案馆编《纂修四库全书档案》刊布的乾隆上谕，也令人毛骨悚然。原来这个好写诗喜书画的风流皇帝，摧残明清近代文化传统，凶残胜于屠夫。

犹忆半世纪前，我初将《四库全书总目》与其总纂纪昀的遗著《阅微草堂笔记》对照，便发现此公喜欢讥嘲"讲学家"。及至"文革"中无聊又读经史，始悟纪昀好讥"讲学"，其实号准今上脉搏，迎合乾隆帝欲充古今古文第一大帝的自诩。乾隆帝如其父祖，分明学浅识陋，却因位居天子而头脑膨胀，甚至自居宇宙真理的唯一化身，"朕即天理"。因而纪昀好讥"讲学家"，那奥妙早由百年前康熙帝道破，"理学真伪"在于躬行践履，而"道学当以忠诚为本"，就是说忠君发于诚心，即使君不明而臣心决不动摇，务期"致君尧舜上"。在三国因虚骄而失却头颅的关羽，在清代竟成萨满教堂子最尊的三天神中唯一的中土人物，说来很怪，当在宗教史上另有别解。

问题是乾隆帝早给帝国满汉各族树立的道德尺度，所谓"忠君亲上"。如同陈寅恪形容的君虽如李煜，臣子仍当待之如唐宗宋祖。陈寅恪显然不依这尺度律己，但他的尺度在历史上堪称公例吗？

2009 年

九五　晚清一百年

嘉庆亲政是 1799 年，然后过了一百年，到 1900 年，八国联军攻进了北京，慈禧太后挟持傀儡皇帝光绪跑到西安。那以后就定了一个《辛丑条约》，清朝也名存实亡。所以，我的考察主要就是从 1799 年到 1900 年这一百年，我把它叫做晚清。往后的那个十年，我把它叫做清末。这一百年，清朝爱新觉罗氏皇室又经历了四世五帝：嘉庆、道光、咸丰、咸丰的儿子同治，还有咸丰的侄儿光绪——同治和光绪是同代人。这四世五帝的统治时期，大清帝国已由"鱼烂"而变"土崩"。鱼的腐烂始于内脏，鱼皮还会保持光鲜。由康熙晚年到雍正、乾隆在位的 18 世纪，所谓的"盛世"便如鱼烂由里及表。尤其在乾隆晚年，变得越发迷信自我乃至昏聩，最不爱听帝国内地、边疆有闹事的消息，所以他到死也不知道就在中原地区，河北、河南、陕西、湖北等省，已经发生白莲教造反。可见，所谓皇帝洞察一切，往往连眼皮底下的乱子也懵然无知，当然这也要看他的亲信愿不愿意报忧。

乾隆死了以后，清帝国再也没有太平过。先是白莲教、天地会，后来又有天理教，再往后又是边疆，到处冒烟起火。不幸内忧未解，外患踵至。这百年的中叶，昔日乾隆、嘉庆都鄙视过的英吉利突然用炮舰把帝国海疆打得门户洞穿，然后在上海等五口赖着不走。列强迫清廷许诺基督教在华传播合法化，意外地启示粤海一群农工用"拜上帝"作为聚众造反的纽带，掀起了清朝最大的一场

"闹事"，即大家熟悉的太平天国。太平天国差一点点颠覆了清朝。那以后的回民造反、捻军起义都在继续。要不是曾国藩、胡林翼那帮南方士绅拉起地方武装自救，从而也救了北京，或许满洲权贵早成秋冬的败叶。然而由湘淮军支撑的"同光中兴"竟成了咸丰帝一名遗妾即慈禧太后玩弄权术以僭幸皇权的资本。它的贪欲腐化导致清法、清日两场反侵略战争失败，又悍然弹压戊戌维新，遭到内外舆论谴责。所谓"无敌国外患者国恒亡"，为保个人独裁，她煽动臣民排外。于是这时又掀起了一股势力，就是大家所熟悉的义和团。

18 世纪的清朝相对于当时的欧洲来说，算是非常稳定的了，到了 19 世纪，欧洲接连爆发拿破仑战争以及 1848 年开始的大革命，相对于"嘉道咸"同时期中国的乱却不可比，人家是在闹工业革命，而我们却在反君主独裁、反吏治腐败，所谓"官逼民反"，仍属中世纪式的民间闹事。

2009 年

九六　拿破仑战争与嘉庆"守成"

说来也巧，清嘉庆四年，当西元 1799 年，中国和欧洲都发生了不大不小的事变。

时值满蒙习称羊年（己未）的正月初三，将帝国导入黑夜长达六十四年的太上皇即乾隆帝驾崩，"三年不鸣"的嘉庆帝，"谅闇"才五天，便突然把先帝晚年的左右臂膀、首辅和珅与户部尚书福长安砍断，下狱抄家论死，惊煞满朝文武贪官，大有"一鸣惊人"气概。

恰在同一年，年方三十的法国将军拿破仑·波拿巴，发动了雾月（11 月）政变，自封第一执政，带领法国结束了大革命的混乱，在叱咤风云的十五年里，把全欧洲推向战争。

意外的是拿破仑战争对远东局势的影响。18 世纪的最后三十年，欧洲大陆陷入革命和混乱，清代的乾隆朝政也陷入腐败和黑暗。在两个极端中间得利的，主要是沙俄与英国。沙俄已垄断了欧洲北部的陆路贸易，同时不断蚕食中国北疆领土。英国则排挤荷兰，力图垄断对华海上贸易，但为了抵消巨大的贸易逆差，干起了鸦片走私的卑鄙勾当。晚年乾隆自诩明察秋毫，好谀成癖，至死不知白莲教造反已蔓延川楚数省，当然也不知宠臣和珅已将半个帝国财富化公为私。他傲慢地拒绝英使马戛尔尼的通商和建交要求，不仅促使英国商人更扩展毒品非法贸易，也刺激英国朝野更倾向用海盗手段攻破中国大门。至于沙俄，掠夺中国权益向来不择手段，更乐于趁火打劫。

拿破仑战争，搅乱了欧洲列国政治格局，也迫使英国、沙俄把注目焦点放在欧洲。正值这时，乾隆死了，嘉庆亲政，处置身为帝国首辅的第一巨贪和珅，竟未引起英俄注意。接着，嘉庆朝廷镇压腹地七省的白莲教造反，五年间没有受到北疆南海的外寇骚扰，无疑也是由于英俄此时无力制造事端。

假如说，没有拿破仑战争，那么早由英国东印度公司武装起来的鸦片贸易"商船"，或者早由好战的哥萨克兵痞打头阵的沙俄"商队"，会不会提前四十年，就乘中国发生大规模的民众暴动，从陆海两方冲击满清的门户？很难说。这不是推测，而是嘉庆朝先后担任两广总督的蒋攸铦、阮元，都已感受到实际潜在的危险。

所以，嘉庆帝从亲政到去世（1799—1820），也就是在 18、19 世纪之交，论来自欧洲当时最富有侵略性的英俄殖民者对边疆的威胁，反较此前百年要弱。论国内的社会环境，随着嘉庆亲政后第五年（1804），最后一股白莲教武装被官军击溃，清朝统治重现表面稳定。人们不是好讲"历史机遇"么？那么，这二十二年，少说也有十七年，清朝倘要革故鼎新，又再逢难得的历史机遇。

九七　晚清开始的"中国梦"

"维新旧梦已成烟",这是流亡海外的康有为悼念谭嗣同成仁周年的悲吟。但他拒绝与主张"排满革命"的孙中山们合作,坚持"保皇",企图趁八国联军侵占北京的机会,用武力劫出被慈禧挟往西安的光绪皇帝,在列强支持下实行变法,都表明他才惊旧梦,又做新梦。于是毫不奇怪,由梁启超、唐才常组织的"自立军",还没举义,就被英国支持的鄂督张之洞一网打尽。从此康有为声名扫地,连梁启超也起意与孙中山共谋了。

岂料慈禧又出纾困新招,就是迅即扮作戊戌变法的遗嘱执行人,对外"结与国(友邦)之欢心",对内笼络思变的人心。尚未还都,她就宣布"变官制",改掉政府部门的名称,又宣布"废科举",改掉阻碍英才做官的八股取士旧制。然后乘火车重坐龙廷,又效法西俗搞"夫人外交",常在宫内宴请列强使者的女眷。更惊人的是宣布"预备立宪",仿佛真下决心"自改革"了。

效应呢?也有也没有。比如科举废了,大批读书人"学优则仕"的出路也堵掉了,由士绅候补者变作现状反对者了。又如"预备立宪",反而鼓动地方士绅要求"自治",摆脱传统独裁体制的利益垄断,尤其限制贪官污吏刮地皮的不法特权。于是梁启超们迫使慈禧集团假戏真做的反制招数,即用"民意"敦促清廷制订立宪的"预备"时间表,尤其获得南国士绅的响应。

虽说孙中山整合"排满革命"三股力量(两广的兴中会,两湖的华兴会，江浙的光复会）的努力，仍以同盟的内哄告终，但"革命"一词已如此深入人心，连各省咨议局的士绅，也拿它来对抗满汉官僚侵害地方权益。

尤其使帝国权贵不及料的，是他们组建来对付民众造反的"新军"，竟变成革命的潜在火药库。我曾指出，引爆辛亥革命的武昌新军起义，正是以四川咨议局士绅反抗清廷"铁路国有"政策为前奏，在谁也没料到的地点，谁也没料到的时间，由谁也没料到的力量，突然改变历史的。

然后，辛亥革命推翻了满清帝国，建立了中华民国，在中国史无前例。不料敏感的革命诗人，很快又呻吟了："无量金钱无量血，可怜换得假共和。"原来，清末的多数革命青年，都曾向往"满清一倒，万事自好"。谁知民国建立了，第一个公选总统，便被孙中山"禅让"；第一次民选国会，便被袁世凯一枪打掉；第一部革命"约法"，又被袁世凯一语取消。在革命后首先被枪毙的，是拥护革命的赤贫雇农阿Q；首先得意的，是有枪的旧军阀和有势的老政客。最不可思议的，是民国年仅六岁，就发生了两度帝制复辟。尽管复辟一次比一次短命，但执政可以自封，总统可以贿选，而遍地皆是的"有枪就是草头王"，以致日本趁欧战之机，出兵侵东北，占胶东，没有任何北京政府敢于抵抗。

因此，当民国四年（1915）陈独秀在上海创办《新青年》（初名《青年》），次年移至蔡元培出掌的北京大学出刊，很快由鼓吹文学革命，转向提倡民主与科学，要求用新道德代替旧道德，谁说不是为了完成从戊戌维新到辛亥革命的未竟之业呢？可见，五四的新青年们，其实是从救亡走向再启蒙。启蒙是为了消除愚昧，特别是从明初到清末所有权力者都唯恐民众脱出纲常名教规范的传统愚民政策。如果说不可否定这样的统治文化传统，岂非只能嫌其不"彻底"？如果说这样的启蒙，被巴黎和会后日趋高涨的救亡运动"压倒"，是历史的错误，岂非只能嫌弃中国知识界太注重"国家兴亡，匹夫有责"？

2006 年

九八　《校邠庐抗议》与"中体西用"

　　2世纪末叶有个汉阳名士赵壹，遍干公卿不见用，愤而归隐，说他的意见，"高可敷扬坟典，起发圣意，下则抗论当世，消弭时灾"，谁知当道权贵都表示怠倦，"同亡国骄惰之志"。

　　时过一千六七百年，苏州名士冯桂芬，被太平军驱入上海租界避难，以为清朝的内外危机，较诸面临黄巾造反的东汉亡国前的态势更可怕，于是一面参预上海租界的中外官绅组织的会防局，同太平军、小刀会对抗，一面写作政论，替清廷设计"自改革"的全面方案。他其实寄希望于曾国藩为首的南国军政势力，因而以现代赵壹自居，将改革论集命名为来自书斋校邠庐的"抗议"，意即接纳他的反对现状的建议，政治便可河清有日。他自释书名，说是"位卑言高之意"（自序），谦辞而已。

　　冯桂芬是林则徐的门生，终生敬重老师，对于剽窃师论而著《海国图志》成名的魏源，十分憎恶，斥之为"纵横家者流"，说是如从其策，"以夷攻夷，以夷款夷"，"适足取败而已"（《制洋器议》）。不过，对于魏源的筹海第三策"师夷之长技以制夷"，冯桂芬却表示赞同。这无疑由于林则徐在广东禁烟时已付诸实践，更由于经历了两次鸦片战争，已证明南北海防脆弱不堪，连紫禁城也被弃坚船舍重炮而深入帝国腹地的英法联军轻易袭取，可见"夷之长技"，不仅在于武器或工艺技术。

　　在哪里呢？冯桂芬宣称，在"自强之道"。《抗议》四十篇，从官僚体制改革说起，依次讨论财政、选举、军队、水利、救荒、社会组织等等，无不需要改革。但全书重心在《制洋器议》《善驭夷议》《采西学议》和《重专对议》四篇。这四篇集中的议题，正是"自强"。

首先是为什么呼求"自强"？冯桂芬答曰，因为同俄英法美较量，已证实彼强："人无弃材不如夷，地无遗利不如夷，君民不隔不如夷，名实必符不如夷。"表现在军事上，"船坚炮利不如夷，有进无退不如夷，而人材健壮未必不如夷"。在他看来，"未必不如夷"的人才，是改变四个或六个方面"不如夷"的关键。既然中国人才不如西洋，非由天赋，而在人为，尤其在于锢蔽聪明智巧之士的科举教育体制，那么改变彼强我弱的现状，唯有反求诸己，方可拨乱反正，也就是"自强"。

怎样才能"自强"？较诸他的先驱龚自珍、林则徐等，冯桂芬虽也扬言治国在于复古，却不真信孔子、朱熹之道可以救世。敢于面对道、咸二世权力腐朽的现状，敢于坦陈帝国统治早已事事"不如夷"，敢于预言帝国如不主动实行自上而下的全面的改革，"我中华且将为天下万国所鱼肉"，这正是冯桂芬的高明之处。（上引均见《制洋器议》《善驭夷议》。）

综观全书，《抗议》撰定于咸丰十年（1860）左右。那时太平天国已成强弩之末，而皇帝虽与英法俄签订了可耻的北京条约，仍躲在热河行宫不敢回京。冯桂芬于是认定，"今国家以夷务为第一要政，而剿贼次之"（《善驭夷议》）。他将眼光投射在内战即太平天国失败告终以后，唯恐朝廷及其鹰犬湘淮军头回到苟安老路，于是设计"驭夷之道"，除了向列强学习彼之"自强"先例，别无他术。

中国传统文化，"学"贵探索，"术"重实用。但两宋以后，二者混淆，统治的意识形态，"君人南面之术"，向来压倒追寻未知领域的"学"，因而学术不分。冯桂芬的《抗议》，分明在替未来的君主或执政设计统治术，却强调他全部建议，都在于"学"。

因此，《抗议》的终篇，是《重儒官议》，便不奇怪。冯桂芬论自强之本，说来说去都归宗于道德，而以为道德的表率是士，而士的道德决定于教育，而教育的成败又决定于师道，"师儒之盛衰，人才升降之原本也"。于是他将激昂的政治改革论，归结为温和的教育救国论，乃至责备书院山长，都应替文风士习的堕落负责，岂非自悖历史？

《校邠庐抗议》成书后，于咸丰十一年（1861）首先呈送湘军统帅曾国藩。曾佯作不理，却放纵幕客传钞。因而钞本早在冯桂芬生前便广泛流传，但在他死后十年，即光绪九年（1883）始有刊本。流传最广的版本，是光绪二十三年（丁酉，1897），王韬以"弢园老民"名义付梓的校订本。

《采西学议》，选自《校邠庐抗议》，依序次为第二十五篇。从晚明利玛窦入华起，"西学"便指文艺复兴之后的西欧学说。自徐光启到冯桂芬，时逾两个半世纪，中国士大夫还将中学与西学，视为浑然二体。冯桂芬此篇，意义在于自我批判，否定传统，肯定来自泰西的新传统，并宣称中外传统的结合，预兆着中国传统学问的出路。他的见解，百余年来在中外史学界引起长久争论。尤其本篇强调自强之道，在于"以中国之伦常名教为原本，辅以诸国富强之术"，常被论者称作"中学为体，西学为用"公式的原型。是耶非耶？仍无定论。

九九　曾国藩与韩愈

韩愈在晚清的身价涨落，就与曾国藩的政治行情纠结在一起。

清咸丰四年（1854），曾国藩建成湘军，誓师文《讨粤匪檄》，风格语言都分明蹈袭韩愈的《原道》《平淮西碑》之类。十年后曾氏兄弟攻陷天京，他俨然成为"同治中兴"的第一功臣。尽管清廷对这位一呼而万人云集的"匹夫"（咸丰初曾任首辅的祁寯藻语）充满疑忌，他却不敢对满洲大君有二心，似乎恪守韩愈的教诲，"臣罪当诛兮，天王圣明"。

我曾多次讨论清朝的文化政策，指出满洲入关以后，就将传统所谓"以夷制夷"，倒过来应用，变成"以明制明"。康熙帝灭南明、平三藩等，用的都是此策。到雍正、乾隆厉行文化专制，常用的口实就是韩愈《原道》强调的一条所谓夷夏之辨的文化准则："孔子之作《春秋》也，诸侯用夷礼则夷之，进于中国则中国之。"雍正残酷打击企图恢复朱子学原教旨的吕留良辈，自造《大义觉迷录》，便将韩愈这条准则发挥到极致。此后谁再敢于非议皇帝"内满外汉"，处处守护征服民族特权，那就是"狂吠"，其心可诛。乾隆除了用这类理由迫害臣民，还将它的应用范围扩展到对外关系，作为拒斥"西夷"与帝国建交通商的依据。谁知到了乾隆的曾孙时代，它不仅仍被满洲权贵奉为不可变更的祖训，还被曾国藩们拿来当作砸向追求地上"天国"的造反民众的石头。随着天国的崩溃，曾国藩化作卫道成功的豪杰，于是韩文公怎不又成命世之英？

然而，曾国藩打着"扶持名教"的旗号，痛骂洪杨"窃外夷之绪，崇天主之教"，却在战争过程中不得不乞灵于"外夷"相帮克敌。战后他与左宗棠、李鸿章等竞相办"洋务"，处理对外交涉事件又全用"夷狄之法"，诸如此类，还能令人相信他卫道的真诚么？于是，曾国藩死，曾门弟子星散，"韩愈崇拜"失去了倡导核心，而新一代的文化班头如张之洞之流，早已不敢否认"海外诸夷"先进于文明古国。这时连备受清廷呵护的孔孟程朱"道统"，也跟着君主专制"正统"地位受到内外冲击，变得支离破碎，有几人还对韩文的古为今用那么热衷呢？当然，传统的惰性仍在显示力量，只是重心已转移到文学领域，什么唐宋古文运动，什么唐宋八大家，必以韩愈居首之类老调，依然由自命桐城、阳湖古文知音的文士继续弹奏。

曾国藩死于清同治十一年（1872）。他是带着处理天津教案失败的诟骂而魂归离恨天的。他生前有没有注意到东瀛已开始全盘西化的明治维新（1868）？人们不知道。但人们知道，明治维新伊始，日本自身尚未洗刷欧美列强强加的不平等条约的耻辱，却已用侵略中国的行为来报答自己的千年老师。曾国藩去世那年，日本便吞并中国的藩属琉球王国；接着又出兵侵略中国的领土台湾。那时中国"四夷交侵"，英国觊觎滇藏，沙俄强占伊犁，继曾国藩主持外事的李鸿章等无不焦头烂额，哪有心思顾得上捍卫"道统"？

2006 年

一〇〇　圆明园为何被焚毁？

清咸丰十年（1860）七月下旬，英法联军屡败清军，兵临通州。被吓慌了的皇帝，扬言御驾亲征，但又同意英使入京换约，却随即提出英法使臣亲递国书，需行跪拜礼。试想当年马戛尔尼使华，觐见乾隆帝，尚且只肯屈一膝，如今联军胜券在握，其使节岂肯向清帝匍匐称臣？就在巴夏礼、巴士达愤而中止谈判、策马回营的当天即八月初四（9月18日），载垣立即公布皇帝宣示逆夷反复状的诏书，并遵皇帝密谕，命僧格林沁派兵截拿巴夏礼等。

显然英法联军头目，没有料到清帝居然不顾国际公法，甚至不顾中国向有"两国相争，不斩来使"的传统，竟在兵败如山倒之际，用偷袭手段，绑架应邀入通州进行停战谈判的外交使节和随团采访的《泰晤士报》等记者一行三十九人，内英人二十六名、法人十名，送往京师刑部，关进"天牢"。次日威妥玛就赶到通州，要求清廷释放人质。再过两天（八月初七），联军得知已有三名人质被清帅胜保杀死，立即进攻北京。清军三部在京郊的八里桥，全线溃败，胜保也被法军枪伤。皇帝再次显示英明，当天任命皇弟恭亲王为新钦差督办和局，并命僧格林沁竖白旗表示停战。他自己呢？次晨（八月初八）便扔下圆明园，一溜烟北奔承德，当然没有忘记带上他的后妃和宠臣，却似乎忘记交代被锁禁在天牢里的人质如何处理。谁都知道清朝刑部监狱多么可怕，由皇帝钦命锁禁的囚犯，每日少挨几顿拷打，就算幸运。那班英法外交官员，那班英法"无冤之王"，被投入比但丁《神曲》描绘的地狱还要恐怖的大清天牢，经受煎熬，不经炼狱便超升天国，不待说大有人在。

因此，当法军、英军相继劫掠圆明园而恭亲王等逃往卢沟桥的次日（八月廿四），留京王大臣释放巴夏礼等八人，再到他们开门揖盗，而联军入京后，人质全部获得自由，生还者只剩十九人。就是说，在短短二十五天里，除胜保残杀的三人外，又有十七人在天牢中被送往天国，可见天子没有白用天吏。

额尔金闻知人质已死去大半，首先死于天牢的竟是《泰晤士报》记者包比尔（Thomas Bowlby）。他意识到麻烦来了。还用说吗？作为英内阁任命的对华战争全权专使，额尔金没能保护外交官员、没能保护新闻界著名记者的生命，他怎向女王政府和公众舆论交代？不消说，额尔金必须向英国议会和媒体表明，他已对清朝皇帝的野蛮行为实施报复。皇帝绑架虐杀英法人质的命令，都由圆明园发出，而圆明园在西方世界如此著名，无论为了报复清帝绑架虐杀人质，还是为了掩饰英法联军劫掠清帝离宫别院的盗匪行为，额尔金坚持将它摧毁，都合乎逻辑。因而额尔金不顾法国公使葛罗的反建议——拆毁北京城内部分宫殿而保存具有欧洲建筑风格的圆明园，如实施必使明清故宫被破坏殆尽——命英军焚毁圆明园，由此可以得到合理解释。

2002 年

一〇一　晚清报人汪康年

从参与创办《时务报》，到闻知武昌新军造反而仓促出京随即暴卒，在他（汪康年）五十一岁的生涯里的最后十五年，都以民间报人的形象出现。他相继主持过六家报刊，还曾策划创建民营的国际通讯社。他与后来那班报业老板或传媒官僚的一大区别，就在于他有个人理想，有相当学识，又有近似愚拙的务实风格。无论在维新运动中替帝国的"自改革"吁求呐喊，在立宪运动中为民间监督权力运作的舆论助威，他都曾自行操笔成文，大至发政论，小至做补白，累计篇数颇为可观，但死后辑集成书的，只有汪诒年所编的薄薄三种。至于他生前的嘉言懿行或庸言拙行，散见于清末民初种种出版物，自然更不见搜罗清理。20世纪开头那年，汪康年的一群朋友纵酒品评当世名人，章太炎借大观园人物来刻画诸人形象，戏拟慈禧为贾母，光绪为宝玉，康有为如林黛玉，张之洞如王凤姐之类，而派给汪康年的角色，便是刘姥姥。那位乡村老妇，照《红楼梦》的描写，外貌憨厚而内明世故，举止笨拙而不失礼数，见侮不辱而仗义扶危，的确与汪康年为人处世的作风有点相似。但正如刘姥姥在某些红学家笔下变成了唯知势利的小丑那样，汪康年偶尔被戊戌维新史的论著提及，也完全成了反面人物。例如说及《时务报》的汪、梁之争，说及《时务报》改官报事件的汪、康矛盾，错的必是汪康年。理由呢？据说当时的康有为、梁启超都力倡变法维新，代表进步，因而与康、梁不合乃至作对，不是自私短识，便是别有用心，总之起了分裂乃至破坏改革运动的作用。这种不察历史实相、不问争论是非、但知以人划线的主观逻辑，曾依仗苏制教条的声势，对我们的历史研究造成多么严重的创伤，已由"文革"十年的史学史作证。

时间总对非历史的荒谬逻辑不利。随着被埋没已久的晚清文献相继面世，尤其如《汪康年师友书札》《忘山庐日记》《訄书》修订手稿、《六斋卑议》和宋恕其他遗稿，以及康有为进呈清帝奏章书稿的内廷藏本等等，陆续整理刊布，无不令史家既开眼界，又发思索。关于晚清思想界的人或事，既有的历史叙述可信么？流行的价值判断可靠么？向负权威盛名的那些论著可以垂范后学么？接受非学术干预而先立论后求证的"以论带史"方法能够代替"论从史出"的传统么？很不幸，倘若真想实事求是，坚持从历史本身说明历史，那只能对这一连串疑问，予以否定性的回应。

2001 年

233

一〇二　辛亥革命党内部的争论

如书稿[1]目录所示，所选原典作者，固然限于当年颠覆清朝的造反者，但他们的共同点，也仅在于此。休说社会历史观念，单看他们各自的政见，在清末便不一致。譬如说那时他们的共识，在于满洲的统治，已经腐败得无可救药，非革命不可。然而"革命"仅仅意味着用暴力手段"排满"么？至迟在 1911 年 10 月以前的十年间，即使所谓革命党人内部，争论也从未暂停。

表明有过共识的同盟会十六字纲领，以"平均地权"一则争论最烈。反对孙中山的主张，提出将这一则改为"平均人权"的同盟会员，以原华兴会系统的湘鄂青年居多。恰是投身新军的这班青年，不顾孙中山坚持武装起义必由两广肇始而屡试屡败的所谓方略，发动了实现"建立民国"的武昌首义。假如尊重历史实相，那就应该承认，辛亥革命取得推翻清王朝并终结中国中世纪帝制的成规，是违背孙中山意愿的一种历史效应。

因而，以往通常每十年一度的辛亥革命祭典，必以表扬孙中山为中心。说及辛亥前同盟会内部的争论乃至分裂，总是先立论，再推断，力证孙中山的先知先觉。甚至孙中山不相信没有他的谋划而武昌起义居然成功，托辞拒绝从速回国共商灭清大计，如此分明的谬误，也为之曲说粉饰。虽说这种辩护论取向，在近年稍有扭转，

1　编者按：指傅杰教授编《辛亥先哲诗文选》。

但大陆的主流史学，仍沿袭毛泽东关于孙中山表征中国革命必由之路的说法，对辛亥先哲的价值判断，还是以对待孙文其人其说的态度为尺度。

2011 年

一〇三 怎样做"中国的新民"？

谁都知道，辛亥革命前夜，还是小学生的毛泽东，曾经熟读《新民丛报》。尤其是梁启超申述这份半月刊宗旨的《新民说》，令他着迷，在此文"论国家思想"一节写下批注，赞成国家应该实行君主立宪。"这是迄今为止发现的毛泽东最早的政论文字。"（金冲及主编《毛泽东传，1893—1949》，页 9—10，中央文献出版社1996 年版）

那是 1910 年，而《新民丛报》已在三年前停刊，梁启超也又"以今日之我反对昨日之我"，正在敦促清廷速开国会以抵制"排满革命"。

其实，《新民说》从 1902 年 2 月开始连载于《新民丛报》，还没有登完，梁启超的政见，已开始向后转。怎么回事？原来，在1900 年保皇会策动的"勤王"运动，包括梁启超由幕后参与筹划的唐才常自立军起事，全面溃败，但同时北京士民却对侵占帝都的八国联军不做抵抗，"民称'顺民'，朝士以分主五城，食其廪禄"。这使章太炎丢掉了对光绪皇帝个人的幻想，也使正被章太炎劝说与孙中山合作反清的梁启超发生动摇，在《新民说》前十多篇中时时表示同情"革义"。他倾向革命，引起康有为紧张，怒斥他"流质易变"，发表公开信对他点名批判，又迫使他赴美州稳住保皇会在华侨中的阵脚。于是梁启超离日一年，《新民说》连载随之中断。

美洲华侨是保皇会人力财力的重要支柱。梁启超吃惊地发现，慈禧集团向八国联军屈膝求和，激发爱国华侨纷纷转向反清革命。维护保皇会利益的要求，驱使他到处宣传这个组织"名为保皇，实则革命"。正在这时，上海发生"苏报案"，章太炎发表《驳康有为论革命书》，并给邹容的《革命军》写序，直接骂皇帝，而被租界当局逮捕。据章太炎在狱中揭露，出卖他和邹容的，是一起讲革命的吴稚晖。梁启超得章信抄件，表示大惊，说是"中国之亡，不亡于顽固，而亡于新党"，"惩新党梦乱腐败之状，乃益不敢复倡革义矣"。当然，他的动摇的中止，也可解释为找借口，以赢回保皇会信任，继续充当康有为的副手。

《梁启超年谱长编》的作者丁文江说："先生从美洲归来后，言论大变，从前所深信的'破坏主义'和'革命排满'的主张，至是完全放弃，这是先生政治思想的一大转变。"

所谓转变，首先体现于《新民说》的转向。梁启超在《新民丛报》创刊号上宣布的宗旨，强调说："本报取《大学》新民主义，以为欲维新吾国，当先维新吾民。中国所以不振，由于国民公德缺乏，智慧不开，故本报专对此病而治之，务采合中西道德以为德育的方针，广罗政学理论，以为智育之根本。"1902年刊载的《新民说》，中心正是"论公德"，说是"人人独善其身者谓之私德，人人相善其群者谓之公德"。他认为中国几千年来，德育的中心点在于"束身寡过主义"，完全缺乏导致欧美富强的"利群"，即有利于全社会的公德，没有进取冒险精神，没有权利思想，没有政治宗教民族经济各方面自由，没有从团体到个人的自治风尚，特别是没有曾打动青年毛泽东的国家思想。梁启超说，只有养成这种种公德，中国的"群治"才能进步，改变斯宾塞说的劣者必败的命运。

然而梁启超于1904年初发表的《新民说》续篇，却突然改口说："欲铸国民，必以培养个人之私德为第一义；欲从事于铸国民者，必以自培养其个人之私德为第一义。"最奇者是他说中国早有极高尚的私德，顶峰在东汉党锢时期，堪比东汉的是明末王学大兴时期，顶堕落的就是"现今"，怎么挽救？梁启超宣称，因为中国人的文明程度太低，只可实行"开明专制"，"与君言仁政，与民言服从"。

这连一向支持他的黄遵宪也觉过分，写信说"公之归自美利坚而作俄罗斯之梦也"，与自己"专欲尊王权以导民权"的主张相似了，但《论私德》倡阳明学，只能感动二三上等士夫，却因言论屡变，难于见信于人。

不信者已在准备箴言了，那就是尚在上海西牢里受折磨的章太炎。

一〇四 章太炎表彰"游侠"杜月笙

比较起来，章太炎更穷，本人卖文虽不唯钱是问，而主持家政的夫人就不能不追求经济效益，因此他为人做寿序、写墓志，便不免手软，时出谀辞。这很受舆论诟病，其中尤被传媒吵得沸沸扬扬，使他作为"国学大师"的声名大跌的一文，就是民国二十年（1931）他为上海黑社会大亨杜月笙所写的《高桥杜氏祠堂记》。

此文居然替杜月笙寻出远祖，就是传说中唐尧所封的豢龙氏刘累，又居然考出杜氏世系传自西晋名将兼经学大师杜预，这岂非纯属附会吗？虽说后来的认祖风越刮越烈，连生父不明的蒋介石也自称是周公嫡系，而各种新修谱牒追认显赫祖宗的荒诞程度，只可用俗云"把别人的棺材抬到自家屋里来哭"一语来形容。但章太炎一贯声称"保存国粹"的定义，就是要人爱惜汉种的历史，并曾著文强调述史首重征信。而今他公然蔑视历史真实，把一名大流氓说成接续三代至汉晋文化传统的表征，这能不令人怀疑他见利忘义吗？

然而我始终怀疑此事另有底蕴，因为见利忘义不合此人的毕生大节。没想到陈存仁书中却有《高桥杜氏祠堂记》由来的回忆。据陈说，替杜月笙出主意，求章太炎作碑记的，是前北洋政府司法总长兼教育总长章士钊。但章士钊不肯出面代求"吾家太炎"，而杜派出的说客又碰壁而返，于是谋及兼做家庭医师的章门弟子陈存仁。陈医果然不负主托，见章师先大谈太史公做《游侠列传》，诱发老师垂询杜氏生平。于是弟子逐一道来，"他老人家越听越高兴，章师母也从旁鼓励"。于是老师当场挥毫。被章士钊赞为"真是传世之作"的这件墨宝，就挂了杜氏祠堂。事后杜月笙"封了一包墨金"，交作者送给"出了大力"的章师母，"维持了几个月的生活"。

陈存仁的这段回忆，虽乏佐证，却合逻辑。章太炎于1906年出狱到东京主编《民报》，随即发表《革命之道德》，提出"无道德者不能革命"，曾震动同盟会内外。文中宣称道德依职业分等，农工稗贩的道德最高。"知识愈进，权位愈申，则离于道德也愈远。"这很像《中国社会各阶级分析》的蓝本，但章太炎似更重视游荡各地而习拳好勇的稗贩，"其高者乃往往有游侠之风"。那时他与蔡元培、陶成章创办的光复会，联络东南会党实行"排满革命"，就意味着寄希望于"有游侠之风"的下层民众。不论陈存仁见章太炎的说辞，是否老师所称的"吾家行严"指授，但显然搔到了老师的痒处，使老师联想到杜月笙可能就是当今的朱家、郭解，自己怎能不追步司马迁写出当代游侠传？至于事后章夫人接受杜月笙送来的巨额"墨金"，他也许真的不知，也许佯作不知，都有可能。

2000 年

一〇五　真的大师：马相伯、蔡元培与陈寅恪

马相伯、蔡元培和陈寅恪三位，他们的信仰和追求、理念和学说、自我定位和社会评价，都有很大差异，却都是盖棺可以论定的大师。

马相伯即马良、马建常，是虔诚的天主教徒，在信仰上与清代到民国历届政府不断强调的尊孔读经，格格不入。但他是现代教育的实践家，震旦、复旦、辅仁三所名校的创办者。他在清末就提倡的"读书不忘爱国，爱国不忘读书"，不仅为张之洞激赏，还在民初成为首任教育总长蔡元培的理念。他在教会内部反对梵蒂冈任命的洋主教剥夺华人自主传教的谬论，但在民初又坚持反对康有为、陈焕章要以孔教为国教的言行。正是他坚持信仰自由、教育自主，以及对于袁世凯、蒋介石的文化专制都挺身批判，才使他得到举国敬重的百岁哀荣。

蔡元培以清末进士并点翰林，却成为民间办学的楷模，同盟会前身之一光复会的创始人。辛亥革命伊始，他就成为南京临时政府的教育总长，立下的不朽业绩，便是废止全国学校的尊孔读经。后来他不惜纡身降贵，再赴德国做学生。在反对袁世凯、张勋复辟帝制的战争以后，回国出任北京大学校长，恪守"兼容并包"的学术自由理念，将官僚养成所的北京大学，转型为五四新文化运动的发祥地。以后他宦海浮沉，也曾列名国民党右派的"清共"提案。但

他随即赞成宋庆龄发起的保卫民主大同盟，并在国民政府体制内，创办大学院、中央研究院，力求给教科文诸领域的学者，开拓自由研究而激励创新的生态园地，证明他确实无愧于教育现代化的大师称号。

陈寅恪则以纯学者而名垂青史。他于清末民初在日本欧美长期留学。他不在乎学位，却在乎追求新知，因而成为在瑞士听过列宁演讲的第一个中国人。他对古今语言文字掌握多达十七八种，他对中西社会历史的认知，在同辈中几乎无人能及，以致他没有学位没有论著，被新成立的清华研究院聘为导师，而经他指导或听讲的研究生，以后多半成为名闻遐迩的大学者，并终身以曾名列陈氏门墙为荣。其中便有我的本师陈守实教授。陈寅恪的历史论著不算多，但大都成为文史研究新门类的开山名作。然而作为文史大师，他留下的最大遗训，莫过于作为学者，必须具有"独立之精神，自由之思想"。他说到做到。曾拒绝蒋介石的拉拢，不像冯友兰、顾颉刚那样热衷于跻身"国师公"。也曾拒绝出任中国科学院历史二所所长，坚持如果就任，所内研究不可跟着意识形态转悠。他在解放初拒赴海外，甚至拒赴香港，证明他是真诚的爱国主义者。但他恪守学者的人格独立和思想自由，也使他付出了巨大代价。他双目早盲，在晚年仍凭惊人的毅力，写出了八十二万余言的《柳如是别传》。不料这位国宝级大师，竟没逃脱左祸，"文革"开始，年已八旬，仍被红卫兵恶斗致死。

2008 年

一〇六　陈寅恪《论韩愈》发表前后

　　1954 年在北京出现了一种期刊，名为《历史研究》。对于被解放的人文学科的教授学者来说，这份刊物值得注意，主要不在它的红色权威性，而在它创刊伊始，便接连发表了陈寅恪的两篇论文。这年 2 月的创刊号，刊出陈寅恪《记唐代李武韦杨婚姻集团》。5月发行的第二期，又登载了《论韩愈》。

　　那以前，集中于教育文化领域的人文学者，除了备尝土改、镇反的惊吓，还统统在思想改造运动中被迫"洗澡"，有的名流如顾颉刚，因水温太高，险被烫昏。而已完成的高等学校院系调整，把所有从教的中高级知识分子，都变成了"食毛践土"的公家人。陈寅恪任教的美国教会所办的岭南大学就被取消，校址归于中山大学。自广州解放起，论著仅见《岭南学报》的陈寅恪，自 1952 年 6月这份学报终刊（十二卷一期，首篇论文即陈氏《论隋末唐初所谓"山东豪杰"》），有一年半未发表论著。

　　然而朝野都没有忘记陈寅恪。蒋天枢《陈寅恪先生编年事辑》曾发表 1954 年 1 月陈氏复郭沫若的一封信，内谓："寅恪现仍从事史学之研究及著述，将来如有需要及稍获成绩，应即随时函告并求教正也。"同辑又记："本年春，国务院派原在清华任先生助教之汪篯来穗，迎先生赴京，任科学院哲学社会科学部历史研究第二所所长。友朋亦多促行。先生谢不就，荐陈垣代己。"这则记载有三点需纠正，一是当时政府仍称政务院，至 1954 年 9 月全国人大一届一次会议始更名国务院；二是当时郭沫若仍官居政务院副总理，兼下属的中国科学院院长；三是当时哲学社会科学部仍在筹备，至1955年6月才正式成立。因而，蒋辑引陈氏于"文革"初"第一次交待底稿"，谓1954年春"中央特派人叫我去北京担任科学院第二研究所所长"云云，提法更确切。郭沫若以政府副总理名义派人前往找陈寅恪出山，无疑不是个人行为，自称代表"中央"，是可以想见的。至于陈寅恪是否考虑过接受这项任命，可能不像许多研究者说的那么简单。曾任陈氏助手十四年的黄萱，回忆说陈氏起初是想去的，后来改了主意，除了贪恋广州暖和、又怕做行政领导工作以外，"他提出'所里不学习马列主义的条件'，对此也可能有影响"，在我以为是符合实情的，因为最后一点，已得到陆键东的《陈寅恪的最后二十年》刊布的史料证实。

不妨补说一点当年的政治环境问题。1953年，斯大林死了，朝鲜停战了，开始实施第一个五年计划，开始草拟共和国第一部宪法，并且自下而上召开各级人民代表大会，强调民主人士必须占一定比例，兼因中共党内出了"高饶反党联盟"，使毛泽东无暇顾及思想文化领域的所谓斗争。正当此际，中科院筹建哲学社会科学部，决定设三个历史研究所，一、三两所由郭沫若、范文澜分掌，唯二所缺乏学界公认的权威。这时"中央"想到了陈寅恪，合乎情理。他早是中央研究院创院院士，却早传他瞧不起蒋介石，拒绝前往台湾，而且桃李满天下，昔日学生多成名校文史教授，况且双目已盲，势必不能实际操控所务。哪知这位史学名宿，天真得可以，没想到郭沫若要他充当"花瓶"，竟然顾虑不善行政领导，尤其担忧不克在所内推行他的学术自由理念。假如他当初未尝动心，何必提出"所里不学马列主义"作为出任所长的先决条件？又何必郑重推荐陈垣作为可以代替自己掌所的适合人选？

今存《陈寅恪诗集》（清华大学出版社，1993 年），内有七绝一首，题作《客南归述所闻戏作一绝》，编者注作于1953 年，首二句为"青史埋名愿已如，青山埋骨愿犹虚"。第二句乃虚语，但第一句显然是听到南归客述说在北京闻知政学二界对他的正面评价，而感到兴奋。我以为这诗受论者忽视，是不对的，因为陈寅恪很关注"青史埋名"，闻知京中人士（无疑包括曾劝他入京的李四光、周培源、张奚若等友朋）盛赞他的学术成就，当然会有一种满足感，所以一度考虑应邀赴京，也是很自然的。

由此可以推知，前揭陈寅恪复郭沫若信，很有可能是针对郭沫若为将创刊的《历史研究》索稿而作。陈寅恪先是婉辞，而后一度考虑出任历史二所即时称中国中古史研究机构的掌门人，于是检出论唐史的两篇成稿，交《历史研究》发表，应该说在情理之中。

2006 年

一〇七 《论韩愈》的命意

　　问题是《论韩愈》的命意。据蒋天枢所定陈寅恪的"编年文"，《论韩愈》一文成于 1951 年冬，与次年成稿的《论唐代李武韦杨婚姻集团》，均为陈氏在岭南大学讲授"唐史专题研究"期间所作。陈寅恪擅长寓论于史，他的史论或寄托讽喻政治现状的微言，但总体上均恪守论从史出的治学传统。例如《原道》等五篇以"原"为题的韩文，究竟是韩愈的少作呢，还是晚年作品？从北宋二程、南宋朱熹各执一词，至清末民初依然疑莫能明。陈寅恪极其注意古典今典出现的精确时间，《论韩愈》却一如此前《元白诗笺证稿》，避免断言《原道》作于何时，尽管由文中引用的史料，可看出他倾向朱熹所谓此篇乃韩愈晚作，即唐宪宗元和十四年（819）、五十二岁的韩愈因谏迎佛骨被贬潮州之后。于此可见陈寅恪论史的审慎。用不着说他也有过度的推论。比如他断定韩愈"道统之说表面上虽由孟子卒章之言所启发，实际上乃因禅宗教外别传之说所造成"，但饶宗颐《中国史学上之正统论》，已批评其"证据未充"。

　　因而，陈寅恪在岭南大学讲坛上论韩愈，有没有以韩愈自况，而借题发挥，做一篇个人的"中国文化宣言"？缺乏论证。假如纯以比附时事作推测，那末广州易帜前，陈寅恪也许会对毛泽东否定韩愈的《伯夷颂》有反感。但时至 1951 年结尾，中共已在大搞"三反""五反"，声称清理官商勾结的腐败，而这年 6 月，在朝鲜战场上连连失分的美国人，终于被迫与中国人进行和谈。尤其是后一事实，正好表明中共夺取政权的历史合法性。如英国人肖特的《毛泽东传》所说："对于中国共产党人来说，朝鲜冲突也还是祸兮福所倚的事。它产生出一种民族复兴情绪和民族自豪感，甚至在那些或许对这个新生政权了无好感的人当中也还油然而生出一种敬意。"看来油然生敬的人士中间，应该算上陈寅恪。

怎么见得？也可用《论韩愈》作证。此文分六门叙述韩愈的历史业绩，内三、四两点，不避重复，曰"排斥佛老，匡救政俗之弊害"，曰"呵诋释迦，申明夷夏之大防"。如果按照"宣言"说以古律今的逻辑，可不可以释作对"三反"，特别是"抗美"的赞同呢？其文五曰"改进文体，广收宣传之效用"，而这年10月《毛泽东选集》第一卷出版，内收《反对党八股》等文，是否说《论韩愈》强调"宣传之效用"，暗喻对毛的赞同呢？用不着指出毛泽东精熟韩文，早已遐迩皆知。假如再按"以诗证史"的逻辑，那末1953年7月朝鲜停战，中国舆论大肆嘲笑美帝是纸老虎，而同年秋某夜陈寅恪听读清乾隆本《再生缘》两回，感赋二律中忽有自注"《再生缘》叙朝鲜战争"，是否可释作他也以打败美国是为中国雪耻呢？恕我直言，二十多年前，余英时、冯衣北在香港《明报月刊》的那场论战，曾吸引海内外学人纷纷参战，未免都有鲁迅所谓解剖刀不中腠理之嫌。毛病就出在双方都认定陈寅恪诗文以古律今、借古讽今或古为今用，却都不细考今典，或谓陈氏于1949年后对现状一反到底，或辩陈氏越来越认同共和国政权，出发点相同而取向相反，可称两极相通的显例。

2006年

247

一〇八　1925 年的胡适

　　以往的现代中国史家，颇注意 1925 年，以为这年的历史重要性，不亚于五四运动爆发的 1919 年，这见解有道理。这年 3 月，孙中山死了，据说由汪精卫记下的临终嘱咐，所谓"革命尚未成功，同志仍需努力"，随之传遍遐迩。正当怀疑"总理遗嘱"真实性的一批国民党元老，聚会北京西山争论怎么办之际，上海租界发生了巡捕枪杀示威群众的五卅惨案，顿时引发全国学生反帝爱国的怒吼。胡适立即与罗文干、丁文江等联名通电揭露英方军警暴行。他的学生罗家伦，当年五四运动的北京大学学生领袖，这时正在伦敦留学，也即将老师的英文电报，印刷五千份，通过英国工联广为散发。然而"学潮"竟取向于暴力，且将愤怒对准于标榜客观报导的国内传媒如北京的《晨报》，便使胡适越来越感到不安。

　　那年胡适 35 岁，从年龄到识见都还没有达到孔子的"不惑"要求。他在"五四"前夕到上海迎接来华讲学的其师杜威（John Dewey），没有参与北京的学生运动，以后两年陪着杜威在南北名校巡回演讲，主题不离"实验主义"，即他致陈独秀信稿所称"我的根本信仰是承认别人有尝试的自由"。这种说法，与杜威学说的相关度，是另一问题。但它表明胡适认为未来不可知，也就是具有社会进化或退化的多种可能性，因而追求进化，便应该摒弃种种预设的"主义"的教条，而允许一切理想的或幻想的，传统的、非传统的或反传统的，本土的、外来的或不中不西的，各种思想文化见解，都可在中国具有"尝试的自由"，而让"物竞天择"决定它们的未来命运。如胡适《介绍我自己的思想》一文概括的："实验主义从达尔文主义出发，故只能承认一点一滴的不断的改进是真实可靠的进化。"

不消说，胡适承认的进化，早已在生物的乃至宇宙的进化论研究中，受到形形色色的突变论或灾变论的否定，点滴改良的渐进论仅可略备一说。有一点，胡适明显错了，那就是他身处民国十四年北洋军阀与国共合作两大权力系统行将决战之际，他却认为旧势力"早已没有摧残异己的能力了"。这表明此人如何低估"旧势力"在中国的历史力量与再生机制。

不过胡适拿 1925 年与 1919 年比较，认为当前"不容忍的空气充满了国中"，却并非感觉失误。形成这种"空气"的内外因素极其复杂，而列宁所创的第三国际热衷于将苏俄的赤色革命模式运用于分崩离析的中国，无疑是重大原因。所谓"最不容忍的乃是一班自命为最新人物的人"，指的正是那时已用"左派"一词称谓的国民党主流派和中共党人，也包括若干趋时的年轻诗人、作家、美术家之类。只是胡适不愿坦率承认，他那个标榜"爱自由争自由"的文人学者群体，非但也被社会各界都视作"最新人物"，而且其中爱名利争权力的伪自由主义者同样不乏其例。后者出现在鲁迅笔下或有丑化，却决非"丑诋"，起码有胡适保存的不少私信可充本证。

2001 年

一〇九 胡适的"好梦"

1928 年 4 月 30 日，胡适就任中国公学校长。5 月 4 日，在光华大学演讲《五四运动纪念》。5 月 15 日，已应南京政府大学院院长蔡元培邀，担任大学院教育委员会委员的胡适，赴南京出席"全国教育会议"。会后他依据大学院规定，在上海改组中国公学校董会。新选校董十五名，有蔡元培、于右任、胡适、杨诠、王云五、马君武等。这表明，胡适与京沪朝野名流学者的合作关系很不错。

所谓时势比人强吧，这年 10 月 10 日，蒋介石在南京就任国民政府主席，当然照旧担任国民党中央执委常委、军委主席，实现党政军大权一把抓。

胡适不是国民党员。尽管两年前他出国途中，他的学生顾颉刚曾远道致函，劝说他识时务，主动申请加入国民党，但胡适不予理睬，至死置身于国民党外，而且屡拒他人劝说，不肯"组党"。

不过胡适似乎比多数国民党人还要关注南京国民党政权的命运。这也难怪，胡适在"五四"后出来谈政治，与丁文江共同主张"好政府主义"，但那时他们支持的"好人政府"，不到两个月便被北洋军头取消。反而在蒋介石自任南京国民政府主席并宣布实行"五院制"之初，当年签名与《我们的政治主张》宣言上的好人蔡元培、王宠惠、罗文干，还有胡适的朋友蒋梦麟、朱家骅、杨铨等，都进入这个政府做了院长、部长，所谓"登龙门"。原先胡适们要求建立"好政府"，说是为了宪政、公开性、有计划的政治改革，却又强调人治的重要，"今日政治改革的第一步在于好人需要有奋斗的精神"，也就是首先建立"优秀分子"支配权力的精英政府。不待说，蒋介石搞五院制政府，用了那么一批"好人"，虽说还用了更多的"恶人"，终究使胡适觉得政治改革还有希望。

怎么见得？胡适的日记于民国十七年（1928）12月，有这样两段记载。一是他应教育部部长蒋梦麟邀，于这月初赴南京商谈中华教育文化基金会事，"在南京观察政局"，"现政府虽不高明，但此外没有一个有力的反对派，故可幸存"；"蒋介石虽不能安静，然此时大家似不敢为戎首"。因而在他看来，这个政府仍以行政院为主体，"将来立法、监察、考试三权似皆会起一种自然变化，渐趋于独立的地位"。因而它能成为"民治的政府"。

于是，这年12月14日胡适给《大公报》做了一篇政论，题作《新年的好梦》，除了期待未来一年（1929）实现全国和平、裁兵、取消苛捐杂税、铁路国有并新建、禁绝鸦片等，特别提出：

第六，我们梦想今年大家有一点点自由。孙中山先生说政府是诸葛亮，国民是阿斗。政府诸公诚然都是诸葛亮，但在这以党治国的时期，我们老百姓却不配自命阿斗。可是我们乡下人有句古话道："三个臭皮匠，赛过诸葛亮。"诸位诸葛亮先生们运筹决胜，也许有偶然的错误，也许有智者千虑之一失。倘然我们一班臭皮匠有一点点言论出版的自由，偶尔插一两句嘴，偶尔指点出一两处错误，偶尔诉一两桩痛苦，大概也无损于诸葛亮先生的尊严吧？

胡适的确相当会说话。这段话分明批评蒋介石，却道是赞赏孙中山。孙中山晚年在广州演讲民权主义，说是民权主义认同"主权在民"，却又说夺取政权的"军政"时期过后，必经"训政"，方可实行"宪政"。理由呢？因为中国人习惯于君主专制，文明程度太低，非从"民权初步"如开会选举之类程序开始训练，骤然实行"宪政"，必将导致社会政治秩序大乱。民权不是强调"主权在民"么？孙中山认为不错，却以为这觉悟起先属于革命先觉，只有像王阳明那样，以先觉觉后觉，革命才能成功。因而孙中山引用三国时蜀汉开国的故事，说是刘备死后，被托孤的诸葛亮与后主刘禅即阿斗，名为君臣，义属师生。

2009 年

一一○ 胡适批评国民党的训政和孙中山的"知难行易"说

　　胡适于民国十八年（1929）写《新文化运动与国民党》，是对国民党政权否定五四运动的公开抗议。自从民国十六年（1927）国民党宁汉合流，"分共""清党"，次年 10 月便由国民党中常委通过、由南京国民政府发布的《训政纲领》，不但规定训政时期全国人民必须服从拥护国民党，还声称国民程度太低，在被训练如何"使用政权"之前，国民党中央在"必要"时可以限制人民的集会、结社、言论、出版等自由权。同月蒋介石自任国民政府主席，到这年底张学良等宣布东北易帜。于是民国十八年 1 月，蒋介石便在江西发动"剿共"内战；同时也不断"削藩"，与异己军阀力量大战。

　　那时胡适担任中国公学校长，并在上海创办了《新月》杂志。尽管他的学生傅斯年、顾颉刚等已拥戴国民党，他的旧友蔡元培、王宠惠、吴敬恒、蒋梦麟等均晋身党国高层，但他还是在《新月》上批评国民党的训政。

　　民国十八年 4 月，南京国民政府下了一道法令"保障人权"："当此训政开始，法治基础亟宜确立。凡在中华民国法权管辖之内，无论个人或团体均不得以非法行为侵害他人身体、自由及财产。违者即依法严行惩办不贷。"正在践踏人权的政府忽然宣称保障人权，使以温和著称的胡适也忍不住了，迅即作《人权与约法》一文，质问"自由"指什么？所依为何"法"？"我们今日最感痛苦的是种种政府机关或假借政府与党部的机关侵害人民的身体自由及财产"，而命令对此完全不提，岂不是"只许州官放火，不许百姓点灯"吗？在当时批评国民党"党治"的罗隆基，也在《新月》上发表长文《论人权》，提出35条所谓"目前所必争的人权"。

"五四"时期胡适与蒋梦麟在上海同访孙中山，已听过孙中山谈论的政治设计，即军政、训政、宪政三阶段的"建国方略"，以及它的哲学基础"知难行易"说。国民党当国，奉孙中山为"国父"，又称训政是秉承孙中山《建国大纲》遗教。这使胡适起意评判"知难行易"说，又发表长文《知难，行亦不易》。除了揭露"知难行易"说的逻辑矛盾，还特别说它的"真意义，只是使人信仰先觉，服从领袖，奉行不悖"。胡适宣称，此说引发的最大危险，在于当国者自居"知难"，独得孙中山先知先觉的政治社会精义，可以教导党国同志"行易"，而中国人民只有服从，"于是他们捐着'训政'的招牌，背着'共信'的名义，钳制一切言论出版的自由，不容有丝毫异己的议论"。

2009 年

一一一 胡适对中国政治的前景常怀焦虑

胡适自称是"不可救药的乐观主义者",虽不赞成暴力革命,却在民初每回"革命"之后,总期盼社会经过一次震动,可能导致"一点一滴的改良"。这可以解释,他在"五四"《新青年》时期,主张不谈政治,但他的同仁陈独秀、李大钊,趁他离京回乡结婚期间,办起了谈政治的《每周评论》,而他不仅认可既成事实,为它撰稿,还在陈独秀被北洋政府逮捕后,承担起《每周评论》的主编义务。同样,在新青年社的编者群体分裂以后,他经同社的陶孟和介绍,与著名地质学家丁文江结为知友。丁文江即丁在君,是民初以梁启超为首的研究系成员,但相信科学救国论,认定改良政治应属学者的义务,常说"不要上胡适之的当,说改良政治要先从思想文艺下手"。胡适尽管不同意丁文江的批评,但当民国十一年(1922)丁文江发起组织评论政治的《努力周报》时,胡适不仅赞同,还给刊物命名并作发刊词。《努力》影响最大的,是由蔡元培、王宠惠、罗文干三位政学名宿领衔而有十六位名流签名的《我们的政治主张》,提出"好政府主义",引发全国性争论,那宣言正是丁文江与胡适共同起草的。只有在国民党定都南京后,胡适办起《新月》,标榜纯文艺,而胡适、罗隆基等却时时发表政论,彰显胡适对中国政治前景,其实常怀焦虑。

2009 年

一一二　国民政府教育部警告胡适

当胡适的《我们什么时候才可有宪法》一文，追述历史证明孙中山《建国大纲宣言》的错误及"恶影响"时，蒋介石们便难以忍受了。胡适说："自从'民国'二年以来，哪一年不是在军政时期？'临时约法'何尝行过。'天坛宪法草案'以至曹锟时代的宪法，又何尝行过。""故十几年政治失败，不是骤行宪法之过，乃是始终不曾实行宪法之过，不是不经军政、训政两时期而遽行宪法，乃是始终不曾脱离拨乱时期之过也。"当然，胡适的结论，仍为国民党政府继续训政留下地步："我们不信无宪法可以训政；无宪法的训政只是专政。我们深信只有实行宪政的政府才配训政。"

对于国民党政府的训政，当时还有来自中共和左派人士的批判，要比胡适和新月派猛烈得多，如瞿秋白就将蒋介石连同孙中山的训政论彻底否定。比较起来，胡适的批评，文质彬彬，无非说训政缺乏合法性。所谓"无宪法的训政只是专政"，并没有击中国民党"独治"的要害。因为孙中山晚年改组国民党，本来是在苏联派来的鲍罗廷策划下进行的。此人在孙中山死后，仍做国民党政府高等顾问，直到国民党宁汉合流之前被武汉的汪精卫当局解聘，已在近四年任内使国民党蒋介石、汪精卫、胡汉民各派，习闻列宁、斯大林的政党学说，将"一党独治"视作天经地义，所以对胡适批评他们"专政"，并不在乎。他们在乎的胡适批评有两点。一是说他们既然承认训政需要"法治基础"，却连起码的"约法"都未制定。二是指责他们刚颁布"保障人权"法令，却旋即从国民党政府主席到省市党部头目便随意破坏。由于胡适的舆论领袖地位和在高级知识分子中间的影响力，较诸已被宣布为"反革命"的中共地下党领导人及其左派同路人，更令国民党政府头痛，因而蒋介石们对他的批评，犹如芒刺在背，不得不设计拔除。

那计策也很奇特，就是指示国民政府教育部出面，给胡适任校长的中国公学下一道"训令"（1929 年 10 月 4 日），说"该校长言论不合，奉令警告"。训令没说"奉"谁之"令"，却列举"该校长言论不合"的罪状，即指《新月》发表的《人权与约法》等三篇文章，还附有六件公文，说胡适三文"误解党义""语侵个人""放言空论"，显示"头脑之顽旧""思想没有进境"云云。胡适也不示弱，随即将"部令"退回教育部部长蒋梦麟，并致函这位部长先生："这件事完全是我胡适个人的事，我做了三篇文字，用的是我自己的姓名，与中国公学何干？你为什么'令中国公学'？该令殊属不合，故将原件退还。"信中还说："若云'误解党义'，则应指出误在哪一点；若云'语侵个人'，则应指出我的文字得罪了什么人。贵部下次来文，千万明白指示。若下次来文仍是这样含糊笼统，则不得谓为'警告'，更不得谓为'纠正'，我只好依旧退还贵部。"信末附言也很有趣："又该令所引文件中有别字二处，又误称我为'国立学校之校长'（引注：中国公学为私立高校）一处，皆应校改。"

蒋梦麟与胡适私谊甚笃，这回"奉令警告"胡适，无疑被迫充当蒋主席中正的出头椽子，也无疑搜肠刮肚，想出"训令中国公学"的方案，并以附送"公文"，暗示训令来头，希望老友知趣闭口。岂料胡适反而公事公办，彰显他不屈从权势而恪守信念的品格。不消说胡适很懂得诉诸舆论，将此事捅给报界，顿时闹得沸沸扬扬，反而使蒋介石们假说人权行真专制的面目，在他们极力争取的文化精英中间，也暴露无遗。

2009 年

一一三 中国的"训政"史

众所周知，14 世纪以后，中国的专制主义，愈来愈以权力独裁为表征。无论帝国还是民国，元首称皇帝、总统、主席还是别的什么，唯有一人可称"今圣"。等而下之，官府无论大小，总是所谓一把手控制实权。章太炎在清末曾说中国人人都有皇帝思想，于实相虽不中，也不远。

在民国初年，孙中山说是反袁世凯战争失败，是由于革命党人都不听他的话，根本原因在于中国人民的程度太低，必须在武装夺权后实行"训政"，用他的孙文学说狠狠教训百姓若干年，然后赏给他们一部宪法，实行"宪政"。蒋介石上台便照计而行，效应就是"训政"数年，训出了日本侵占半个中国，也训出了"中华苏维埃共和国"及其后的红色政权。

2011 年

一一四　所谓现代新儒学

现代新儒家好讲辈分，虽说各尊其祖，所列排行榜的尺度有宽有窄，但公认的开派人物，必有熊十力、梁漱溟和马一浮。

这三位都生于晚清，达于民国，卒于"文革"中或后，但出身与早年经历很不同。熊十力于清光绪十一年（1885）生在湖北黄冈的一个乡村塾师家庭，爷爷做木匠，本人由放牛娃而当兵吃粮，投身过辛亥革命和"二次革命"，也曾反孔。浙江绍兴人马一浮，长熊二岁，乃知县之子，取过县试案首，出洋做过清廷驻美机构的中文文案，又到日本自学过，曾向《民报》等排满刊物投稿，但除了略识英文，还认得几种外文字母？不详，只知他汉语还行，民初居杭州读宋明理学。梁漱溟小熊十岁，据说远祖乃元朝宗室，祖籍桂林而世居北京，父亲梁济是清末新党，因而先前阔又交游广，年甫弱冠便有名，二十三岁就被聘到北京大学讲哲学。

按照"文革"升华已极而后另做包装的出身论，这三位不可能殊途同归。岂知不然，他们在民元以后，都曾好佛学或禅悦，由不满现状而回归所谓儒家原教旨，很合乎孔子"有教无类"的遗训。

他们相互间早有交往。虽然各自的传说有不同说法，但大概在"五四"之后，熊十力便先与梁漱溟，继与马一浮，结成讲所谓新儒学的同道。

新儒学、新儒家，原指 12 世纪末叶朱熹建构完成的道学体系，它在元明清三朝的官方形态及其信徒，17 世纪起又通指程朱、陆王两派。这两个术语，自 1933 年陈寅恪《冯友兰中国哲学史下册审查报告》予以历史的界定，越发流行。而这以前，由清末民初新佛学与新儒学再调和的、标榜"直接孔孟"的原教旨主义诸说，因为它们认定的原典诠释，非程朱即陆王的近代畸说，于是大约自流亡海外的张君劢等 1958 年发表"中国文化宣言"以后，也渐成熊、梁等学说的统称。"文革"后，它"由边缘到中心"，重新登陆。正值大陆还在清算"批孔"影响，而新加坡等搞现代化，据说是推广儒学的效应，因而梁漱溟"做孔家生活"的言论又引人注意，已逝的熊十力、马一浮也相继有人道及。不过，直到 1989 年以后，大陆的新儒学才随着孔子的身价不断被拔高，略成气候，自上而下搞得颇热闹。当然，熊、梁、马被说成现代新儒学的宗师，得到了研究，也引起了争论。

"同志曰朋，同道为友。"（《十力语要》卷四示高赞非）照熊十力的这个界定，他与梁漱溟、马一浮，只能说是同道。

2008 年

一一五　熊十力才是新儒学的"开宗大师"

现代新儒学公认的第一代三老，堪称"开宗大师"的唯有熊十力。当年见牟宗三如此说："马先生是狷型的性格，熊先生是狂型的性格，二者正好相反。当二者不相干时，可以互相欣赏，是好朋友。但到一齐处事时，便不一定能合得来。"我读后颇不以为然。孔子说："狂者进取，狷者有所不为。"但马一浮为充帝师，被蒋介石、陈立夫们重金礼聘，出任复性书院主讲，恰是知其不可而为之，岂是狷者？他主持复性书院，听不得一点不同意见，连贺昌群辞去浙大教授，千里迢迢跑到乐山，助他实现办学理想，却以家臣待之，一言不合就挥斥而去，岂是"有所不为"？由熊十力与他"道相同而不相为谋"的事例所彰显，更可看出此公本质上是文化专制主义者。他怎样因为熊十力的言论不中听，将熊十力赶走，内情不详。但熊十力被迫携家流落到璧山来凤驿，见到前往探视的牟宗三，便说："人心险得很！"牟感叹道："他和马先生这样的老朋友，到重要关头还是不行，故见面第一句话便说人心险得很。"假如这样的马一浮，"可谓神仙一流人物"，谁信？

我不敢苟同熊十力晚年建构的"大易"体系，却赞同十四年前王元化先生引用过的熊十力两段话：

"吾国人今日所急需要者，思想独立，学术独立，精神独立，依自不依他，高视阔步，而游乎广天博地之间，空诸依傍，自诚自

明，以此自树，将为世界文化开发新生命，岂唯自救而已哉?"（《十力语要》）

"学术思想政府可以提倡一种主流，而不可阻遏学术界自由研究、独立创造之风气。否则，学术思想锢蔽，而政治社会制度何由发展日新?"（《与友人论张江陵书》）

2008 年

一一六　马一浮主持复性书院的由来

　　叶圣陶早就享誉学术文化界。抗战初入川任教，先在重庆，后应流亡在乐山（昔称嘉定）的武汉大学聘，任该校中文系教授，以后又兼任复旦大学等校教授。他与"大后方"文教界有广泛联系，并与留守"孤岛"上海的开明书店友朋鸿雁往来，今存《渝沪通信》《嘉沪通信》，均成那时代学术文化史的珍贵实录。《嘉沪通信》报道马一浮与复性书院初创内情的十多通信函，便是例证。

　　1939年3月10日叶致夏丏尊信："马一浮先生近应蒋先生、孔院长之聘，即将来乐山创设复性书院，马与贺昌群兄为浙大同事，贺介弟于马，到时当来访。"由此信可知，重庆国民政府拟设复性书院，必在1939年5月以前。古怪的是，出面聘请马一浮的，乃时任军事委员会委员长的蒋介石，而非合法的国民政府主席林森。或许蒋委员长自感以军代政有点不妥，于是命其连襟孔祥熙以行政院长身份在聘任状上署名。

　　1939年4月5日叶致诸翁信："马一浮先生已来，因昌群之介，到即来看弟，……其复性书院事，想为诸翁所欲闻，兹略述之。先是当局感于新式教育之偏，拟办一书院以济之，论人选，或推马先生。遂以大汽车二乘迎马先生于宜山，意殆如古之所谓'安车蒲轮'也。（马无眷属，唯有亲戚一家，倚以为生。）接谈之顷，马先生提出先决三条件：一、书院不列入现行教育系统；二、除春秋释奠于先师外，不举行任何仪式；三、不参加任何政治活动。当局居然大量，一一赞同，并拨开办费三万金，月给经常费三千金。而马先生犹恐其非诚，不欲遽领，拟将书院作为纯粹社会性的组织，募集基金，以期自给自足，而请当局诸人以私人名义居赞助者之列。今方函札磋商，结果如何尚未可知。"

以上"略述"，极为有趣。叶圣陶先生以忠厚著称，致"诸翁"即在上海全体友人，所透消息难保不漏泄于敌伪，因而用语煞费推敲，存实相于字里行间。"当局"无疑指蒋委员长及其"智库"兼文宣把头如C. C.派的陈立夫之流。"感于新式教育之偏"，早由抗战前蒋介石强迫推行"新生活运动"的尊孔读经号召所公表。但通过军政首领下令特设以尊孔读经为宗旨的旧式书院，在国民党当权后则是"创举"，难怪耸动文教界听闻。"论人选或推马先生"，一个"或"字，暗示蒋介石们曾有其他人选考虑，因为论倡言"国粹"的名望，马一浮决非首选。然而"当局"还是选了马一浮，如前揭拙文已说，他与蒋介石、陈立夫为浙东同乡，在当局的"择贤"天平上，压倒了梁漱溟、熊十力、冯友兰等。（当然，同乡只是马一浮在书院山长角逐中胜出的一个原因。假如一瞥蒋介石提倡"新生活运动"的种种言论，特别是与复性书院开讲当月同时发表的《三民主义之体系及其实行程序》（1939年9月《青年中国季刊》创刊号），大讲继承"道统"，盛称孙中山先生思想体系契合张载的四句教云云，与马一浮从宜山讲到乐山的那些说法很像唱和，那就可知同乡关系何以成为马一浮入选的一个砝码。）

那时马一浮远在千里之外的广西宜山。蒋介石"当局"，特派"大汽车二乘"，犹如后来特派专机，将马一浮连同依附他生活的亲戚全家迎至陪都，那沿路地方官僚也必如恭迎钦差大臣，自不消说。叶圣陶先生很幽默，找出《汉书》所记汉武帝用"安车蒲轮"

（用可以坐卧的豪华马车并在车轮上缚蒲草以减轻颠震），恭迎其祖刘邦接见过的申公入京充当独尊儒术傀儡的古典，用"意殆如"三字形容蒋介石当局的复古丑剧，怎不令人失笑？

但据叶氏描述，马一浮似也刻意模拟前辈申公，到京晋见天子，就大摆帝师架子，提出充当帝师的三个"先决条件"。那意思无非是既为帝师，就应有高于世俗学官的特权，可以自我作古。这其实很合蒋介石们树立活着的儒宗以压制民主吁求的隐衷，也料定马一浮没有煽动舆情的能量，于是"居然大量"表示赞同，却使老实的叶圣陶很诧异，由此对马一浮很有好感，在通信中称其"言道学而无道学气""至足钦敬"云云。（叶氏又屡言马一浮说到"他的本行话未免迂阔"，"于其他皆通达，惟于'此学'则拘执"，表明他并未将马之为人与迂说相混。）

2008 年

一一七 复性书院的经费

前引叶圣陶1939年4月5日致在沪诸翁函，已云蒋介石们许诺给复性书院开办费三万元，月给经常费三千元。按照叶圣陶自述，他全家在乐山月支六十元便可丰衣足食，其月入或为二百元，那么重庆政府每月给复性书院经费三千元，至少可聘教授十名。

然而现存复性书院史料，没有发现它组建定型后，除马一浮外，该院还有别的教师。不是有贺昌群、熊十力吗？但贺昌群在书院筹备中已退出，熊十力在书院甫开讲便绝裾而去，均详后。好在书院学生很少，"有一二十青年"（1939年5月9日叶致伯翁信），只消马一浮一人主讲，便足以应付。不是么？半世纪前康有为设万木草堂，自封总监督兼总教授，实则一人唱独角戏，那先例大可仿效，况且"当局"已许诺月给经费三千元呢。

不过马一浮既为帝师，却唯恐同乡蒋介石食言而肥。按照逻辑，上了贼船，要自高位置，必须声言将跳河，所谓以退为进。他分明已受蒋介石大张旗鼓地拉拢，也分明已知蒋介石不可能封其为帝师便随之将他打翻在地，因而他表示拒领蒋介石恩赐给复性书院的经费，还宣称欲将复性书院办成"纯粹社会性的组织"，要自募基金"以期自给自足"。这都足以令舆论对其刮目相看。可惜他附带声明，募集基金，还要"请当局诸人以私人名义居赞助者之列"。

这一招在中国人并不陌生，俗谚早形容为面子夹里都要。果不其然，"当局"已心领神会。1939年5月9日叶圣陶致王伯祥信：

"复性书院已决定开办，开办费三万，经常费月四千，孔院长又为拨基金十万。"看来马一浮与重庆"当局"，历时两个月的"函札磋商"，主要集中在经费上讨价还价。就效应来说，马一浮似乎如愿以偿：蒋委员长许诺的"开办费"一分不少，"经常费"每月增加一千，更其是官居首相的孔祥熙，率先以行动支持马一浮为书院设置"基金"的要求，一次便"拨"给他现洋十万，——叶圣陶用一个"拨"（拨者，发也）字，且点明孔祥熙是用院长身份所"拨"，无异指出那笔巨款出自国库，并非孔财神"以私人名义居赞助者之列"，——超出"开办费"两倍以上。

如此一来，马大师还能不知恩图报吗？其实，马一浮获蒋介石"接谈"之后，刚由重庆抵乐山，便开始为书院开张忙乎。这年 4 月初叶圣陶就报道说："院址已看过多处，大约将租乌尤寺，寺中有尔雅台，为犍为舍人注《尔雅》处，名称典雅，马先生深喜之。"待到蒋、孔开出高价，书院更需早日开张。同年 6 月初，即经费到手不过个把月，马一浮已写定"复性书院缘起章则"。同时确定乌尤寺尔雅台为书院"讲习之所"。马一浮于是诗兴大发，赋得《旷怡亭口占》五言八句，遍示叶圣陶、贺昌群等索和。1939 年 6 月 15 日叶致诸翁信说："马先生近作一诗，很好，录与诸公一观……诗曰：'流转知何世，江山尚此亭。登临皆旷士，丧乱有遗经。已识乾坤大，犹怜草木青。长空送鸟印，留幻与人灵。'前六句于其胸襟、学养及最近之事业均关合而得其当，表现之佳，音节之响，无愧古人。"

2008 年

268

一一八　复性书院"内讧"

　　叶圣陶究竟忠厚而不迂执。他与贺昌群一样，很佩服马一浮的个人品格，一再称道马氏"人极好，除说些他的本行话未免迂阔外，余均通达"。然而朋友与君臣分属二伦。交友需平等，一旦朋友化作上司，双方变成"你打我通"的君臣式关系，情形必变。曾经参加辛亥革命的前武昌新军伍长熊十力，从来桀骜不驯，当然不会对马一浮唯唯诺诺。贺昌群为马一浮在浙大同任教授而示人谦和的言行所吸引，以为此老既能要蒋、孔待以"宾礼"，那么充当他的"佐理事务"副手，当然不是主仆关系。岂知非也，据叶圣陶记，贺昌群于 1939 年 5 月 9 日抵乐山，随即往成都接眷，履职当在此月底。但不过半个多月，就因在马一浮与熊十力关于书院宗旨的争论中间，赞同熊十力的意见，而遭马一浮冷遇，发生悔意。不妨照录 6 月 19 日叶致夏丏尊信的陈述：

　　　　复性书院尚未筹备完毕，而贺昌群兄已有厌倦之意，原因是意识到底与马不一致。昌群兄赞同熊十力之意见，以为书院中不妨众说并陈，由学者择善而从，多方吸收，并谓宜为学者谋出路，令习用世之术。而马翁不以为然，谓书院所修习为本体之学，体深则用自至，外此以求，皆小道也。近来他们二位谈话已不如在泰和、宜山时之融洽。马翁似颇不喜熊十力来，而事实上又不得不延熊来，将来两贤相厄，亦未可知。弟固早言马先生于其他皆通达，惟于"此学"则拘执（理学家本质上是拘执的），今果然见于事实矣。

这不清楚么？第一，书院筹备初期由马、熊、贺三人共同组成核心。第二，熊十力就任书院讲席，并非马一浮主动邀请；谁能使屡拒蔡元培、陈百年、竺可桢聘任教席的此老，"不得不延熊来"，致使预伏"两贤相厄"的危机呢？可惜至今这一"事实"，未见马一浮论者有只字道及。第三，倘说马一浮虽不欢迎却不得已同意延聘熊十力共事，则邀请贺昌群担任书院"常务副山长"，必出此老本意。他是否想以贺制熊？未便妄测，但由此形成书院"一国三公"的鼎峙局面，却是"事实"。第四，信中说到三公意见分歧，必指前引叶氏6月6日函所云"复性书院缘起章则"引发的争论。由时序来看，那份章则由马一浮写定并已呈重庆当局（否则不会于此前抄示叶圣陶并寄给上海友人）。不想熊十力有不同意见，而贺昌群履职后，却赞同熊十力的意见，于是大起内争。第五，叶圣陶于6月15日致上海诸友信，还介绍贺昌群和马一浮诗，谓其中"娓娓清言承杖履，昏昏灯火话平生"二句，"身份交情俱切，而余味不尽"。那"余味不尽"四字，是否暗示贺昌群对马、熊之争感到困惑，却希望马一浮不要固执己见，如往常示人平等的通达态度，认真考虑熊十力的意见呢？第六，看来马一浮没有理会贺昌群的谲谏，并错误地估计贺昌群不为身份交情而放弃"意识"自主的品格。于是仅过数日，贺昌群便在马、熊之争中站到熊十力一边，是不奇怪的。第七，显然马一浮没有料到贺昌群不顾"身份"改变，竟公然支持另一下属反对己见，或许还认为贺昌群忘恩负义，在争论中连带指斥贺昌群。这当然使未及"不惑"之年的贺昌群大惑，对于当初辞职以助马一浮的决定表示懊恼，所谓"已有厌倦之意"。第八，至于熊十力与马一浮，道虽同也不相与谋，反而可以理解。这位熊公是辛亥革命老战士，终身不怕任何政治的意识形态的任何当令权威。马一浮对此早有觉察，观其为熊著《新唯识论》所作序言可知。在这一点上，贺昌群似有判断失误，他于马、熊之争，以为但计是非，却不知马氏最忌熊氏可能染指他的帝师地位的焦虑，及得叶圣陶、郑振铎、徐调孚诸友提醒而恍然。

于是贺昌群急流勇退。同年7月6日叶致上海诸友函谓："昌群兄已与马先生分开，声明不再参与书院事。其分开不足怪，而当时忽然发兴，辞浙大而来此，则可异也。"

2008 年

一一九 熊十力反对马一浮

正值日本飞机滥炸乐山，马一浮幸免，熊十力却负腿伤。然而同年 9 月 17 日，他仍带伤出席书院开学典礼，发表了《复性书院开讲示诸生》的讲话（见《十力语要》卷二）。将此篇与同日马一浮发表的《开讲日示诸生》及宣布的《学规》《读书法》等文对照，颇有趣。

马一浮的办学方针，拙文《马一浮在一九三九》，已据叶圣陶当年通信作过介绍。而熊十力的预撰讲辞，长达万言，读后便知他与马一浮针锋相对。文长不具引，概括地说：

第一，关于书院的性质。熊十力说它虽不隶属现行学制系统，却强调它"亦绝不沿袭前世遗规"，"即扼重在哲学思想与文史等方面的研究"。这是对马一浮说要把复性书院办成现代白鹿洞书院，当众表示异议。

第二，关于书院的旨趣。熊十力说它"自当以本国学术思想为基本，而尤贵吸取西洋学术思想，以为自己改造与发挥之资"。照这个"尤贵"论，马一浮宣称书院取向，应为全盘复古，乃至"直接孔孟"，岂非幻想？

第三，关于书院的体制。熊十力说它相当于各大学研究院，所以袭用书院旧称，实非泥古，"一欲保存过去民间自由研学之风。二则鉴于现行学校制度之弊，颇欲依古准今，而为一种新制度之试验"。马一浮搞教育复古，竟被熊十力说成试验"新制度"，借此大讲形式复古，实为"保存过去民间自由研学之风"。又是民间主导，又是研究自由，这不与蒋介石特设复性书院的圣旨背道而驰吗？

第四，关于书院简章。熊十力说主讲马一浮规定"以六艺为宗主"。在先他已强调六艺指礼乐射御术数，"皆有关实用的知识"，"设令即无欧化东来，即科学萌芽或将发生于中土儒家之徒，也未可知也"（《十力语要》卷二答马格里尼）。这时他再次宣称，"以六艺为宗主，其于印度及西洋诸学亦任学者自由参究。大通而不虞其睽，至约而必资于博，辨异而必归诸同，知类而必由其统，道之所以行，学之所以成，德之所由立也"。如此一来，复性书院将成中西文化研究院，要养成学贯中外古今的通人，还能复性吗？

第五，关于书院教学。熊十力说不设戒条，"今后教育学者俱各留心于学业及事务各方面之得失利弊等等情形，随时建议，毋或疏虞，庶几吾人理想之新制度将有善美可期矣！"在先熊十力已表示期待人类大同，甚至说高度自治的"无政府主义"将为世界归宿。他称书院主讲与教职员、肄业生及参学人，都有治校的权利，把书院办成"理想之新制度"的民主园地，迂执的道学家马一浮能容忍吗？

2008 年

一二〇　马一浮志在讲明"经术"

马一浮未必与蒋、陈同调，但他志希王佐，屡表钦佩李光地将晚年康熙帝引向尊朱熹道学的权术。1939 年 4 月初他到乐山，因贺昌群介绍，主动拜访武大教授叶圣陶。叶"陪同出游数回"，便函告上海诸友："马先生之言曰：'我不讲经学，而在于讲明经术'，然则意在养成'儒家'可知。"（1939 年 4 月 5 日叶致诸翁信）这是叶圣陶于马一浮到访并"陪同出游数回"之后，报道马一浮办复性书院设想的第一封信。曾编著《十三经索引》的叶圣陶，对五经四书及汉宋诸派诠释，烂熟于胸。他初经对话，便发现马一浮的核心理念及实践取向，同函于是批评说："今日之世是否需要'儒家'，大是疑问。故弟以为此种书院固不妨设立一所，以备一格，而欲以易天下，恐难成也。且择师择学生两皆非易。国中与马先生同其见解者有几？大纲相近而细节或又有异，安能共同开此风气？至于学生，读过五经者即不易得，又必须抱终其身无所为而为之精神，而今之世固不应无所为而为也。"

当时复性书院还在襁褓中。叶圣陶的质疑，限于逻辑推论，只可说是合理预见。但他转述马一浮自白，所谓"我不讲经学，而在于讲明经术"，却对理解马一浮制定的复性书院教学宗旨，可谓一语破的。

三十年前，我便申述一个拙见："历史表明，自从儒术独尊以后，中世纪中国占统治地位的经学，便以学随术变为主导取向。官方表彰的经传研究，总在追随权力取向，论证经义具有实践品格，所谓通经致用。但通经标榜的是阐明孔子的基本教义，所据经传又充斥着关于历史的矛盾陈述，要使其化作粉饰或辩护现行的'君人南面之术'的信条，需要不断重新诠释并在'致用'上出现歧见和冲突，当然必不可免。"（说见拙著《中国经学史十讲》）

　　然而没想到马一浮早由相反角度力判经学非经术。他藐视传统经学，置于"不讲"之列。什么孔孟荀董刘扬郑王孔贾乃至程朱陆王的经典解读，在他看来都只能充当"讲明经术"的工具，合己之"经术"则是，否则便非。但细究其说，总发现未出《四库全书》已收朱熹一派道学家的范畴，即他所谓"楷定"。他尤其对清初李光地学说情有独钟，无疑由于李光地襄助晚年康熙重释朱子学并将朱熹升格为孔庙四配之次，与亚圣孟轲媲肩。他的《复性书院讲录》《尔雅台答问》等，内中充满用道学术语包装的迂见，其蓝本多袭自李光地。只是他对《榕村语录》正续编中那些揭露"本朝"政坛文坛恶斗秘史的段落，似乎视若无睹。

2008 年

一二一　迂执的"六艺该摄一切学术"

马一浮于1939年4月初抵乐山，叶圣陶便转述他的办学理念并批评道："至其为教，则以六艺。重体验，崇践履，记诵知解虽非不重要，但视为手段而非目的。此义甚是，大家无不赞同。然谓六艺可以统摄一切学术，乃至异域新知与尚未发现之学艺亦可包罗无遗，则殊难令人置信。"（1939年4月5日叶致诸翁信）

由于夏丏尊不相信马一浮竟会那么头脑不清，因而叶圣陶再对马说描述并批评道：

> 丏翁言其六艺之教为礼、乐、射、御、书、数，而其所教非此六艺也，盖诗、书、礼、乐、易、春秋也。最难通者，谓此六艺可以统摄一切学艺，如文学、艺术统摄于诗、乐，自然科学统摄于易，法制、政治统摄于礼。其实此亦自大之病，仍是一切东西皆备于我，我皆早已有之之观念。试问一切学艺被六艺统摄了，于进德修业、利用厚生又何裨益，恐马先生亦无以对也。弟极赞其不偏重知解而特重体验，不偏重谈说而特重践履；然所凭藉之教材为古籍，为心性之玄理，则所体验所践履者，至少有一半不当于今之世矣。好在学生决不会多，有一二十青年趋此一途，未尝不可为一种静修事业，像有些人信佛信耶稣一般，此所以弟前信有"以备一格未尝不可"之说也。

大约理学家讲学，将以马先生为收场角色，此后不会再有矣。

（1939年5月9日叶致伯翁信）

还在前一年即1938年，马一浮在江西泰和的浙大开讲"国学"，重点就是宣扬"六艺该摄一切学术"。由今传《泰和会语》（据马一浮题识，谓这部《泰和会语》，曾一印于绍兴，再印于桂林，"旋已散尽"；及至乐山，其同处故旧及"从游之士"共七人，又集资合刻此书和《宜山会语》，"且为校字"，"刻成而始见告"。题识署民国二十九年一月，即复性书院开讲三个月后。师徒同聚乌尤寺，而门生校刊老师二书，竟不告而行，况且还擅自改错，真如叶圣陶评其"论六艺该摄一切学术"所云，"殊难令人置信"。不知题识所说绍兴本和桂林本，尚有遗存否？无从对勘，只好存疑），可知他指六艺为六经，是新莽国师公刘歆的发明；他根本不提清代颜元已力倡"古圣之学在习六艺"，因为颜元反对把六艺曲解为六经；他称六经皆孔子所作，在清末已有皮锡瑞强调；他说孔子六经是"一切学术之源"，无非是清朝列帝御用理学家所谓"道统""学统"腐论的新版；他大讲"西来学术亦统于六艺"，也不新鲜，也由晚清所谓格致古微派的"西学中源"论发其端。叶圣陶熟悉"十三经"，与开明书店诸友新编教科书并编印名刊《中学生》，都旨在破除仍在被民国列朝当局强迫灌输的反科学反民主的意识形态谬见。但他憎恶假道学，却以为道学家应有发表己见的权利。因而他分明不赞成马一浮"西来学术亦统于六艺"的反历史说教，仅指为"最难通"，同时还称道马一浮"特重体验""特重践履"的主观态度，只是批评其人过度迂执。

不过叶圣陶对马一浮办复性书院的前景预测，又对又不对。他预测书院学生决不会多，是不错的。马一浮标榜"直接孔孟"，在严分师徒这一点上，是很讲究的，应答及门诸生，均称"示语"。由复性书院于 1944 年 3 月马一浮"辍讲"前四年有半的"示语"，列名的门徒近三十人，内有多人似前浙大学生。他在此前又发布过《告书院学人书》六通，调门由高趋低，乃至伤感地自评，"平日讲论所益实鲜"，"于诸君皆无甚深益"，可窥知他在复性书院主讲的效益，只可说言者谆谆，听者藐藐。他"示语"最多的门徒，此后名垂学史的几无一人，岂不哀哉。

可是叶圣陶预言马一浮将为理学家讲学的"收场角色，此后不会再有矣"，却未一语成谶。清康熙帝晚年曾嘲骂"假道学"，但其子孙送进孔庙陪吃冷猪肉的本朝先贤，无一不是"假道学"。马一浮自命"真理学"，而且历仕二朝，无论贵为帝师还是通省三老，都自说自话，虽不如梁漱溟敢于披逆鳞，熊十力敢于质毛公，却不像冯某那样曲学阿世。单看这一点，他趋时而不媚世，当可厕身现代理学家之一格。

2008 年

一二二 钱穆：民国学术史的过渡人物

通过研究章太炎，上溯清代汉学，下及"五四"思潮，时时涉及钱穆，渐感此人的确可称在梁启超、胡适之后，民国学术史的一个过渡人物。

钱穆中年以后专治"国史"。他应聘北大讲席之后，正值日本侵华加剧。"九·一八""一·二八"两次事变，令他在北大讲授中国通史和近三百年学术史，焦点都集中在汉族怎么抵抗异族入侵。1937年"七·七"事变前夜，他出版了《中国近三百年学术史》。1940年抗战最艰苦之际，他又出版了《国史大纲》。前一书致力于表彰清代反满或与清朝统治学说立异的学者，后一书则力图论证周孔以来的传统文化才是中国历史的脉络。他论史企求合乎当世"国情"，又反对"全盘西化"，以为西方文化的长处在"力"，中国文化的特色在"情"。自清中叶大乱迭起，"中国社会本苦力，又继之以追随西方角力争胜之势，既不足以对外，乃转锋而向内。终于'情'的融合，常此麻木，'力'的长成，遥遥无期"。他认为这正是当代中国斗来斗去的原因，即"不明国史真相"而招致的恶果。

因此钱穆宣称，"国史"有一个最可注意的现象，"即我民族文化常于'和平'中得进展是也"，"中国史之进展，乃常在和平形态下，以舒齐步骤得之"。

这一认知，支配了钱穆一生。他在去世前，还念念不忘两岸摆脱对峙的出路，唯在"和平统一"，可说是他"通史致用"的结论。

2005 年

一二三　钱穆的《中国近三百年学术史》

第一，钱穆自比司马迁，但将《太史公自序》著名的三句教，"欲究天人之际，通古今之变，成一家之言"，改成四句教：改"究"为"明"，当然是说他已洞察天人关系，改"成"为"备"，也无疑自以为一家之言已经定型，而更可注意的，是插入"求以合之当世"一语。

第二，"当世"即著书的时代和环境。1928 年 6 月国民革命军占领京津，南京国民政府即改北京为北平，北平便成民国"故都"。钱穆在 1931 年夏受聘于国立北京大学历史系，秋季学期才开始，日本关东军就制造了"九·一八"事变。次年初日本海军陆战队又在上海挑起战争（"一·二八"事变），并在 3 月炮制了伪满洲国。到 1935 年兵临北平城下的日军越发急于吞噬华北，这年 10 月北平百余教授联名要求南京政府早定抗日大计，钱穆列名其中。他所谓"身处故都，不暇边塞"，自是实情。《中国近三百年学术史》自序作于 1937 年 1 月，这以前五年里，他在北大还开过中国通史等课程，各门课程都好讲夷夏之辨即为民族主义，也就是"大难目击，别有会心"的微言大义所在。

第三，国难当头，讲历史特重民族主义，"求以合之当世"，命意本来不错。问题在于当前的民族危机，祸起于日本的外来侵略，使整个中华民族"到了最危险的时候"。而民国自始便宣布"五族共和"，就是说当世的中华民族抵抗来自域外的异族侵略，与传统的夷夏之辨，没有可比性。况且日本侵略者制造"大东亚共荣圈"的口实，所谓"同文同种"，不仅泯灭历史的夷夏界定，更泯灭中华民族与大和民族的根本分野。将中华民族内部的满汉或蒙汉等等的所谓夷夏关系史，譬诸帝国主义侵华史，本身就是比拟不伦。尤其是在中华民族面临亡国灭种的紧急关头，"当世"统治者南京政府的蒋介石集团，坚持"攘外必先安内"的荒诞政策，置全民族大难于不顾，这时讲历史再伸张传统的夷夏之辨，将内外民族问题混作一谈，很难说"通史致用"。

第四，钱穆强调他讲史著史"求以合之当世"，恰好陷入主观与客观、动机与效应的悖论。《中国近三百年学术史》便是显例。此书力反梁启超同名著作的论述。梁书将清代思潮看作"对于宋明理学之一大反动"，以为晚明王学倡导思想解放过度，以致空谈误国，明社遂屋。于是顾炎武等起而倡导"舍经学无理学"，"以复古为解放"。钱书却以为开创清初学风的是东林，说是东林在书院议政，正是接续了宋学（实指朱子学）重经世明道的传统，在一切方面都成为近三百年学术思想的先导，于是朱子学实际成了清学的主流。那末，清朝统治者不是来自塞外的"异族"么？清代理学不是满洲皇帝鼓励的"正学"么？钱穆的解释是清代道学有真有假，满人入室操戈，以假乱真，区别理学真伪的尺度就是敢不敢坚持夷夏之辨，"不忘种姓，有志经世"。这解释的每一点都有前人说过，要探讨的焦点，便是钱穆怎样力求论证其"合之当世"。

第五，钱书面对的"当世"，时间为著书的五年，空间为1928年底东北易帜后南京政府的全国统治。尽管日本侵略步步加紧，但蒋介石控制党政军的一人专政，似乎正在结束军阀混战，给经济文教的振兴带来希望。钱穆论史，向来称道统一，认为统一才能保证民族文化进展所需要的"和平"，而民众革命总是破坏过于建设，造成国史常"于变乱中见倒退"。他袭取章太炎的说法，而称秦汉以后中国一直走向"平民社会"，宋以后"社会学术思想之自由，并未为政治所严格束缚"。他显然认为蒋介石为首的南京政府的统一，可以让学术思想进展在和平形态下"以舒齐步骤得之"，所以他憎恶日本侵略，既破坏中国统一，又推行奴化政策，犹如满洲入关不许学者"以天下治乱为己任"。奇怪的是他掉转笔锋指向汉学家，以为汉学家"皆不敢以天下治乱为心，而相率逃于故纸丛碎中，其为人高下深浅不一，而皆足以坏学术、毁风俗而贼人才"。他更将当时新派学者比作清代汉学家，说他们言政则主张"全盘西化""不问其与我国情政俗相洽否也"——这无疑指斥胡适等《独立评论》一派对南京政府种种失策的批评；又说他们"言学则仍守故纸丛碎为博实""持论稍稍近宋明，则侧目却步，指为非类"，——这无疑是指傅斯年等主张史学乃科学，治史首重史料学。从这一点来说，钱穆通过清学史乃至整个中国通史，表述的"历史文化精神"，体现着一种文化保守主义。

2005 年

一二四　顾颉刚改日记

所谓日记，顾名思义，当为逐日之记录。古往今来，日记作者多矣。就已刊布的日记来说，作者或为写给自己看，或为写给他人看。无论写给谁看，原记可以秘藏，可以销毁，可以在生前择要刊布，可以在死后全文公表，却很少有人在事后增补，更极少有人在数年或数十年后以今律古，为达某种现实目的，而篡改昔作。

《顾颉刚日记》却表明，作者不仅补日记，而且改日记。

本来，时隔经年乃至数年数十年，所补当年当月的日记，可信度已令人生疑。可是，顾颉刚竟然在晚年修改中年所写日记，乃至将他发生在 1929 年的行为，一笔抹煞，还将原有记载移前一年。也许他以为改得天衣无缝，谁能质疑他亲笔改定记载的可信性呢？

况且他致胡适的那通长函，控告对象是傅斯年。傅斯年早赴台湾，随即名列"战犯"，1950 年已猝逝。同样，胡适也名列"战犯"，在国共内战中进退失据，只能流亡美国，听任海峡两岸都予声讨。对于留在上海，在商学二界都自诩老大的顾颉刚，将既往一切实有或臆度的过错，统统推给胡适，并转而反控傅斯年，无疑顺理成章，而且死活都无对证，岂不惬意？

果然，从思想改造，"三反""五反"到批判胡适，顾颉刚都能"过关"。他于是被召唤进京了，位居中科院一级研究员，月薪五百万，远过历史诸所首长；住房阔达十多间，较诸同所助研举家一室难求，有天壤之别。随即增补为政协委员，又名列民主促进会核心成员。因而他此后在日记中时时抱怨从政妨碍治学，是否真话？至少在京沪二地熟悉其人的学者中间，很少有人相信他的表态出自肺腑。

顾颉刚曾在"文革"初期受到冲击。但由于"最高指示"，顾颉刚又在1971年被定为"二十四史"校点主持人，被抄走的《顾颉刚日记》也发还。如今《日记》"更以楷体字相区别"的数年或数十年后补记诸则，就大多补记在这年以后。

2009 年

一二五　顾颉刚与"献九鼎"

所谓献九鼎，怎么回事？顾颉刚于 1943 年 2 月 28 日的日记内，存有同年 2 月 27 日"中央社讯"的剪报，题为《铸九鼎呈献总裁》。由此可知事情的概况。

它的由头，是同年 1 月 11 日英美政府都发表声明，放弃在华治外法权及其相关特权，包括归还上海等地的租界。

其实，此前两天，即 1943 年 1 月 9 日，南京汪伪政府已与日本驻南京大使签署"日本国与中华民国关于归还租界及撤废治外法权之协定"。同日汪伪政府即向英美"宣战"。美英随即宣布与中国政府签订"新约"，显然要稳定中国抗日的军心民心。但无论如何，美英两国宣称与中国"另定新约，废除百年来之不平等条约"，对国统区民众有振奋作用。事后美国总统罗斯福说，"需要把中国和其他世界强国联合在一起"（英国首相丘吉尔则称此举并非给中国"礼仪性以外"的发言权），对于挽救蒋介石正在下跌的个人声望，也是机会。

它的倡议，来自国民党中央党部下属的"全国大学暨工矿党部"，"为庆祝中美中英新约成立，纷电组织部朱部长，发起铸鼎奉献总裁致敬"。可知事情的策划者，的确是朱家骅。

它的策划，据同年 1 月 27 日顾颉刚记，"将刘起釪所拟九鼎文重作"。而这以前他的日记，连日出现"到组织部开小组会""到组织部访朱先生"等记载，随又记"写起釪信""起釪来"。可知

286

他奉朱家骅命，作《九鼎铭》，并将起草初稿的任务交给其徒，必在那数日内。

它的筹备，据前引中央社讯，两党部联合举行筹备会凡三次，"决定铸造铜鼎九座，以资隆重。九鼎式样，筹备会已聘定故宫博物院院长马衡主持设计，另请顾颉刚、杨定襄撰就鼎铭"；"现在九鼎模型业已依照设计图案，妥善制成，正由民生（机器）厂长周茂柏及工程师多人指导技工铸造"。另据前引1月27日顾氏补记："中国与英美之新约既成，各学校党部及工厂党部欲向蒋委员长献九鼎，而以鼎铭属予，因就起釪所草，加以改窜，如上文。"二则合看，表明筹备过程闹腾了至少一个月。奇怪的是中央社讯明谓铭文由顾氏和杨定襄两人起草，而顾氏日记对此完全不提，何故？不清楚。

它的设计，前引中央社讯还全文录有马衡所撰《九鼎设计缘起》。马衡是考古文物名家，早在1923年已任北大史学系教授兼研究所国学门导师，于1933年出任国立北平故宫博物院院长兼古物馆馆长，抗战初负责将故宫文物精品迁至后方。朱家骅要与同属C.C.系的陈果夫、陈立夫兄弟争宠，抢先搞出向蒋介石献九鼎的花招，真要做起来，非要依赖马衡这位权威不可。马衡似乎不给朱家骅器重的顾颉刚面子，自撰长篇《缘起》，劈头便重申《汉书·郊祀志》所述古史可信："昔禹平水土，开九州，远方图物贡金九牧，铸鼎象物，百物而为之备，使民知神奸，用能协于上下，以承天休，此即周世所称为九鼎者也。"这岂非否定顾颉刚"疑古"的出发点和推论吗？往下马衡申说重铸九鼎的意义，强调废除不平等条约，既是"国父"首倡革命的遗志，也是全国军民为抗日而艰苦奋斗五年的结果，"恢复我自由平等之地"，当然蒋总裁也有"领导"

之劳。这又岂合朱家骅策划献九鼎以赞颂"一个领袖"英明伟大的命意？不仅如此，《缘起》一再指出新铸九鼎的主题，就是"协和万邦，以进大同"八字，似乎无视顾颉刚早已拟定的正文，容后再说。

　　字叔平的浙江鄞县人马衡，是鲁迅生前的挚友，也是顾颉刚、陈源等常常攻讦的"某籍某系"的一人。他的"信古"未必是，他的"古为今用"也可议，但他将所作《缘起》，也铸于第九鼎之上，对于顾颉刚乃至朱家骅，却无疑是难以下咽又不得不咽的一帖苦药。

2009 年

一二六　陈寅恪评顾颉刚

当年重庆国民党中央组织部导演的向党总裁"献九鼎"的闹剧，在九鼎铸成后正式上演的情形，比如说献鼎仪式，谁揭幕？谁出场？谁充主角？总裁有没有亲自登场？如此等等，《顾颉刚日记》没有续记。那很可惜，因为这堪称二十来年后由"工总司"王洪文们闹起的"献忠心"活动的前奏，尽管后者规模更壮观无比。但愿我们的民国史家，勿以善小而不为，查一查至今仍然难见的"大后方"报刊，说一说 1943 年曾轰动国统区政界学界的这出闹剧的始末，令我辈开开眼界。同时这样做，等于也给顾颉刚洗刷，免得他替蒋介石、朱家骅等背黑锅，永担策动"献九鼎"的恶名。

我说顾颉刚背了黑锅，见于《顾颉刚日记》自述的两则回应。如前引顾颉刚自记鼎铭一则一样，这两则材料，余英时先生为《顾颉刚日记》联经版所作的长序，也已引用。不过我通读这部日记之后，感到也有点拙见可说，故不揣冒昧，再引顾氏原文：

> 此文（引注：即顾氏所作鼎铭原文）发表后，激起许多方面的批评，使予自惭。
>
> 孟真（傅斯年）谓予作九鼎铭，大受朋辈不满。寅恪诗中有"九鼎铭辞争颂德"语，比予于王莽时之献符命。诸君盖忘我之为公务员，使寅恪与我易地而处，能不为是乎！

两则补记，非同日所补。字体与原记同，依顾潮"凡例"，当为与原记"日期相隔不远"的补记。前一则说"激起许多方面的批评"，哪些"方面"不详，但既云"许多"，可推知当年一切有能力在不同场合作出反应的批评者，对他的《九鼎铭》，几乎没有好话。

不过他说那许多批评"使予自惭"，却未必。证明就是陈寅恪先生的一首诗，辗转传到他手，他看后立即跳起来。

先看陈先生诗。诗题《癸未春日感赋》，题注"时居桂林雁山别墅"。现据陈美延、陈流求编《陈寅恪诗集》刊载的原文，逐录如下：

> 沧海生还又见春，岂知春与世俱新。读书渐已师秦吏，钳市终须避楚人。九鼎铭辞争颂德，百年粗粝总伤贫。周妻何肉尤吾累，大患分明有此身。

癸未当1943年，诗作必在该年2月28日"中央社讯"报道《铸九鼎呈献总裁》以后。据《顾颉刚日记》，顾颉刚早在抗战前，已结识陈寅恪，抗战中两人流亡后方，在成都一度过从颇密。这时陈寅恪任教于广西大学，双目已近失明，但闻顾颉刚作《九鼎铭》后，仍力疾吟成此诗。一如既往，他的诗作，多半甫成便流播学界。此诗也通过傅斯年，很快被顾颉刚见到。

陈寅恪诗好用典，非熟悉古典今典，便难明诗中寄托的深意。业师陈守实先生，生平最服膺陈寅恪先生的品格学识，曾告诫我们如不博古通今，就读不懂这位太老师的诗文。是以我向来视解读陈寅恪诗为畏途，不敢置喙。这回重读陈诗，发现多年前初读蒋天枢

《陈寅恪先生编年事辑》所录此诗，竟有索查其出典的旁注，不禁欣然，以为至少可省数夜查书工夫。

这里不能逐一列举此诗出典，仅说其中三语。"读书渐已师秦吏"，当用《史记》所载秦始皇驭吏的典故，凡为吏即今称官，治思想罪不力就要严惩，得力就可使要学法令的读书人，"以吏为师"。"周妻何肉"典出《南史》，说有周颙、何胤二人同时弃官学佛，有次萧齐太子询问二人精进程度，却得知都不行，因为一个舍不下妻子，一个无妻却好吃肉。把念念不忘"有身"视为超凡脱俗的"大患"，见于《老子》。

问题是顾颉刚解读陈诗"九鼎铭辞争颂德"语，说是"比予于王莽时之献符命"，令我瞠目。1981年我初读陈先生此诗，为查此语出典，颇费时日，最后以为当指宋徽宗时事。九鼎成为朝野争相注目的问题，始于汉武帝时汾水旁挖到古鼎，儒生方士因而争言那就是大禹所遗传国重器。时过一千二百年，北宋亡国之君徽宗忽发奇想，命新铸九鼎，中为帝鼎，八鼎依八卦方位布置，表征八方来朝。随着徽钦二帝成为金朝俘虏，九鼎也被金兵掳去，下落不明。想来当初为九鼎新铸，北宋朝野也很热闹过一阵吧。抗战军兴，学者每将日寇侵华，比作金朝攻灭北宋。固然比喻不伦，历史上中国列朝内战，怎可说成外国侵略中国？但那是时代的一种通识，虽贤者不免。陈寅恪先生于上一年（1942）夏天自港入桂，寄吴宓诗，已有"谁挽建炎新世局"语。因而当初我以为陈诗此语，也属"能近取譬"，借宋徽宗铸九鼎的古典，讽喻蒋介石嫡系自编自导自演"献九鼎"，没有料及此举可看作是拿宋徽宗比蒋介石。

不料这回读《顾颉刚日记》，忽见顾颉刚对陈诗此语有新解。于是赶紧重查陈诗出典，发现除首联次句出现一个"新"字，实在无法找到可与新莽"献符命"古典的联系。沉吟多日，只好作出一个解释，即顾颉刚奉命作《九鼎铭》，已自知可同《汉书·王莽传》详尽描述的"献符命"类比。他本来多疑，在唯恐"总裁"不赏识他鼎铭谀辞的同时，也唯恐学者拆穿鼎铭谄媚"总裁"的丑态，以致神经过敏，见陈诗既有"新"字，又有"争颂德"三字，立即勾起心病，硬说陈寅恪将他的《九鼎铭》，比作王莽代汉时期那些争相伪造的"天帝除书"，真可谓"疑心生暗鬼"。

由这回重读陈寅恪评顾颉刚铭"九鼎"诗，令我感到他倡导论史需具"了解的同情"的态度，在他是身体力行的。前引《陈寅恪诗集》，有一首为吴宓抄存的《庚辰暮春重庆夜宴归作》，据吴宓附注，1940年陈寅恪赴重庆出席中央研究院会议，蒋介石宴请与会者，"寅恪于座中初见蒋公，深觉其人不足为，有负厥职"，故作此诗。因而以后陈寅恪拒绝蒋介石拉拢，正是坚持生平恪守的"独立之精神，自由之思想"的明证。但他对同时代的学者没有如此高的要求。寻绎他评顾颉刚此诗，在拆穿其人以辨伪成名而不惜造伪的两副面孔的同时，也原情度心，以为顾颉刚此举出于不得已。

你看，他斥顾颉刚"九鼎铭辞争颂德"，接着就说"百年粗粝总伤贫"，用晚清到民初百年来学者日穷的历史，原谅顾颉刚未能超出近代传统。紧接着又举"周妻何肉"，人之大患在"有此身"两个古典，说明顾颉刚不顾廉耻，实有某种不得已的隐衷。

谁知顾颉刚对陈寅恪如此温和的批评也不领情。他想不出任何历史先例可为自己的行为辩护。他从未想到陈寅恪诗可能用的是宋徽宗旧典，反而心虚地以为陈诗抓到了他蹈袭王莽、刘歆故伎的赃证，不由得自画招供。

顾颉刚显然畏惧陈寅恪批评的影响，又拒谏饰非，只好拿出蒋介石王朝的潜规则，与之相抗。他强辩说，自己做了中央组织部的"公务员"，当然应该在官言官，意为清朝列帝无不向臣工强调的"忠君亲上"，理应为当今"公务员"奉作准则，尽管那时顾颉刚在国民党中央党部，不过职居边疆处副主任委员、三青团评议员，司局级干部而已。但他由于迎合圣意，草定《九鼎铭》，已俨然自居国师公，于是傲慢地宣称，"使寅恪与我易地而处，能不为是乎！"

读《顾颉刚日记》至此，除了惊叹"呜呼哀哉"，还能有别的形容吗？不过由此也长了个见识，原来还在1940年代，连中层的国民党官僚，都已自称"公务员"。

2009 年

一二七　顾颉刚从政

看《日记》，还在顾颉刚作《九鼎铭》而贻讥尘谤之前十六年，他已显露志在从政，而从政必投靠国民党为捷径。

怎么见得？证据有今存当年他致胡适的两封信，均见《胡适来往书信选》（中国社科院近代史所中华民国史组编，中华书局1979年版）。

第一通写于民国十六年（1927）2月，那时胡适经苏俄赴英国出席英庚款委员会会议之后，横渡大西洋访美，而顾颉刚仍在厦门大学，正在极力帮助尊孔的厦大校长林文庆对付因鲁迅辞职触发的学潮。不知是否从正在厦大访问的国民党元老蔡元培、马叙伦那里嗅出了某种不利于胡适的信息，他写长信给胡适，"请求"胡适归国以后不作政治活动，"如果北伐军节节胜利，而先生归国之后继续发表政治言论，恐必有以'反革命'一名加罪先生者。"但顾颉刚又说，因为胡适在莫斯科说过赤俄好话，"民众党同伐异，如果先生能加入国民党，他们又一定热烈的欢迎了。"

第二通写于同年4月28日。那时顾颉刚已由厦门跑到广州。此前蒋介石已发动"四·一二"政变，中山大学有众多的学生被指为"共党"遭追捕，鲁迅抗议无效，愤而辞中大教务主任。顾颉刚却以为鲁迅被他吓跑，得意之余又替胡适担忧，再致函劝胡适"万勿回北京去"，以免被指斥国民革命的民众认作替张作霖办事，"民众是不懂宽容的"，所以他向胡适献策，"要在革命军势力之下做事"。

胡适没有听他的话，是另一回事。但两函表明，顾颉刚审时度势，看出在蒋介石"清党"之机，反而更能从政，不是昭然若揭吗？

2009 年

一二八　顾颉刚与"中华民族是一个"

《顾颉刚日记》1939年2月7日记："作《中华民族是一个》。"同日备注："昨得孟真来函，责备我在《益世报》办《边疆周刊》，登载文字多分析中华民族为若干民族，足以启分裂之祸，因写此文以告国人，此为久蓄我心之问题，故写起来并不难也。"

他显然被傅斯年的指责吓慌了，赶紧作文表白自己政治正确，却又声称文章题目凸显的见解，"久蓄我心"，岂非说傅斯年的"责备"纯属误会吗？

幸而傅斯年原信尚存，稍后傅斯年致朱家骅、杭立武函，又评价了顾颉刚的上述回应。两两对勘，可知傅斯年对顾颉刚的"责备"，集中在顾颉刚想通过讲"民族问题"，为蒋介石的政治服务，而效应适得其反，因为第一，讲"边疆""民族"，就违背政府提倡而有法律效力的"民族主义"的界定，即"只有一个中华民族"，不可"巧立各种民族之名"；第二，要表明"学人爱国之忠"，"更当尽力发挥'中华民族是一个'的大义，证明夷汉之为一家，并可以历史为证"。

这回顾颉刚要感激傅斯年指教了。得信就作《中华民族是一个》，文章题目即据傅斯年的指示，内容呢？其文长达八千字，同样竭力诠释傅斯年提示的纲要，不仅否认辛亥革命后中华民国临时政府颁布的约法，说"五族共和"的纲领，是假历史，"是中国人自己作茧自缚",破坏中华民族的团结云云,更提出要取消历史的中国有"本部"与"边疆"相对的名称。

顾文受到年轻的社会学家费孝通的质疑。费孝通认为中华民族有多个民族组成,即半世纪后他反复申说的"多元一体"论的雏形。顾颉刚于是作《续论"中华民族是一个"》,宣称否认中华民族是"一个",只会引起民族内部的摩擦,"予敌人以分化的口实"。他竟诡辩说只有否认什么"五族共和",内地与边疆存在民族差异,如此正名,才可禁止"变相的大汉族主义之宣传"。于是他说,既然"五族""本部"的名目必须取消,也就应将"汉奸"正名为"内奸"。

傅斯年对于顾颉刚"连作两文以自明",表示满意:"其中自有缺陷,然立意甚为正大,实是今日政治上对民族一问题惟一之立场。"傅斯年特别赞许顾颉刚对费孝通质疑的长篇反驳,说是费孝通谓"中国本部"一词有科学根据,中华民族不能是一个,"即苗瑶猓猡皆是民族",那就意味着"一切帝国主义论殖民地的道理,他都接受了"。傅斯年声称,费孝通的质疑,是受其师吴景超的指使,而早年留美获芝加哥大学社会学博士的吴景超,讲民族问题,正是"为学问而学问,不管政治","弟以为最可痛恨者此也"。

然而,历史到底不因政治支配而改变自己。中华民族是历史形成的复合体,这个复合体涵泳五十六个或更多(至今仍有尚待民族识别的族群)的民族,是客观存在。"名者实之宾也",顾颉刚受傅斯年指点,否定循名责实,否定中国是多民族国家的事实,岂非将中华民族化作空洞的概念?

2009 年

一二九 汤用彤《魏晋玄学论稿》

　　绍介《魏晋玄学论稿》很难。据著者汤用彤（1893—1964）的界定："所谓魏晋思想乃玄学思想，即老庄思想之新发展。玄学因于三国，两晋时创新光大，而常谓魏晋思想，然其精神实下及南北朝（特别南朝）。其所谓之特有思想与前之两汉、后之隋唐，均有若干差异。而此一时代之新表现亦不限于哲学理论，而其他文化活动均遵循此新理论之演进而各有新贡献。"

　　照这样界定，本书研究的范围，涵盖三国两晋南北朝。倘由公元196年曹操开始"挟天子以令诸侯"算起，至589年隋灭陈，曾被汤用彤比作欧洲中世纪"黑暗时代"的近四百年，中国除西晋王室内战前有过短短二十年"一统"外，便是漫长的分裂与混乱。尤其从西晋末出现史所未有的民族大迁徙，昔日文明腹地由北疆诸族建立的大小帝国达二十多个，长江中下游也成中原士族的侨乡。政治社会不断改变，思想与信仰岂能恪守一旨？

　　当然，汤用彤治学是审慎的。字锡予的这位湖北黄梅人，毕业于清华学校，民国七年（1918）负笈赴美，三年后获哈佛大学哲学硕士，归国任教。抗战初随北京大学西迁，先在长沙刊布《汉魏两晋南北朝佛教史》；继于昆明西南联大写出研究魏晋玄学的多篇论文，但迟至1957年始在北京结集出版，凡收1947年前发表的八篇论文和一篇演讲稿。汤用彤时任北京大学副校长，并成社会活动家，因而《魏晋玄学论稿》初版"小引"，特别说明该书对王弼哲学思想"很加称赞","但实是在主观上同情唯心主义"云云，看来不仅出于环境造成的过度小心，也令读者好奇并费猜详。今本《论稿》，补充了汤用彤昔年在海内外大学讲授提纲及学生听课笔记共七篇，特别是阐述王弼至嵇康、阮籍的"贵无之学"的口说记录三篇，部分地解脱了学者读其书的遗憾。

还在清末民初，学者们已对汉晋间学术的畸变多所议论，但瞩目的焦点仍在经学，并且仍在延续清代考证经今古文典籍辨伪的话题。章炳麟《訄书》重订本的《学变》，首先指出汉晋间学术有五变，"各从其世"，以为"崇法老庄"的玄言，始作于嵇康、阮籍。"五四"后新派学人多从章说，如鲁迅于1927年讲"魏晋风度"，强调文学史应和"作者的环境、经历和著作"相结合，也以为曹操在政治上尚刑名，在思想上尚通脱，后者的效应便体现于文坛"发除固执，遂能充分容纳异端和外来的思想，故孔教以外的思想源源引入"，而以为除孔融外，对魏晋社会风气变化影响最大的，就是何晏和王弼、夏侯玄。

据《魏晋玄学论稿》的汤一介、孙尚扬所撰导读，汤用彤于1940年所列该书初稿目录，有一目曰"五变"。而该书《言意之辨》章，劈头便引章太炎说，可知汤用彤撰文必受章太炎汉晋间学术凡五变的启迪。《论稿》未引鲁迅，但该书论玄学，首推王弼，以专篇揭示王弼之《周易》《论语》"新义"，无疑承认何晏《论语集解》乃王弼认知孔子的来源之一。《论稿》将王弼、何晏着重发挥的"贵无"义理，抬到哲学创见的高度，显然又超越了章鲁师弟。至于《论稿》或许借助美国的分析哲学方法，与佛学哲理及清代经史考证传统相结合，而使魏晋玄学研究推陈出新，但见问题有人提出，尚未见可以征信的论证。

2010 年

一三〇　翦伯赞《中国史纲要》

如今仍被很多大学选作中国通史教科书的《中国史纲要》，于1962年起分册陆续问世。但迟至1979年初版四册出齐，全书主编翦伯赞（1898—1968），已在十年前含冤去世了。

当然，翦伯赞更不及看到目前通行的《中国史纲要》的修订再版本（人民出版社1995年版）。但正如本书"修订再版说明"指出的，改为上下二册的这个修订本，"增补了一些内容，同时吸收了新的研究成果，并对全书进行了认真的勘误"，而且除近代部分以外，由先秦到明清五部分的修订者，依次为吴荣曾、田余庆、吴宗国、邓广铭、许大龄，都是初版该部分的执笔人。

因而，当1979年《中国史纲要》初版四册重印时，邓广铭撰《关于本书的几点说明》，写道："1962年至1966年，（本书）先后出版了第三、第四和第二册。在写作、讨论过程中，翦伯赞同志经常就体例、理论运用和史料鉴别等问题与编写组同志们反复商讨，最后定稿时，他还要字斟句酌地进行推敲。这些，都充分体现了他作为主编的认真负责的精神和对历史科学的严肃态度。"这描述是符合事实的。

我在1960年代初期承乏复旦大学历史系本科中国通史的秦汉至宋辽金段落的讲授，适值《中国史纲要》二、三册出版，面临教材的选择问题。范文澜的《中国通史简编》在我读大学时就耳熟能详。这时又出现郭沫若主编的《中国史稿》，据闻贯彻政治权威的意向。在先曾经"厚今薄古""兴无灭资"的运动,我觉悟仍然很低,看不出史学界范、郭、翦"三老",与以马列治史有何区别。比如翦著《历史科学战线上两条路线的斗争》(1958)等文,初读便令我感到左右都无所适从。意外的是,我留校任教以后,先被陈守实师迫读马克思原著,继被周予同师指定担任大学文科教材《中国历史文选》的主编助手,而全国高等学校文科教材编选办公室的历史组组长就是翦老。这迫使我格外注意他的史学见解。岂知通读他的《对处理若干历史问题的初步意见》(1961)、《目前史学研究中存在的几个问题》(1962)等报告稿之后,竟感"于我心有戚戚焉"。当时特别有兴趣的,是他关于历史主义与阶级观点相关度的诠释。及至读到《中国史纲要》诸分册,以为的确在向"论从史出"方面努力,遂将之作为指定教材向学生介绍。

翦伯赞籍属湖南桃源,或有近代湖南人同具的"蛮勇"。他出身于湘西维吾尔族的军功世家,早年就投身革命,年届不惑便成为中共地下党员(1937),随即拿笔作投枪,四十岁即发表《历史哲学教程》,既批判胡适、陶希圣,也讥刺郭沫若,特别强调研究历史只能是"为了改变历史,创造历史"。接着他发表《中国史纲》,作为《教程》的注脚。他在共和国成立前夕,在石家庄与刘少奇长谈,从此以中共在史学界的发言人自居。以后十年,由北京大学历史系主任,晋副校长兼党委委员,又任《北大学报》及《光明日报》史学版主编。应该说,在1958年前,他已成为中国史学界的一面"红旗",在人文学界的影响已跃居郭沫若之上。

于是,从1959年到1963年的五年里,翦伯赞突然转型,由主流史学的旗手,变为主流史学的诤友,与吴晗并列为钻进中共党内的"资产阶级史学"的代表,被江青们诬作"霸占史学阵地"的头目。这个过程，迄今缺乏从历史本身说明历史的研究。

用不着特别指出，《中国史纲要》的修订本，叙史的精确性越发反衬体系的结构矛盾。翦伯赞反对"以论带史"，反对将马列理论当作教条，但述史跳不出以西欧为原型的五种社会形态框架，跳不出阶级斗争是历史根本动力的伪见，诸如此类，都使《中国史纲要》成为缺乏未来呼应的一种绝响。

2010 年

一三一 苏渊雷《佛教与中国传统文化》

还在上海解放之初，1949 年 7 月，苏渊雷先生便发表论纲《大乘佛法与新唯物论》，"试就世界观、社会观、人生观三方面，说明佛法与马恩哲学的相通性与一致点"。在他看来，二者都是历史发展的产物，因而佛法于中古、马恩哲学于近代，传入中国，都实为时代所必需，也表明中国有"采善于人，成就胜义"的传统，既非"袭取"即照抄外来义理，亦异"取消"即抛弃固有文化。

不待说，苏渊雷当年如此以佛学表征中国传统文化，显然不合时宜。因此他除了继续 1943 年著《玄奘》一书的思路，于 1951 年发表《关于玄奘研究的若干问题》这篇以历史考证阐述义理的力作以外，便对他认定的"佛教、佛法、佛学三者异名而同实"的中国化历史，保持沉默。

苏渊雷（1908—1995），字仲翔，浙江平阳人。闻自与他为大同乡的吾师周予同，得知他年未弱冠即参加革命，后被蒋介石拘捕坐牢七年而被迫脱离中共，出狱后任世界书局编辑，并参与创办新知书店。抗战期间任教立信会计等校，1952 年起任华东师范大学史学教授。

以往我但知这位前辈文史兼通、书画俱佳。及至 1983 年，承乏"中国文化史丛书"编委会常务工作，甚为佛学特别是禅宗与中国文化关系的组稿发愁。忽见苏渊雷署名的《近代我国佛学研究的主要倾向及其成就》《佛学在中国的演变》《佛学与中国传统文化》等宏文，既惊且喜，遂冒昧投书求见。

不料苏先生得函即光临寒舍。时方早晨，他手持瓷壶，内盛烈酒，谈话间频频吸饮，令我不敢相信他已年届八旬。可惜当时丛书编委会规定不收论文集，令我不得不恳请老人将论文改写为专著。这是不情之求，非学术与政教活动甚多之老人能迅即完成。于是《佛教与中国传统文化》一书，遂由湖南教育出版社于 1988 年刊行，嗣后收入华东师范大学出版社于三年前出齐的《苏渊雷全集》第五卷。据该全集附载的苏氏年谱，苏渊雷的佛学史研究，始于民国三十一年（1942），至共和国成立两年便中辍，时过三十年才旧事重提。收入这部结集的论文九篇，除前揭关于大乘佛法及玄奘研究作于 1950 年初前后以外，另七篇均作于 1982—1986 年五年间。

全书的结构，首为佛教在古印度的创化史及东传华土的演变史，将纷繁的史迹梳理得一目了然，继而分述佛学在华对古典哲学、文学和建筑、雕塑、绘画等古典艺术的影响，令人得知自汉唐至明清不断变异的传统文化，的确是中国与域外的智慧才华的世代交融结晶。接着为华土佛学的三篇个案研究，著者以深厚的考据功力和善于别择的史笔，不仅清晰陈述了玄奘求法弘法的传奇一生，更使《禅宗史略》二篇，迄今仍属海内关于中国化佛教的最佳普及作品。同样，《中日僧侣学人对促进两国文化交流的伟大贡献》这篇长文，在我看来，堪称中国现代学者从复原历史的角度，表达"日中一衣带水隔，只应兼爱诵非攻"的心愿体现。著者为佛教居士，书末强调"识得自性便是佛"，重申清末民初杨文会、章太炎、梁启超等的一个共识，即佛法有助于人们自我观照，利于知天又知人，也是他企求"以史为鉴"而寓意此书的归结。

因此，《佛教与中国传统文化》一书，堪称共和国前四十年由中年晋老辈的学者代表作之一，大概可称实事求是的判断。

2010 年

一三二　陈旭麓《近代中国社会的新陈代谢》

还在 1970 年代末，我曾与陈旭麓先生共事三年，已知他对中国近代史有不少异见。但时至 1993 年，即他猝逝三年有余之后，初读他的遗著《近代中国社会的新陈代谢》，才知他的异见不异，反而堪称以马列主义史观为指导，研究近代中国社会历史演变过程的一朵奇葩。

陈旭麓在 1918 年生于湖南湘乡。二十五岁（1943）毕业于贵阳大夏大学的前一年，便因出版《本国史》而引人瞩目。以后辗转任教于中学和大学。三十四岁（1952）参与筹建华东师范大学，并在历史系任副教授，迅即在中国近代史领域崭露头角，曾主编《中国新民主主义时期革命通史》的文化部分而享誉学界。因在"文革"后期奉命主编"中国近代史丛书"，被同校投机政客作把柄，至年逾花甲始晋级教授。然而他晚年笔耕越发勤奋，发表《论中体西用》等论文近百篇，多数篇章均在海内外学界引发积极回响。

据《近代中国社会的新陈代谢》一书的冯契序和整理后记，陈旭麓自 1978 年为华东师大研究生开设同名课程，讲授并构思此书体系，历时十年，留下讲稿二十余万字。因而在他去世三年多后，由上海人民出版社刊行的这部遗著，全书三十万字，应该说基本内容出于陈旭麓生前的笔述口授。

"新陈代谢"原属于生物学名词。自晚清随进化论输入中国，至迟在 20 世纪初便被新学界普遍接受。还在中华民国元年（1912）季春，上海的《时报》，便刊出以"新陈代谢"为题的论文，宣称"共和政体成，专制政体灭；中国民国成，清朝灭"等二十多种现象，都表明中国正经历全面的新陈代谢过程。

所以，时至民国二十六年（1937），毛泽东在延安发表题为《辩证法与唯物论》的著名演说，其中部分修订为《矛盾论》，宣称"新陈代谢是宇宙间普遍的永远不可抵抗的规律"（《毛泽东选集》人民出版社 1966 年横排本，第 297 页），如此云云，对照陈著《近代中国社会的新陈代谢》的体系和论旨，便不能不说陈著没有超出《矛盾论》反复申说的"新陈代谢"规律的思路。

......

正是在毛泽东关于中国近代史的领域，陈旭麓的《新陈代谢》，逐一进行专题研究。全书二十章，以时序论述"近代中国社会"的进程，每章都凸显时代的政治主题。陈述限于历史，但读后令人感到毛泽东引证的近代史主要事例，很少可得历史事实的印证。

古云诤臣，定义为"有能尽言于君，用则可升，不用则死"（《说苑·臣术》）。照这个标准，至少从清朝到民国三百多年间，找不出一人可谓诤臣。不得已，退而求其次，在自己的论著中，以史论为政论，通过历史实相的陈述，彰显现实政治的谬误，则在清末民初的人文学术的历史论著中屡见不鲜。

以我的愚见，陈旭麓著《近代中国社会的新陈代谢》，因藉史立论，切中时弊，深受同道赞赏，但它的真正价值，在史不在论。就是说，它着眼于论从史出，选择的史料史实，在主观上都为立论服务，然而作者本人，既然非常在意史料别择和史实陈述的可信度，因而逢到史与论冲突，不得不尽可能详解史料或史实，以证明所谓新陈代谢无处不在。

于是通观《近代中国社会的新陈代谢》这部书，令人感到史与论常相悖，但述史既揭露若干实相，立论也不悖于历史真实。如此论说，恰为从矛盾的历史陈述中间清理出历史真相，提供了相反相成的印证。

2010 年

一三三　季羡林与金克木

　　说到季羡林、金克木两部近文结集（《三十年河东 三十年河西》与《书读完了》）。二书的共同特色，都是将现代议题化作历史议题。不同的是，金克木书中篇篇都以"文革"中及此前的"最高指示"当作探索对象，力求厘清那些现代咒语的来龙去脉。他善作语言的文献的历史分析，结果每每出人意表，再看又觉得在人意中。

　　季羡林的书呢？中间当然不乏警世通言，但总体看来不耐读。例如他说东西方文化不同，反复强调表现于思维方式，东方是综合的，西方是分析的，这早见于"五四"时期杜亚泉、梁漱溟等的文章。例如他说"中国传统道德是中国传统文化当中最精华的内容"，举出三个特点，《白虎通》的"三纲六纪"，"格致诚正修齐治平"（没指出是朱熹从《大学》中挖出的"八条目"），"礼义廉耻，国之四维"（未说出自非儒家的《管子·牧民》），不也早见于清末的林纾、辜鸿铭么？连他力倡的"送去主义"，也是清末民初的辜鸿铭、林语堂已在说和做的。我说季书不耐读，就因为一没有提出新问题；二没有对老问题提出新解答；三没有对晚清以来百余年围绕东西方文化问题进行的多次论战中，批判"西学中源""中体西用""孔教救世""中国文化本位"的种种意见，给予有说服力的反批判，而只是重申自己赞同一方的旧见解。

　　从对待传统（即仍然活着的文化传统）的态度来看，金克木是批判家，总在追寻现代神学的魔力由来和它的古典的近世的形态，他的诙谐的文字蕴藏着对现状的深沉悲悯。季羡林却是帝王师，人们将他当作先知顶礼而他也乐意扮演预言家的角色，不过说的都是很古的话，也许他知道现在需要这类粉饰太平的幻想话语。中国需要多元文化，应该出现不同的声音。但既然季、金二氏，都在讲传统与历史，那么我们作为文化史的从业者，对待一切弘扬或批判传统与历史的说法，只能有一个衡量尺度，就是坚持从历史本身说明历史。

2006 年

一三四　古代的"大师"

"大师"的名目很古。

《论语》曾记孔子与"鲁大师论乐"，可知春秋时代它是诸侯国乐官长的职称。

时过三百年，公元前2世纪初，曾被秦始皇下令焚烧的《尚书》，由一位老博士伏胜在济南传授。山东一些儒生，向伏胜学得一二残篇，便收徒讲学，号称"大师"。它于是成为两汉时代传经的学者的称谓。

不幸，所谓儒学变成官方经学，内容既杂乱，形式也越发僵化。时至三国，经学很快没落，在争夺意识形态影响的各派学说中，来自"西天"古印度的佛教，成为向"周孔之道"的经学挑战的劲敌。到唐朝初期，玄奘留印归国，主持翻译佛经，便将印度佛徒称颂佛祖的一个称号"天人之师"，译作"大师"。

从此，"大师"便成为唐朝皇帝褒扬密宗僧官常用的封号。稍后汉化佛教的禅宗崛起，各派禅僧也无不竞称"大师"。

名不正未必言不顺。既然"大师"已非孔教徒的专称，那就难怪中世纪晚期各行各业都出现自己的"大师"，常被公认的有良医。

明清的君主专制，特别想实现意识形态大一统。清朝的康雍乾"盛世"，代价就是思想文化领域的愚民政策，将思想界、文化界都压制得鸦雀无声。这百年唯有被独裁君主驱赶到所谓纯学术角落的学者，被迫从事经史考证研究，反而成就非凡，大师辈出。正是这班以经今古文学著称的非主流人物，成为晚清倡导社会改革和体制革命的先驱。两派宣传家都学日本明治维新后的说法，称自己的学问为"文学复古"，而称汉学为"国学""国粹""国故"云云。

如今鼓噪"国学"者流，多半不知或假装不知那些名目实为"日货"，相反却借以宣扬狭隘民族主义以窒息民智。

2011 年

一三五 "大师"的界定

谁都知道欧洲文艺复兴时代,如恩格斯所形容的,是一个需要巨人并产生了巨人的时代,"在思维能力、热情和性格方面,在多才多艺和学识渊博方面的巨人的时代"。恩格斯对引导欧洲走出中世纪的巨人即大师的讴歌,直到 1925 年才随着《自然辩证法》的问世而公表,被译成汉语的时间更晚。

然而,不过数年,1934 年夏季,陈寅恪写作《王静安先生遗书序》,就出现了这样的说法:

> 自昔大师巨子,其关系于民族盛衰学术兴废者,不仅在能承续先贤将坠之业,为其托命之人,而尤在能开拓学术之区宇,补前修所未逮。故其著作可以转移一时之风气,而示来者以轨则也。

谁都知道,陈寅恪晚年曾反对当局强制研究机构学马列,却并不意味他拒绝了解马克思主义学说。相传他早年留德时读过马克思著作,又曾在瑞士听过列宁演讲。因而他的历史见解出现与马克思、恩格斯类似说法,可谓所见略同,也表明他没有"凡是敌人所是必以为非"的荒唐心态。比如关于大师巨子的历史界定,就令我每读总想起恩格斯对达·芬奇、马基雅弗利以及马丁·路德等人的赞扬……

因此，陈寅恪关于大师的界定，即学术实践能够继往开来，尤其善于创新，非但开拓学术新领域，而且指明学术的发展方向与方法，都是"大师"概念的题中应有之意。但他以为大师的事业"关系于民族盛衰学术兴废"，则未免陈义过高，因为这在很大程度上取决于当下的社会政治环境。即如他说话的时代，自称孙中山信徒的蒋介石，已在用"军政"实现所谓"训政"，以致陈寅恪要借纪念王国维之死，呼喊学者必须保持"独立之精神，自由之思想"。又过二十年，他重申"独立之精神，自由之思想"，正是自己的追求，必须"以生死争之"，更说明他所说大师著作可以转移时代风气，在中国尚止于理想，迹近浪漫主义，最终被"文革"的冷酷现实破碎。

2011 年

一三六　真大师与假大师

（评判大师的）尺度，简单地说，就是博古通今，学贯中西，德才学识兼备，非但于本门学科为不世出的专家，并以卓特识见、新颖方法或指明未来取向，而受众多学者景仰。这里的裁判官，仅有一个，就是由时间体现的历史。

百年来中国风云变幻，社会政治的变动十分剧烈，有的人才学俱佳却经不起大浪淘沙，有的人妙笔生花而执舆论牛耳却缺乏学识创见，有的人善于制造轰动效应却投机成性而不断自我否定，有的人好在学界结党博取虚名却盖棺不能论定。诸如此类，通过时间的历史的无情筛选，百年来在教科文卫领域，堪称合乎上述尺度的大师级学者，或许仅有百名左右。

数年来，上海电视台纪实频道推出的《大师》栏目，颇受观众好评。我以为栏目编导是严谨的，尽可能向观众介绍百年来经过历史筛选的教科文卫诸界大师。其中某些人尚有争议。但就人文学界来看，已经播映的马相伯、蔡元培、陈寅恪、傅雷、竺可桢、李四光、黄佐临等，称其人为大师，都当之无愧。当然百年来影响历史更大的，如康有为、章太炎、陈独秀、胡适等，制作难度更大，尚待推出。但整体上已树立了可资比照的现代学术大师形象。

由此观照近年丛出的所谓大师，已故的多属他封。但也有生前不断自封而名过其实的，不敢自居大师而曾领袖群伦的，却都"俱往矣"。但看在世的。季羡林先生是中印文化交流史专家，对传统经史的认知似非其长，因而他公开声明辞谢"国学大师"头衔，应说有自知之明。但尚在人世的那班他封的、自封的或者故作谦退又实自我炒作的"国学大师""文化大师"，休说未曾盖棺论定，即如彼辈不断公开表演，彰显的品格低劣，识见庸俗，学问粗浅，乃至古汉语也一窍不通，只配称作假冒伪劣货色，纵然盖棺一千年，也连"小师"也算不上。

我相信中国可能有活着的大师，惜因寡闻而未见。我也相信达尔文的进化论，随着文化生存环境不断改善，未来必定大师越来越多。不过由生者来看，只见假大师得意，未见真大师发声，不禁想到马克思在《资本论》第一卷再版跋所揭示的，"公正无私的科学探讨让位于辩护士的坏心恶意"，是否意味着我们的学术评价机制，尚不足以判别真伪呢？

2009 年

一三七 《大师》的效应

　　第一，使观众可以了解什么是真正的大师。二十多年前，拙著《走出中世纪》，就引用过马克思《资本论》的这段话："在某种程度上，人是和商品一样。因为，人到世间来没有携带镜子，也不像菲希特派的哲学家一样，说'我是我'，所以人首先是把自己反映在别一个人身上。一个名叫彼得的人所以会把自己当作一个人来看，只是因为他把那一个名叫保罗的人看作自己的同种。因此，对彼得说来，有皮肤毛发的保罗，就用保罗的这个身体，变为人这个物种的现象形态了。"《大师》已用那么多形象证明"同种"的现代中国大师是怎样的人，不是给"这个物种的现象形态"提供了参照尺度吗？

　　第二，使观众可以了解我们的前辈大师，都经过多么曲折的乃至以生命为代价的历程，才修成正果的。他们成为世人公认的真大师，没有依权仗势，没有结党营私，没有跟风变脸，没有借机炒作，相反都有信仰、重操守、讲诚信，形成学说的认知的体系，决不轻易动摇，即使犯错也光明磊落，因而个个都名副其实。

　　第三，使观众领悟真大师的尺度，重睹真大师的风采，再看现今那班官封的、自封的、利用媒体狂炒的，乃至背后干着肮脏交易而成暴发户的，种种冒牌大师，不就真假可辨吗？

　　第四，使观众可知前辈真大师，均非可被权力金钱玩诸股掌的阿猫阿狗式"宠物"。马相伯揭露民初孔教会借使孔教变国教以达敛财目的，蔡元培在官在野都坚持教育学术都必须兼容并包以实现思想言论自由，陈寅恪宁死都要坚持"独立之精神，自由之思想"，傅雷被打成"右派"还为自己相信的真理献身，诸如此类的形象比照，不就使那班号称大师而实为城狐社鼠者流露出原形吗？

第五，使观众对于某些不学有术的官僚，某些见利忘义的媒体，某些为达目的、不择手段的黠儒，以及某些"和尚打伞"式的愚人，联手打造光怪陆离的假大师，同样也有了真大师的多面照妖镜，更能洞察以假乱真的种种伎俩。

2008 年

一三八　学风腐败抑或浮躁？

近年来海内学风问题，引出学界内外议论纷纭。或曰整治学风腐败刻不容缓，或曰"腐败"一词形容过甚，当正名为"学风浮躁"。或又为某名校某名公抱不平，谓该校迫于外界舆论压力，暂停其人博士生导师资格，处置过当，因其论著袭用本人译文，不可谓剽窃云云。

从业于人文学科，又被谑作"教书匠"，如不计做"牛"十年的话，首尾已逾四十年，可谓久矣。不消说，学界光怪陆离诸现象，早已见怪不怪。因而，初见章培恒教授疾呼整治学术腐败刻不容缓的宏论，窃腹诽之，以为这位老友又犯了知其不可为而为之的宿疾：你说学界腐败成风，但如不抄袭拼凑，怎能在短短三百六十五天内，除掉吃喝拉撒、拉关系走后门、兼需寻欢作乐之外，炮制论文数十篇、专著七八种？再说，倘若此类论著，不获当轴认可并揄扬，赏以什么社科奖，又怎能获得激励，成为后进学人的导向？

于是，继见京沪权威报刊，登载的"学风非腐败乃浮躁"说，不禁五体投地，膜拜顶礼。论腐败说有"打击一大片"的嫌疑，就说抄袭剽窃拼凑而成的宏篇巨制实有的话，那也只属于被揭露的"一小撮"。而类似这一小撮而以专著高论扬名海内学林的高手，可谓不胜枚举。但此辈无不春风得意，被某些单位争相以高薪延聘，致使有"三流学人在流动中增值为一流"的传说。窃以为这正是"浮躁"的表征，但表征的风气，到底源出学界呢，还是以趋时求跃升的政客？看来尚可讨论。

至于在京沪名校出现的博导因论著被发现抄袭而暂停招生资格的个案，窃以为只是个案而已。理由呢？首先这不是个案，类似情形多有，或者更严重。其次单看个案，则至少于其学科无知如我，则看其被指作某些章节属于抄袭的论著，比看那些通盘"西化"而善于掩饰的什么专著，获益更多。再次呢？难免涉及道德判断问题。在我看来，整体袭用欧美成说，但致力于迎合今圣，扭曲人说以谄媚时论，比袭用西说来表达己见，更难令人同情。

以上拙见，照例该举实例，如葛剑雄君义愤填膺地要求当今盛行的文物走私市场索性开放那样。但葛君可以那样说，我却不敢效法。理由无他，因为学风到底是腐败还是浮躁的问题，太抽象，充其量只能成为少数学人的话柄，而文物走私却涉及六合之内特别是众多非文管部门的利益。吾邦古训就告诫切忌碰撞他人的饭碗，我对葛君的宏论，望而却步，动机实在卑不足道。

末了，说什么呢？我同情章培恒教授的说法，又以为《光明日报》所刊章开沅、戴逸、张岂之、龚书铎四教授关于学风非腐败乃浮躁的说法，也有道理，还以为替北大、复旦若干抄袭案的辩护，也揭露了体制腐败使然的奥秘。于是无所适从，只好就事论事。

2002 年

一三九　通识教育八疑

一、半世纪来中国大学不断"改革"，何以至今没有出现一所"世界一流"大学？

二、假如"通识教育"，意味着不分学科，在大学阶段把人文教育置于首位，那么自唐至清的科举教育体制，岂非堪称完形？而清末民初的历次学制改革，都把废止强迫性的经典教育当作重心，岂非自始便走入误区？

三、假如美国的大学教育，是"通识教育"的楷模，那么20世纪前半期中国的教育家和主流大学决策者，越来越多是留美学人，却对美国式"通识教育"，普遍表示冷淡，在实践中不予采纳，又是为什么？

四、假如说现在需要在大学推行"通识教育"，旨在使大学"把国家利益放在第一位"，并看作"一流大学"的所谓标志，那么何必学美国？五十年前学苏联搞大学改革，强调任何院校都必须把当前政治服务定成方向和目标，至今统一规定的政治课程仍是所有学生必修的"通识"内容，又何必另行"改革"？

五、假如说为了建成社会主义市场经济，必须有相应的"通识教育"，那么美国岂是社会主义国家？无论美国的民主体制是否已经变质，它的市场经济遵循的仍是西方民主传统的基本逻辑，这能成为教育中国大学生的"通识"吗？

六、假如说为了弘扬中国独特文明，重倡中国传统美德，必须配合以"通识教育"，那么梁启超早在清末便已概括其精义，即"开明专制"，所谓"与君言仁政，与民言服从"，可是百年历史不是也表明它始终止于理想吗？

七、假如说由于缺乏古典的历史语言文化的"通识教育"，致使如今大学生的人文品质急剧降低，那么仅仅咎在大学教育吗？谁都知道影视报刊等大众传媒，早成民众接受文化教育的主要信息源，公然糟蹋历史、践踏传统、诲淫诲盗、污秽下流的什么古装片、清宫戏，乃至将历史公认的暴君独夫颂扬为"英雄"，甚至使文科学生也对反清革命有没有必要发生怀疑，这不都是影视等媒体制造的效应吗？到底谁该替青少年一代数典忘祖，负有主要责任？

八、假如说由于大学教育过度专业化，不利于培养富有创造力的复合型英才，必须导之以"通识教育"，那理由不也似是而非？每个大学老师，只要不用脚底思维，都知道从院系调整到高校合并、升格、扩招，真正的专家都没有发言权，在位长官的权力意志不容违背。在这方面，美国倒值得称道，但可称道的不是它的"通识教育"，而是它实践了"科学无国界"的自由精神。倘将它教育系统的缺陷，当作中国大学改革的取径，岂非舍本逐末？

2004 年

一四〇　以"道德"救世有用吗？

有一种意见，以为治理办法，在于重整道德，尤要提倡传统儒家的名教。这想头毫不新鲜。

还在清初，南国思想家追究明亡清兴的祸根，无不归咎于人心不古，四维不张。顾炎武《日知录》便有整整一卷，论述"四维不张，国乃灭亡"，"朝廷有教化，则士人有廉耻，士人有廉耻，则天下有风俗"。

到清末，章太炎企图总结戊戌变法和庚子保皇的失败教训，说是都败在康有为及其同党"道德腐败"，因而重申顾炎武的道德救世说，除了呼吁实行顾炎武所说教化士人应该首重知耻、重厚、耿介三事以外，还应倡导"必信"，如孔子说"民无信不立"。他针对孙中山等认为革命党应该"为达目的，不择手段"，特别强调"无道德者不能革命"，凡革命者必须把"知耻"放在个人节操的第一位。为此，章太炎依据当时的社会分工，把社会成员划作十六类，而以每类成员在生活中损人利己的行为效应，作为测量不同类别的道德高下的尺度，断言农民工人小商贩和下层的"学究""艺人"，最有道德或者较有道德，而从事朴学、理学、文学、西学的"通人"，即构成朝野官绅和四民中坚诸群体之社会基础的名流学人，则成为区别道德有无的过渡阶层，往上的职业军人、官府胥吏、幕僚、职商（捐官的富商买办）、京朝官、省府州县各级地方官、八旗绿营的统兵官、多如牛毛的候补道之类，则一类比一类的道德更卑劣，只能充当革命必须清除的对象。

　　见于《革命道德说》《箴新党论》等文的章太炎这类学说，正是百年前"国学"初起的鲜明表征。我曾指出，章太炎自相矛盾，既反对道德一成不变，又寻求可以抽象继承的永恒道德。如恩格斯批评费尔巴哈的道德论所说的，"它适用于一切时代、一切民族、一切情况；正因为如此，它在任何时候和任何地方都是不适用的"。当然，这毫不影响我们肯定章太炎和《国粹学报》提出改革与道德的相关度的历史意义。这里特别要奉劝当今的道德淑世论者，去看一看他们的先知写于一百零五年前的这类文章，可知时逾一个世纪，问题依旧。这是否反证什么"国学"，尤其是自命现代大儒而于史一窍不通的所谓主流学者的高论，正在重蹈清末"通人"覆辙呢？不妨再引章太炎《革命道德说》评论通人的一段话：

　　　　通人者，所通多种，若朴学，若理学，若文学，若外学，亦时有兼二者。朴学之士多贪，理学之士多诈，文学之士多淫，至外学（西学）则并包而有之。所恃既坚，足以动人，亦各因其时尚以取富贵。古之鸿文大儒，邈焉不可得矣。卑谄污漫之事，躬自履之，然犹饰伪自尊，视学术之不己若者与资望在其下者，如遇仆隶；高己者则生忌克，同己者则相标榜；利害之不相容，则虽同己者而亦嫉之。若夫笃信好学、志在生民者，略有三数狂狷之材，天下之至高也。

　　当年我选注这一篇，正值辛亥革命七十年祭，也有感于改革者提倡思想解放，许多言论竟与辛亥革命前夜的改革争议相似。因而明知谁都不会真的"以史为鉴"，仍然以为此篇也许可以让识者从先辈遗教中悟出一点浅显道理。还是马克思说的不错，"弱者总是靠相信奇迹求得解放，以为只要他能在自己的想象中驱除了敌人就算打败了敌人"。岂止如此，到"文革"惨败为止的当代史早已证明，指望对既得权益者进行道德劝谏，无异与虎谋皮。然而转眼面临辛亥革命一百周年纪念了，重读清末的道德争论史，感受呢？只好"复古"曰，呜呼！

2011 年

一四一　读读《资本论》

想来想去，自己的书架，虽无"秘密"，有几部书，却常置于随手可取的地方。其中一部，便是王亚南、郭大力中译的马克思《资本论》。

犹忆四十五年前，我大学毕业，留本系担任陈守实教授的助教。首次拜谒陈先生，请教该读何书。陈先生素来严峻寡言，无语半小时，讲了一句话："你去把《资本论》读一遍。"我大吃一惊，因为没料到他对中国土地制度史的新任助教的第一个要求，竟是通读连《剩余价值学说史》在内的四大卷《资本论》。

那时正值"三面红旗"在实践中大败的开端，复旦党委书记公开提倡青年助教要服从导师，乃至应有"倒夜壶"精神。陈先生不以旧行会的徒弟相待，却要我通读马克思首要经典，这使我既困惑又感动。领了第一个月工资，赶紧去买了《资本论》，从第一卷序跋读起，每周写一篇读书笔记，呈送陈先生。如此年余，读毕第一卷，即因受命同时兼任周予同教授主编的大学文科教材《中国历史文选》的助手，又开始主讲本系基础课，而无法全力以赴。岂知陈先生每于傍晚散步时光临寒舍，照例很少说话，但每说必指点我治学门径，包括如何读《资本论》。正因如此，我渐悟出陈先生其实要我摆脱大学时代所受《联共（布）党史简明教程》的斯大林教条的影响，从读马克思原著做起，理解唯物史观是怎么回事。

那以后，拙著《走出中世纪》出版，收到数百通读者来信，颇出我意料。当初我用"中世纪"一词代替史学界习用的"封建时代",无非由于读《资本论》,发现马克思、恩格斯所谓的"封建",最多只可形容华夏的"先秦"或此后鲜卑、契丹、女真、蒙古及满洲相继入主中原的初期的历史实相,而在秦统一后的列朝主流,都非马克思所述的"封建"。因而列宁称道王安石为11世纪中国的改革家,似乎注目于王安石反"封建"。此后斯大林称许中国当代革命是"农民战争",已将中世纪和近代混为一谈。人所共知,恩格斯早称《资本论》是"工人阶级的圣经",假如连《资本论》首卷序跋都没读过或没读懂,便可称作发展马克思主义,不正应了马克思当年的批评,只能说是相对于这样的"马克思主义",他本人并非"马克思主义者"吗?

因此,既蒙编辑先生垂询,要我说说读书的心得,那么结合我五十年来的治学历程,能向读者推荐的一部常读书目,便是马克思的《资本论》第一卷,首先是此卷的序跋,其次是论"劳动日""原始积累"诸章。我不佩服海内某些经济学家的高论,因为彼辈恰如《资本论》再版跋所批判的那种辩护论者,将官商勾结或盗窃国库或剥削民工而大发横财的若干豪富的发迹史,描绘成诗意般的夏秋更迭。如果读者没有时间,那就希望他们读一读载于《资本论》第一卷的初版序和再版跋。二文都很短,浏览不需半小时,如果不挟成见,或许读后会由思而悟吧?

2004 年

附录　历史上的中国与世界

引言

今天是这个学期最后一节课，还是由我来上。这学期我们课程讨论的问题，是历史上的中国与世界。一共有五位老师，不包括我，给你们讲过了历史上中国与世界不同的课题。历史上的中国与世界，也是一个观念性的问题，今天我就来讨论一下历史上的中国与世界，它的观念的变化过程。

我给你们上过第一节课，第一节课的课题就是中国人、中国史。那一次着重地讨论中国是一个历史的概念，一直到 1911 年，也就是一百年以前，辛亥革命以后，成立了中华民国，中国才变成一个政治概念，也就是说中国人才正式地成为国民。中国的称谓很早，大概已经有了两千多年。这以前，也就是 1911 年以前的两千多年里面，中国人一直不是正式的国民。

搞清这一条很要紧。什么道理呢？因为我们现在有些所谓的理论家、所谓的学者都搞不清楚历史的中国和现代的中国的区别。于是乎把历史上的一般人——他出于各种各样的目的，把自己的大小王朝都叫做中国，或者把自己的皇帝说成是代表中国——统统都说成就是中国。比如说宋朝，从来不是一个统一的王朝，北宋只占现代中国的四分之一左右，南宋占现代中国的四分之一不到。和宋朝同时存在的，有契丹人建立的辽朝，女真人建立的金朝和党项人建立的西夏，另外还有现在云南贵州那里的大理。其他的一些小的政权就更多了。两宋时候的人，习惯于把自己叫中国，而把辽、金、西夏、大理等这些国家说成是非中国，或者叫做夷狄，或者干脆叫做外国。我们现在有些人在讲到两宋历史的时候，也经常是站在宋朝人的立场上，而不是站在中国人的立场上，把辽、金叫做外国。你们去看看毛泽东的一些讲话，有些中共中央文献研究室已经编入了毛泽东文集，里面就有这样的意见。

……

古典的夷夏观

古代的时候，自称中国的人又自称是华夏。上一次在学期初的时候，我已经讲过华夏的概念是什么。华夏的对立面就是四夷，在孔子的时代有专门的称谓：东边的比较后进的少数民族叫东夷，北边的叫北狄，西边的叫西戎，南边的叫南蛮，我们上海这一带就是属于南蛮。所以有些人很骄傲，自称我是诸夏，你们过去是南蛮，我绝对承认。因为到了后来，所谓的南蛮，它的文明程度远远超过所谓的中国、所谓的北方。

历史上有一个从孔子的时代就很流行的概念，叫做夷夏。孔子有好几次在《论语》里面提到了所谓夷夏问题，他讲："夷狄之有君，不如诸夏之亡也。"诸夏，孔子就说那是文明的顶峰——君臣关系本来代表文明。这句话很简单，就是说，夷狄，你虽然有君臣的关系，诸夏在这个时候比较乱，君臣关系比较乱，但还是比你们高明。这一点用不着隐讳，有好多人，包括现在的人，明明比人家落后得多，还不承认自己的落后，反而说我比你高明。你们看看现在的报纸，每天都有这种话。

孔子有这种话，但是孔子没有像后来的人有那么严重的夷夏观念。有一次他讲，准备住到九夷里面去，"子欲居九夷"。九夷在什么地方？在现在山东、江苏北部靠海的部分，当初是所谓东夷族聚居的地方，一个相对来说文明比较落后的地方。人家对他说了，你要居九夷，九夷这个地方"陋"，用现在的话来说，就是那个地方很差。孔子就说了："君子居之，何陋之有？"他说，只要我到那个地方去，那个地方就不会差，不会简陋。

……

孔子已经讲了所谓的夷夏之辨，这当然不是他的发明，孔子以前就有了。孟轲讲了很多夷夏之辨。他特别强调，只可用夏变夷，未闻用夷变夏。但是他又说周公是西夷的后代，因为周文王是西夷之人。舜是东夷之人。"舜，东夷之人也；文王，西夷之人也。"他说，这些人，到了后来，"得志行乎中国"，志向在中国实现了，他们就变成了圣人。

中国与夷狄对举，中国与九夷对举，这是比较早的历史记录。孟子生卒年月不清楚，他活了多大也搞不大清楚，大概是在孔子之后一百多年，就是公元前3世纪左右。那时已经有了夷狄和中国的区别了。那时候夷狄和中国的区别，主要是一个文明的概念。用我们现在流行的话来说，是先进还是落后的概念。凡是自居为诸夏的，就是自居为最先进的。

把周朝的文化说成是中华文化的表征，周公时代还没有，大概到了孔孟时代才有。我说过，周朝的皇室本来就是夷，所谓的西戎。用孟子的话来说，就是西夷。但是后来，他们那一套凭靠权力在中国流行以后，他们就变成了中国的圣人。到现在为止，很多说孔子是我们中华文明源头的人，还不承认这一点。但是我说，你不承认，我还是要说，因为我讲的是一个历史事实。

中世纪的中国与夷狄

到了战国秦汉的时代，中国开始变成区域概念。前次我讲了，中国为什么是区域概念？因为周朝统一了黄河中下游以后东迁，自称都城的地方叫做中国，自称周朝的皇族和它的有亲缘关系的那些族也叫做中国。当时的中国人很少，族也很少，没有多少人，以后就扩大了。我已经说过，在西周的时候，楚国是一个很强大的诸侯国，楚王就不承认是周朝的中国人。楚王自称是蛮夷。现在考古发现，还有根据历史记录来看，到了西周晚期的时候，楚国已经是文明程度很高的一个诸侯国。所以到这个时候，"中国"就不是一个文明的观念，而是一个空间的观念，有时候有些人把它变成族群的观念。

其实到了秦汉以后，"中国"就变成一个统治王朝中心的观念。我们知道，秦朝的统治者不是所谓华夏，他是西戎，是几个在现在的陕西、山西、甘肃这一带的民族混合而成的，我们姑且叫做秦族。我们现在看到它的文明程度是相当高的。现在秦始皇的墓还没有挖出来，但是秦始皇的墓边上挖出来的东西已经让世界震惊了。比如那么多兵马俑，公元前3世纪到2世纪的时候，我们地球上从来没有过这样的东西，它的文明程度已经很高了。但是当时它征服太行山以东六国的时候，在六国的眼光里，秦国就是夷狄或者蛮戎这样的国度。这时"中国"已变得不是一个纯粹的空间观念，而是族群的观念。或者在某种程度上，变成了一个很大的偏见。后来我们经常夸耀汉唐多么多么强大，汉朝人刘邦是南蛮的一个小流氓。中国也很奇怪，越是流氓当皇帝，王朝还越是不错。刘邦是个流氓，一个无赖——他自称无赖。后来还有一个冒充他子孙的刘秀，他说自己是汉朝皇室的后裔。我们的历史学家到现在也没有考出来，他是哪一个人的后代，姑且算吧。因为现在有些人，姓朱就说自己是朱熹的后代，你为什么不说是朱元璋的后代？我姓朱，我绝对不承认我是他们的后代。因为我只知道我祖父叫什么、干什么。我的曾祖父叫什么、干什么，我都不知道。什么道理？土地改革的时候，我已经上初中了，我看着我们那里的农民把朱家的家谱、族谱扔到了火堆里。当时我没有想到要学历史，否则抢出来，倒也保存一种资料。我是历史学家，可是到现在也不知道我这个历史学家往上的第四代是什么人。只知道一点，大概是地主。

　　所以我们现在有很多虚假的东西，我最奇怪的是，现在的朱子学会在中国是个很大的学会，它是哪里来的？是从韩国人来的。据说南宋灭亡以后，朱熹有一个儿子到了韩国，他有多少儿子也搞不清。鲁迅讲过，道学家一本正经，不该生儿子。朱熹生了不止一个儿子。我到韩国做客座教授，居然发现韩国的朱熹子孙有30多万，繁殖力实在太强，都自称是他的子孙，真的假的不知道。我们大陆的朱子学会，就是韩国朱熹的子孙资助的。他们开什么朱熹研究会，我从来不去，倒不是我要避讳，我是姓朱，但是我不想和朱熹拉扯上什么关系。还有朱元璋，我们有一位领导人上台以后，湖南马上有人写了一大篇文章，说他是朱元璋第几个儿子的后代，居然有人相信。我就说了，我们的家谱、族谱现在有几本是真实的？或者说有几本是从明朝传下来的？我们都不知道。现在最早传下来的家谱是孔子孔家的族谱。我知道孔家的族谱已经烧过好几次了，有一次在"文革"中烧光了。现在的族谱是什么地方来的？不知道。我到曲阜去，我到北京去，我看过那些族谱，我判断是假的。当然我讲了以后，让人非常恼火，有一群自称是孔子子孙的人写信给我，要我公开道歉，说我否认他们是真的子孙。我说我没有否认你是真的子孙，但你应该提供证明，你有什么证明自己是真的子孙？七十几代，我姑且不讲血统，若论血统关系的话，到了第二代就是二分之一血统，到第三代就是四分之一血统，到第四代就是八分之一血统。上一次有一个武汉的生物学教授，他算了一下，现在七十多代的子孙，即使是真的，身上大概有孔子一亿分之一的血缘。这些人，吃祖宗饭吃到七十多代以前，真的有的。因为后来尊孔了，"文革"以后尊孔了，有几个子孙——自称是子孙的人，当然也是曲阜人，当了政协委员，当了政协副主席。当然有这个好处。我不是说我们的家谱、族谱不可信，但是你要证明。据我所知，现在流传的说是中国最早的有七十多代的族谱就不可信。什么道理？起码有一点，我发现断过好几次。家谱、族谱只要断了一代就不可信了，就不知道是从哪里来的。孔子传到第二十代传到孔融，孔融是孔子的二十代孙，大概是可信的。后来他被曹操抓去杀了。他的两个孩子也很有骨气，一个九岁一个十岁，人家说你们为什么不赶快逃？你们父亲被抓了。他们讲了一句话，覆巢之下，安有完卵？不逃。后来被曹操抓去，也杀了。现在所知道的，他们是孔子二十代最后的子孙，后来哪里来的就不知道了。再往后，金朝女真人打到山东，山东的孔家就和南宋的统治者一起跑，跑到现在浙江的衢州。所以现在浙江衢州有一个孔家，叫南孔。如果说血缘关系近一点的话，南孔比北孔要近一点，为什么？金朝的女真人打到曲阜以后，女真人的一个将军冤枉了孔子，把孟子的话当成是孔子说的，劈头射孔子一箭，把孔子的东西都烧光了。金朝人在北方站稳脚跟后，想到要尊孔，找不到可以尊的人了，后来就去查，结果发现自称孔子后代的那些人，都跑到浙江衢州去了。他们就到衢州去找，听说有些姓孔的改了姓，就在民间随便找了一个家伙，说就是你，结果他就变成"衍圣公"了。元朝蒙古人又这样干过一回。据我的考证，孔子如果有家谱的话，后代已经是很难讲了，从孔融以后已经断了三次。

前几天还有人质问我，我 2007 年在广州讲过一次，我说孔子是私生子，还有人说朱维铮语出惊人。这话不是我说的，是司马迁说的，大经学家郑玄说的。我们过去的名教授，好几个人都相信，包括我的老师周予同，包括著名的费孝通先生，他们都相信孔子是私生子。现在有时候很麻烦，你要说一些话，碰到一些人，根本不知道历史，也不知道现代史，就把那些话加到我的头上。当然我不想抵赖，是我说的，就是我说的。但是不是我的发明，这也是事实。

夷狄也是这样。汉朝自称是诸夏的中心。和汉朝对立得最厉害的是匈奴，匈奴当时很强大。在汉朝初期，匈奴不断进攻汉朝，汉朝感到很狼狈。有一次，匈奴的君主派人去见吕后。知道吕后吗？刘邦的太太。吕后已经 50 多岁了，结果匈奴单于派人对她讲，你死掉丈夫很多年，我现在的妻子也死了，我们两个人合在一块儿吧。如此的侮辱，吕后都不敢反抗。她派人对他讲，我年纪大了，不行了。你想想看，当时所谓的诸夏和夷狄对立的时候，同样是我们中国的民族，在我们中国民族里面，不是华夏族永远独大的。所以到汉武帝时代，下决心去打匈奴，不知道死了多少人，花了多少经费，把匈奴赶跑了。匈奴一路被赶到西方去了以后，就变成西方所谓的蛮夷了，把古罗马帝国给搞掉了。西方蛮夷和当时在我们中国的、我们的少数族是同一个祖先。匈奴人的后代到那边衰落了以后，还有一支存在，就是现在的匈牙利，匈牙利是匈奴人的后代，大概没有疑问。所以说在中国有些边疆民族曾经非常强大，我们所知道的，第一个就是匈奴。匈奴以前其实也有，但是没有后来那么强大。连秦始皇那么强悍的人，没有办法，只好去筑一条长城，希望挡住它的马队。现在我们的长城是明长城，明朝人重修的，不是秦长城，秦长城的故址也找到了，是土筑的，大概只有一丈多高，远远不及现在的长城。他在那个地方铸起一道长城来，希望把他们挡在长城外面，当然没有能够挡住。所以我们看到，到了秦汉时代，中国已经变成在中原统治的王朝的称谓。

到了北朝隋唐以后，特别是北朝的那些工朝，统治的地方就是原来秦汉统治的中心地带，现在的陕西、山西南部，还有河南、山东这一带。以前北方的一批大族被赶到南方，变成了所谓的南朝。当时两方面都自称中国，北方北朝为什么会自称中国？你的统治中心被我占领了，所以我就是中国。到了隋朝唐朝，隋朝皇室的祖先、唐朝皇室的祖先，分明都是突厥人，但是他们都自称是华夏。比如唐朝人，唐朝的君主要找一个光荣的祖先，找来找去找不到别人，就找到了老子。司马迁书里不是叫李耳吗？我们也姓李，他也姓李，就把他拿来做我们的祖先。所以我们看到唐朝三教之争，皇室是把道教看作第一位，因为相传老子是道教的创始者；其次尊崇外来的佛教；最瞧不起的就是所谓的儒学，因为儒学在他看起来没有别的用处，一个用处就是注释九经，编编九经，或者写点历史。

唐朝的三教论争，有一条，就是争夺哪一个意识形态应该成为统治性的意识形态。这里面就牵涉到中国，也牵涉到谁是华夏。因为隋朝、唐朝的皇室都分明是过去所谓的夷狄——东夷、北狄，他们分明是夷狄，但是他们自称是华夏。这就引起一个问题，谁是真的华夏族的祖先？在唐朝吵了很久，最后到了公元8、9世纪，韩愈写了一篇文章，里面讲到了一个很重要的概念："诸侯用夷礼则夷之，进于中国则中国之。"就是说完全看文化，在文化上即使是夷狄，用了诸夏的文化，就应该看成是华夏族。如果是华夏族，用了夷狄的文化，就应该看成是夷狄。到了后来所谓的宋明理学，他们都尊崇韩愈，韩愈是宋明理学真正的开山祖。他们尊崇韩愈，变成一个什么呢？变成个后来我们所解释的夷夏之辨，这个辨，最主要的就是文化概念。结果反而使得人忘记了我们中国是个多民族国家，我们这个多民族国家不是只有一种文化，也不是只有汉文化。

你们现在大多数人都是汉族，中国百分之九十几的人是汉族，但是我们不知道汉族是什么时候出现的。在"文革"以前，我们史学界有五大讨论，其中一个讨论汉民族形成问题。我以为汉民族形成问题讨论是值得注意的。什么道理？证明了一条，所谓汉族不是汉朝就有的统治民族。汉族是到北朝时才形成的民族概念。所谓胡汉，北朝把汉人贬得很低，胡人在前，汉人在后。但是隋唐的统治者自认为是汉族，结果就混合了。到了韩愈，变成了一个文化概念。所以从观念史的角度来说，我们汉族的形成比较晚，我们中华民族的形成应当是在近代的时期。

现在我们的中华民族里面，经过民族识别的有五十六个民族，其实未必止于这些民族，因为现在还有一些没有民族识别的族群。五十六个民族都是中华民族的一部分，但是我们很多人在讲中国史、在讲中国人的时候，忘记了这一点。

所谓的夷狄观念有一个基本点，就是把周边的这些民族，特别是把我们北方的和农业民族不同的游牧民族或其他民族，都叫做夷狄。据我看，这个观念一直到现在没有根本改变。我刚才讲了，我们一些国家领导人，他就把历史上应该属于中国的这些周边民族也叫做外国。到了隋唐，特别是唐朝，唐朝是中世纪世界最强大的一个帝国，大概中国历史上再也没有像大唐帝国那样辉煌过。所以到了唐以后，凡是继承了唐朝统治中心的地方，他们都自称中国。最明显的，五代十国，五代除了后梁朱温和后周郭家——他们大概算是当时的汉族——以外，其他都是少数民族的统治者。倒是在淮河以南的这些南方十国，里面有几个属于边疆的少数族，大部分比较强的，比如像南唐、吴越都是汉族。但是在五代十国，五代的这些帝国都自称中国，倒是把真正的汉族建立的南唐、吴越叫做夷狄了。所以夷夏之辨，就变成了一个原来传统的统治中心和周边地区或者周边民族之辨。

夷夏观念变成了统治中心就叫华夏，统治中心就表征华夏。尤其是到了辽朝以后，我们知道，辽金以后到元朝、到明朝、再到清朝，它的首都起先是陪都，到了后来变成了首都，就是现在的北京。辽、金、元、清都不是汉族，契丹的、女真的、蒙古的、满洲的，真正在北京作为首都的八百年历史里，只有将近两百年是汉族建立的明朝在统治，其他都是现在我们叫做少数民族建立的王朝在统治。但是到现在为止，说起来是北京代表华夏文明。我不知道北京能不能够代表华夏文明。总而言之，他们瞧不起南方人，北京人政治化得厉害，瞧不起南方人。我说我还瞧不起你们，到底谁是蛮夷？不知道。但是我们现在把首都文明变成整个国家整个民族的文明的表征，在我看来，只有部分的正确性。你说完全正确，大概是不能承认的。

同样我们不能把北京的几个王朝都在尊孔，就说成孔子代表中华文明。恐怕也很难讲。"批林批孔"的时候，我们西北的一些民族就不承认，说我们从来不尊孔，因为是回族，信奉伊斯兰教，当然不尊孔。另外信奉伊斯兰教的其他一些民族也不尊孔。所以你要说孔子就代表整个中华文明，那就很难讲。

勉强可以说，尊孔的第一个时期是两汉，在东汉。尊孔的第二个时期——尊得厉害一点的时候——就是所谓的两宋。刚才我已经讲了，两宋只占现在中国的一部分。尊孔比较厉害的第三个时期，那就是明清，明朝是汉族建立的，清朝是满洲人建立的王朝。这里附带说一句，满洲不是一个民族的称谓，它是一个族群的类概念。因为从努尔哈赤到皇太极以后，他们要和过去的东西割断关系，自称是满洲。这里面包含什么？里面是军事编制，所以有满洲的八旗、蒙古八旗、汉军八旗。其实满洲的概念是满蒙汉三个民族，再加上现在东北的一些边疆的其他民族，比如朝鲜族、鄂伦春族、鄂温克族、赫哲族这些民族，是族群的一个类概念。

这里又要讲到一点，我们一些人做的一些事情很莫名其妙。有一次我出了一本书印出来一看，里面的"满洲"统统改成了"满族"。奇怪了，我说这是错误的，为什么改成满族？满族是个民族概念，满洲是个类概念。结果他说不能称满洲，满洲是轻视少数民族。我说你有什么证明？他拿出一个中共中央宣传部的文件给我看，红头文件，要讲满洲就是错误的。所以他们根据这个文件，把我讨论满汉文化的部分所提到的满洲，统统改成了满族。我说，我朱维铮变成一个蠢货了，不是我愚蠢，是你们硬要让我愚蠢。人家会说，朱维铮写的书，连"满洲"和"满族"都分不清。我出其他的书都非常当心，我要看最后的校样，有人敢把我的"满洲"改成"满族"的话，我就要拿出证明来了。努尔哈赤当年、皇太极当年，他们不准人称后金，不准把他们叫做女真人的后代，他们把自己叫做满洲，要表征自己是统治东北地区乃至将来整个中国各个族的一个统治族群。在那个时代，谁不用满洲，就要杀头。现在倒过来了，人家自己把自己叫做满洲，结果你还要纠正。我用他的概念，就变成了民族歧视。

所以我要求你们各位要学点历史，懂得一点历史上的中国与世界的区别。第一个要区别的是，历史上的中国是一个族类的概念；第二，历史上的中国是一个空间概念；第三，历史上的中国后来变成了一个文化概念，这个文化概念和统治中心是联系在一起的。所以历史上的中国，到了明清六百年，中国和首都文化联系在一起。希望你们了解这一点。

作为一个历史概念，我们在讲历史上的中国，应当要弄清楚当时自称中国的人很复杂，有一些自称中国的人是把我们统属于中华民族的一些重要的民族都排斥在外了。比如说满洲人，它把满洲作为第一，就是把满蒙汉八旗作为第一等人，被征服的汉族、被征服的其他民族都是二、三等人。这是歧视。比如说朝廷里面，满汉分野极其鲜明。到了雍正以后，大学士变成一个空名，军机大臣才是真正的执政。但是在前的大学士、在后的军机大臣，它的首席军机大臣只有到了比较晚的时候才有汉人，前面一定是满人，就是满洲人，而且一定是满洲的皇室。过去我们不承认它有满汉歧视，不承认它有满汉分野。其实过去我们称道最不讲满汉分野的康熙，在私下里讲到汉人的时候，称"那些蛮子"。他自己的头脑里面，满汉分野非常清楚。

近代的中国与夷狄

后来满汉分野不那么清楚了，把分野变成了一个承认不承认我的统治的问题，慈禧太后就是这样。慈禧太后是什么人？搞不清楚。到底是不是满人的后代？也不清楚。或者是满洲八旗里汉军旗人的后代？也不清楚。但这个老太婆是很厉害的，谁得罪了她，她就宰了谁。请你们看一看我的一本小书《重读近代史》，那是写给你们各位没有耐心看长文章的人看的。当时英国的《金融时报》要我开一个专栏，给我规定，谈中国历史，两千字一篇。我没有办法，只好每个礼拜给他们写两千字，讲一点在我看起来近代中国历史上比较需要知道的事情。《重读近代史》有一部分就是在这份报纸中文网上发表的，另外有一部分是写好了没有发表或者后来补写的，中间有一类就是讲慈禧太后。希望你们看一看。

因为奇怪得很，我们有些"红卫兵教授"——对不起，你们大概不知道"红卫兵教授"是怎么回事。我在 1982 年一次演说里讲过，我说总有一天，中国从上到下都是"红卫兵"当权，因为他们都是"文革"初期起来造反的那些"红卫兵"。我们现在有一批教授，就是当年的"红卫兵"，他们的思维还是当年的"红卫兵"思维。我是不客气的，我叫他们"红卫兵教授"——他们曲解说慈禧好，当权那么久，后来居然要改革，所以我后来就特别讲慈禧的改革是怎么一回事。我当年把程朱学派的理学家称作王安石的"遗嘱执行人"，因为他们在政治上反王安石，但是在思想上是一致的，他们用的概念、理论都是王安石提出来的。慈禧也一样，她绞杀了戊戌维新，扶植了义和团，招来了八国联军的侵略。到了以后，她为了要保存自己，求得八国联军的原谅，要求四万万中国人，每人出一两银子替她赎罪。那就是后来的《辛丑条约》，赔款一直到1949年解放还没有赔完。分成多少年来赔，没有赔完，因为连利息在里面，有九亿多两银子，还不清，所以长期用帝国主义控制着的中国海关收入做担保。慈禧这样的一个人，还有人赞美她，说你看她晚年要改革。我说她那是假改革，她用改革的名义来搅乱人家的思想，使自己逃脱舆论的指责，为自己继续镇压反对派制造理由。

好多时候，不是他讲改革，他就是一个改革家。他讲改革，后面还有另外的东西。假如说我要改革，我说经济要改革、财政要改革、军事要改革，军事越强，当然统治也就越强。但就是不讲政治改革，就是不讲体制改革，到最后弄不下去了，说要文化改革。如果是这样的话，能说这个改革是真诚的吗？谁都知道，我们中国在慈禧时代，清王朝的腐败到了历史上从未有过的程度。比如慈禧最信任的满洲的一个亲王奕劻，就是一个公开的大贪污分子。谁要做官，没有几万两银子、几十万两银子送给他，你做不成。但就是这个人，慈禧不撤他。到以后慈禧死了，醇亲王作为摄政王当权的时候，他的政府还是要庆亲王奕劻当首相。不要讲别的例证，就这个例证——人人都知道是最大的贪污分子、最大的腐败分子，但是就在义和团运动起来的时候，他开始当政，直到辛亥革命。前前后后多少年？义和团是1900年，辛亥革命是1911年，这11年里面，不要说报刊公开揭露他，当时有些正直的官员弹劾他，就是搞不掉。为什么？慈禧保他，因为慈禧需要他，没有他，慈禧贪污从哪里来？所以可以讲，是慈禧和满洲皇室自己把王朝给搞完了。

现在还有人讲，当初那些人真不该革命，本来她要改革，革命了以后，她改革不成，革命坏了事。这是一个叫李泽厚的人，写了一本书，叫做《告别革命》。我说你怎么告别革命？革命在哪里？你要解释。包括戊戌变法，本身也是一场革命；包括太平天国，也是革命。我们可以批评太平天国革命本身多么糟糕，但是为什么要革命？戊戌变法，我们可以评论它变不成，但是为什么要变法？到以后辛亥革命，我们可以讲辛亥革命失败了，或者最终失败了，或者实际上失败了。但是为什么越来越多的人要坚持搞革命？成就了谁？当然成就了一批新贵。可是革命以后，有一个最大的变化，我们结束了从秦始皇以来延续了两千年的帝国体制，建立了一个叫民国的共和体制。从那时起，谁要搞复辟帝制的话，谁就要失败。袁世凯，本来很多人都拥护他，后来他要复辟帝制，没几个月就完蛋了。张勋要复辟满洲的帝制，把溥仪请出来再当皇帝。1917年搞了丁巳政变，复辟清朝的帝制，更惨，延续了前后首尾12天就完了蛋。这就证明一点，在辛亥革命以后，在中华民国建立以后，谁要复辟帝制，那就会遭到全国的人——包括非常温和的人——的反对。

章太炎在清朝末年就说过了，中国人个个都有皇帝思想。什么道理呢？当年所谓的农民造反有一句话流传得很广——皇帝轮流做，明年到我家。这句话的影响，我们至少可以从隋唐时代的农民起义里看出。那些所谓的农民造反，非失败不可，有这种思想就要失败。但是有一条，为什么要造反？还有一条，为什么一做皇帝，人家就要造他的反？这就证明帝制在中国延续不下去，勉强延续到慈禧死了。慈禧死了才三年，她的帝国就完了蛋。从1912年中华民国成立开始到以后，直到现在，正好一百年。

今年庆祝辛亥革命一百年，这一百年，中间出过皇帝吗？出过，有一个伪满洲国皇帝。但是其他人想当皇帝，只能用别的名称。蒋介石当皇帝只能够当国民政府主席，只能够当总统，没有别的办法。这证明一条，辛亥革命还是要肯定的。有人说辛亥革命不该革，但是我说就这一条，一百年以来，辛亥革命以后中国再也不出现皇帝，就可以证明辛亥革命是必要的。

当然有人会说，皇帝、总统、主席有什么两样？我说两样得很，至少总统、主席要搞选举，蒋介石到后来混不下去了，他就要开国民代表大会，把他选成总统。选举了以后还没有几个月，他就完蛋了。

有一些人，我劝你们网上在那儿胡说八道的时候，想想你说的话到底合不合历史？到底会不会被历史承认？到底会不会被历史否定？现在中国要讲真话很难，也只有我这种老家伙，人家觉得和你搞不值得，你老到那个样子，反正快死了。你胡说八道，只能够让你去胡说几句。但是有一点，有不同的见解存在，就证明一条，你的那一套不是人人都同意的。

从鸦片战争以后，我们的以夷制夷不行了。原先他们总结出三条，我们传统的政策——以夷制夷、以夷攻夷、以夷款夷，"款"就是求和的意思。到了后来，以夷攻夷作为一个策略还在，我们不停地调动美国反对日本，结果日本和美国打成一片。要调动苏联和美国搞，结果它们两家联合起来搞中国。这都证明在当年是失败的。

以夷款夷——通过这个夷狄去向那个夷狄求和。鸦片战争的时候，拼命地想拉美国向英国求和，也失败了。最后以夷制夷制不了，因为清朝人就是以夷制夷的能手。明朝人提出以夷制夷对付满洲，满洲人当权以后，把以夷制夷变成了以明制明，用明朝人来治理明朝人。清朝统治能够那么久，有他高明的地方。比如说康熙有一条，他尊重民族和文化的传统，只要你服从我的统治，藏族可以继续信藏传佛教，而且鼓励蒙古人去信藏传佛教，因为这样可以拆散蒙古人很强大的部族力量。征服了南方以后，只要南方人不反对我，我不妨碍你去尊孔，不妨碍你去搞你所谓的传统。康熙的政策有他的一套，基本上是你只要服从我的统治，你的信仰和文化在可以容忍的范围之内，我允许你存在。不像我们现在，有些人听到宗教，吓得要死。这就证明你没本事，你那么强大的舆论，那么强大地控制了那么多的媒体，结果人家教堂里做个礼拜，你怕得要命。你干什么呢？你不许人家信仰，信仰是否定不了的，越是禁止，越要信，这是中国历史和世界历史都证明的一条。最好的办法，我看至不济的话，学学康熙也是一个办法。康熙把西藏搞得一点办法都没有，最后西藏能够稳定地成为中华民族的一员，它的土地能够稳定地成为大清帝国的一部分。还有蒙古，蒙古本来是闹事最厉害的地方，康熙鼓励他们信了藏传佛教以后，蒙古也基本上稳定了。这是过去明朝做不到的，明朝人没有办法，最后是学秦朝人，筑了一条长城，就是我们现在看到的万里长城，希望挡住蒙古人的马队、西北边疆民族的马队，结果并没有挡住。当然，我也承认长城是个奇迹，但是我们不要忘记它当年是怎么弄出来的。

所以我说历史上的中国与世界，基本上有一条东西，就是中心的或者统治的民族或者统治的家族，自居为华夏；把其他的边疆族都叫做夷狄或者四夷或者诸夷。这种做法，影响到我们以后对世界的看法。本来是夷夏之辨，最主要是中国内部的问题。我讲的中国的范畴，第一节课我已经讲了，就是指 1911 年还存在的中国的范畴。其实按照谭其骧先生的意见——他认为历史上的中国，应当以康熙时代大清帝国的统治范畴，作为历史上中国的范畴。当然这一条，据说牵涉到政治问题，特别是被外交部的一批人反对。谭先生直到去世都感到遗憾，他说我是搞历史的，结果我画的中国历史地图上，不能够如实地反映历史，这是他很伤心的一条。他认为，康熙时代的大清帝国，作为中国的范畴，当然比现在最少多两百万平方公里。被当时的俄国、后来的苏联霸占去的一百九十万平方公里，至少在这个范畴里，这当然是历史。我们不赞成，要夺回来，趁苏联虚弱的时候打一仗？我是不赞成的。有些人赞成，说现在中国强了，过去人家打我们，现在我们应当打他们。

有那么一批人网上看到这种意见吗？包括我们复旦也有那么几个人在那里吹，我们需要战争。我是坚决反对的。他们没有经过战争。我是抗日战争爆发前一年生的，经历了抗日战争、解放战争，经历了以后不是战争的各种运动，像战争一样，我可不想再过那种日子。所以我批评现状，是希望现状能够有点改变，希望这种现状能够变得好一点，大家能够不要那么愤怒，不要那么伤心，希望感到好一点。但是我们的统治者总是这样，你说一点这种话，他就认为你"恶毒攻击"。这个话听得多了，鄙人在"文革"中当了十年"反革命"，无非就是认为当权的人的那套东西在中国行不通，结果就是"反革命"。

所以我说，我们现在看历史上中国与世界，要了解历史上的所谓夷狄和诸夏的历史，要了解历史上夷夏之辨的过程。到了近代以后，起了一个大变化，就是林则徐提出以夷制夷，他前面加了几个字"师夷长技以制夷"，就是学习夷人的长处，反过来对付他们。这句话是什么意思？鸦片战争前就已经发现，欧洲遥远的夷狄那么强大，派了几十条船，英国第一次鸦片战争，侵略的军队真正能打仗的才几千人，就打遍了中国的万里海疆。所以不得不承认一条，人家比我们行，所以要师夷长技以制夷。但是到了后来，清朝就是不肯承认，说你技术比我好，所以要讲中体西用，我的那套体制、我的那套思维方式、我的那套意识形态都比你高明，叫中体。你的技术，我可以拿来用，就叫西用。李泽厚又改了一下，说我们要倒过来，变成西体中用。那是荒唐的，中国有什么东西给人家用？要给人家用，就是把孔子拿出去。几百个孔子学院到底起了什么作用？我是不知道，我希望有好的作用。果真如此，哪怕从我朱维铮身上只出了一厘钱，也算没有白出。

现在看来，我们要认识中国、要认识世界，恐怕有几条要防止：第一，我们不要把自己变成狭隘的民族主义者，其实这还不是中华民族主义者，而是大汉族主义者；第二，恐怕我们眼睛要向内，最主要的是要解决自己的问题。眼睛要朝内，解决了中国的问题，才能解决历史上会"积弱"的东西；第三，恐怕我们在观念上要有一个正确的认识。

今天我就讲了一点很简单的意见，简单的意见就是，我们现在的许多认知，对中国与世界的认知，其实停留在孔夫子的时代。有的时候，连林则徐、李鸿章他们的认知都没有达到。李鸿章至少还知道，光是中体西用不行，他也知道要学点西方的东西。我们不要把自己变成一个非常狭隘的人物，把自己变成一个狭隘的民族主义者。人家一批评，就跟着我们的当局跳起来。其实我们的当局自己并不跳，自己老在那里讨好别人，但是希望你们跳，希望你们大家都来跟着它。孟子老早说过了，"无敌国外患者，国恒亡"。不转移注意力，不把老百姓的注意力转到敌国，转到外患上去，把眼睛盯住你就有点不大好了。这一点上，我希望你们各位还是要思考，多思考一点中国自身的问题。

当然我们要比较，但是这个比较不要有那么多的偏见。我并不崇拜美国，我去了美国好多趟，我老是批评他们，我尤其不佩服他们的汉学、他们的中国学。并不是我比他们高明，而是我认为他们比我太不高明。我也去过欧洲很多趟，我也以为它有它的长处，我们没有学它的长处，我们整天在讲它的短处。而你们各位光看网上的宣传，自己把自己的头脑变得非常狭隘。我还是赞成鲁迅的话，"批评必须坏处说坏，好处说好"。人家是好的，你要承认；人家不好的，你可以批评。但是你自己呢？你自己不好的地方，你要承认。比如说我们的观念到现在为止，把我们对中国和世界的认知，跟历史上的夷夏之辨的认知来比较一下，我们有多少跳出当年非常狭隘的观念？这值得各位多思考一点。

这个学期的课就到这里。有一点，我们每一位教师在讲的时候，都开了一点参考书，希望你们看。我想将来你们每个人做作业，都根据参考书自己选一个题目，做个作业。就到这里！

编后记

受命编选先师朱维铮先生的《壶里春秋二集》，很是惶恐。二十年前《壶里春秋》的编选，虽然也是由朱先生的学生做初步的工作，但最后为先生手定，是得到先生认可的，自然能够反映先生的学术思想。而如今先生已不在，我所做的能在多大程度上体现先生晚年的所思所想，可能首先便要打一个问号。更何况，先生曾说，要我有能力去编他的文字，还得再读二十年书！

不过，既然接受了这一任务，便不能辜负师母的信任，唯有勉力为之。而且，有幸参与整理先生著作，不仅是弟子应尽之责，也是一个进一步学习思考的机会。在半年时间里，我集中将先生晚年文字重读一过，再次感受先生思想之敏锐深刻，文笔之老辣精到外，对先生的学术也有了更深的理解。这里，谨就编选此书的情况略作说明。

本集所收文字，均为先生 2000 年以后所作，主要集中在发表在各类媒体而未曾结集出版的文章和未刊稿，另有少量出自演讲整理稿。《走出中世纪二集》及《走出中世纪》（增订本）、《音调未定的传统》（增订本）均收入本次中信版"朱维铮作品集"，故其中大部分 2000 年以后的文字不再重复收录。先生晚年新著《重读近代史》，每篇短小精悍，主题集中，与本集形式基本一致，且是一部独立著作，故除极个别文字外，亦不予收录。

除中国经学史、中国史学史是先生持续数十年不断有新作面世的研究领域以外，先生晚年的撰述兴趣，更多集中于自晚明开始的近代史，故本集有近三分之二的篇幅皆与此有关，大体按内容所述时代之序，排列在经学史、史学史论述之后。其中有些文字是应邀而作，但也同样折射出先生的现实与学术关怀，他用实际行动，向普通老百姓宣告，"一个稀奇古怪的教授到底在干什么"。

"历史上的中国与世界"，是先生晚年十分关注的课题，自2008年起，即组织复旦大学历史学系中国思想文化史研究室老师每年为全校本科生开设公选课，又曾计划召开国际学术研讨会、编写同名教科书，终究未果。《中国人与中国史》和《历史上的中国与世界》二文即是此一关怀的结晶。前文在先生生前未曾刊布，后文则是先生最后一课的录音整理稿。2011年12月，先生拖着经过长期化疗的病体，挂着拐杖，强支撑着为本科生上了最后一堂课。而这，也是先生五十二年教书生涯的最后一课。十天后，先生住进医院，再也没能走出来。这里将二文分别作为代前言和附录，想来是合适的。

还需要说明的是，由于某种原因，原本已经选出的部分文字，本书未能收入，部分内容也作了删减处理，尚祈见谅。

说实话，编好本书以后，心里是极度惶恐的，所以这篇简短的编后记，也拖了三个月才完成。惟希望本书所编，差堪告慰先生在天之灵……

张钰翰

2018 年 10 月 23 日凌晨